Edexcel GCSE
French
Teacher's Guide

Tracy Traynor

Higher

A PEARSON COMPANY

Published by Pearson Education Limited, a company incorporated in England and Wales, having its registered office at Edinburgh Gate, Harlow, Essex, CM20 2JE. Registered company number: 872828

www.heinemann.co.uk

Edexcel is a registered trade mark of Edexcel Limited

Text © Pearson Education Limited 2009

First published 2009

12 11 10
10 9 8 7 6 5 4

British Library Cataloguing in Publication Data
A catalogue record for this book is available from the British Library

ISBN 978 1 846904 85 1

Copyright notice
All rights reserved. No part of this publication may be reproduced in any form or by any means (including photocopying or storing it in any medium by electronic means and whether or not transiently or incidentally to some other use of this publication) without the written permission of the copyright owner, except in accordance with the provisions of the Copyright, Designs and Patents Act 1988 or under the terms of a licence issued by the Copyright Licensing Agency, Saffron House, 6–10 Kirby Street, London EC1N 8TS (www.cla.co.uk). Applications for the copyright owner's written permission should be addressed to the publisher.

Original design by Ken Vail Graphic Design, Cambridge
This edition by Oxford Designers & Illustrators Ltd
Cover photo © photolibrary
Printed in the UK by Ashford Colour Press Ltd
Project managed by Sparks Publishing Services Ltd

Acknowledgements
Every effort has been made to contact copyright holders of material reproduced in this book. Any omissions will be rectified in subsequent printings if notice is given to the publishers.

Disclaimer
This Edexcel publication offers high-quality support for the delivery of Edexcel qualifications.

Edexcel endorsement does not mean that this material is essential to achieve any Edexcel qualification, nor does it mean that this is the only suitable material available to support any Edexcel qualification. No endorsed material will be used verbatim in setting any Edexcel examination/assessment and any resource lists produced by Edexcel shall include this and other appropriate texts.

Copies of official specifications for all Edexcel qualifications may be found on the Edexcel website – www.edexcel.com

---

Important notice
This software is suitable for use on PCs only. It will not run on a Mac.

If the CD is loaded into a CD drive on a PC it should autorun automatically. If it does not, please click on RB.exe (D:product_name_here/RB.exe).

Active content
Your browser security may initially try to block elements of this product. If this problem occurs, please refer to the Troubleshooting document which can be found in the root of this CD (D: product_name_here/Troubleshooting.doc).

Installation instructions
This product may be installed to your local hard drive or to the network. Further instructions on how to do this are available from the main menu.

VLE Pack
The root of this CD contains the content from this product as a zipped SCORM 1.2 Content Pack to allow for convenient uploading to your VLE.

Please follow the usual instructions specific to your VLE system to upload this content pack.

For Mac users
This CD does not run on a Mac.

Contents

Introduction		*4*
Module 1	Moi	*10*
Module 2	Mon temps libre	*36*
Module 3	Là où j'habite	*59*
Module 4	Allons-y!	*82*
Module 5	Le collège	*104*
Module 6	Il faut bosser!	*128*
Module 7	Tourisme	*150*
Module 8	Mode de vie	*178*
Module 9	Le monde en danger	*197*
Mémo grammaire	Answers	*216*

Introduction

Edexcel GCSE French provides complete preparation for the new GCSE specification.

The course offers a lively, communicative approach, underpinned by a clear grammatical progression. It is suitable for a wide ability range and includes differentiated materials. It is designed to continue from *Expo 1, 2* and *3* but it is also suitable for students who have followed a different course at Key Stage 3.

Edexcel GCSE French exists in two different versions, each of which is differentiated to match the requirements and provide complete coverage of the new GCSE specification as follows:

Edexcel GCSE French Higher (GCSE Grades A*–C)

Edexcel GCSE French Foundation (GCSE Grades C–G)

(There is a separate Teacher's Guide to accompany the *Edexcel GCSE French* Foundation Student Book.)

Edexcel GCSE French components	
Student Book	1 Student Book Higher 1 Student Book Foundation
Audio CDs (×5)	1 set of CDs for Higher 1 set of CDs for Foundation
Workbook	1 Workbook for Higher 1 Workbook for Foundation
Teacher's Guide and Teacher's Guide CD-Rom (included at the back)	1 Teacher's Guide + CD-ROM for Higher 1 Teacher's Guide + CD-ROM for Foundation
Assessment Pack	1 pack covering both Higher and Foundation
ActiveTeach	1 whiteboard resource, covering both Higher and Foundation

Student Book
The Student Book is designed to last for two years and contains all the language required for the preparation of the GCSE examination.

There are nine modules. It is expected that Modules 1–5 will be completed in the first year of the course and Modules 6–9 in the second.

Audio CDs
There are five CDs. They contain listening material for both presentation and practice. The material includes texts, dialogues and interviews, all recorded using native speakers.

Workbook
The Workbook provides self-access reading and writing tasks, which are ideal for homework, reinforcement, self-study or for cover lessons.

There is a page in the Workbook for each main content double-page of the Student Book.

At the end of each module there is a page of grammar revision and a two-page **Mots** section (as given in the Student Book), to be used for reference and revision. All Workbook pages are referred to at the end of the appropriate unit in the Teacher's Guide, with solutions to the activities.

Teacher's Guide
The **Teacher's Guide** contains:
- overview grids for each chapter
- clear teaching notes for all activities
- full transcripts of the recorded material
- answers for Student Book and Workbook activities
- suggestions for reinforcement and extension activities for each double-page
- suggestions for ICT activities
- suggestions for activities involving thinking skills.

The **Teacher's Guide CD-Rom** accompanying the Teacher's Guide provides:
- customisable Schemes of Work for the specification
- matching grids showing the links between the specification and the Student Book.
This information is presented in two different ways: first by themes and topics and then unit by unit for each module of the book.

Assessment Pack
There is one Assessment Pack which covers both Higher and Foundation Student Books and has been written by an experienced author and examiner. The design and type of questions follow the examination board papers and give much-needed practice in developing examination skills.

There are five assessments in the Assessment Pack. It is suggested that the short assessments be used at the end of each half-term of the two-year course or after covering two modules. They can also be combined to be used at the end of the course as a pre-examination test.

The Assessment Pack includes the following important features:
- assessments have clear and concise mark schemes for Listening, Speaking, Reading and Writing
- extra speaking and writing assessment tasks to use or adapt
- rubrics reflect the language used by the examining body, familiarising students with GCSE-style questions throughout Years 10 and 11.

ActiveTeach
ActiveTeach is an accompanying interactive whiteboard resource that allows you to flick through the pages of the Student Book and access support resources, making front of the class teaching more engaging.

Introduction

With ActiveTeach you can
- display any page of the Student Book
- zoom in on key texts, pictures and boxes
- open ready-made grids to record answers
- play the audio for the activities and see the audioscripts.

You can also
- access *Edexcel GCSE French* videos
- download the audio files of the **Mots** lists
- access additional grammar interactive activities
- look at graded examples of the writing in the exam board style
- read tips and advice on preparing for exams.

How the course works

Progression

The first one or two double-page spreads of each module (**Déjà Vu**) are devoted to language that should already be familiar to students from Key Stage 3. In later modules they also contain a small number of items and grammatical structures that have been taught in earlier modules in *Edexcel GCSE French*. The rest of the units continue to revise earlier material and introduce new grammar and structures. The level increases from the beginning to the end of each module ensuring a steady progression.

As well as clear progression within each module, language is constantly recycled through the book in a systematic spiral of revision and extension. What is covered is clearly shown in the Teacher's Guide in the planning summary at the beginning of each module, to help teachers plan sequences of lessons appropriate for the ability group they teach.

Core units

In each module, the **Déjà Vu** unit is followed by 4–7 core units.

The objectives for these units are clearly listed at the start of the page in the Student Book. They generally consist of a topic objective (e.g. *Talking about new technology*) and a grammar objectives (e.g. *Adjective agreement*).

Expo-langue boxes

The key structures introduced in a unit and reminders of grammar points previously introduced are presented in the **Expo-langue** box, providing support for speaking and writing activities. **Expo-langue** boxes contains page references to the **Mémo grammaire** section at the back of the Student Book, where the structures are explained and practised more fully.

Lesson starters and plenaries

For all the units in the Student Book, there are two lesson starters (the first at the beginning and the second approximately halfway through, where a second lesson is likely to begin) and a plenary suggested in the Teacher's Guide.

- The starters are simple activities that allow students to recap on previous knowledge and prepare them for new language to be learnt in the unit. They are designed to get the lesson off to a brisk start, focusing students' attention and promoting engagement and challenge.
- The plenaries aim to draw out the learning points and actively involve students. They encourage them to explain and demonstrate what they have learned in the lesson and to identify links with what they have learnt so far and what they will learn later.

Skills and strategies

Tip boxes appear throughout *Edexcel GCSE French* to help students improve their language-learning skills and to equip them with strategies that will enhance their performance in the examination. These are easily recognised by the tip box symbol ★.

The star symbol ★ is also used in the Teacher's Guide to highlight further useful techniques and targeted activities to help improve exam performance. This applies to activities in the Student Book and to starter and plenary activities.

Further support

À toi!

At the back of the Student Book is the **À toi!** section. This provides a double page of further reading and writing practice for each module, supplying a variety of types of 'authentic' texts to work on. These pages are ideal for independent work or for cover lessons.

Reference material

The Student Book also contains essential reference material:
- **Mots**: at the end of each module there is a summary of the vocabulary and phrases covered, arranged by subject. This will serve as a valuable revision tool and is also replicated in the Workbook.
- **Mémo grammaire**: at the end of the Student Book, the grammar section explains the grammar points introduced in the Student Book in more detail and includes exercises to actively practise some of the more important points.
- Also at the end of the book is the **Vocabulaire**, a comprehensive French-English wordlist.

Incorporating ICT

Appropriate use of Information and Communication Technology (ICT) to support modern foreign languages is a requirement of the National Curriculum.

Suggestions of ICT activities (word-processing, using email, videoconferencing, researching on the internet, etc.) have been included in the Teacher's Guide.

Introduction

Grammar coverage

Grammar is fully integrated into the teaching sequence in *Edexcel GCSE French* to ensure that students have the opportunity to learn thoroughly the underlying structures of the French language. Most units have a grammar objective so that students can clearly see which grammar structures they are learning. The key grammar points are presented in the **Expo-langue** boxes on the Student Book pages and fuller explanations and practice activities are provided in the **Mémo grammaire** at the end of the Student Books.

The ActiveTeach CD-Rom contains further interactive grammar practice activities that can be launched from the grammar pages in the **Mémo grammaire** section. The aim of these activities is to give students the opportunity for reinforcement and further practice of the key grammar topics presented in the book. As such they can be a useful tool which adds variety to the way in which they can learn and revise GCSE grammar.

In addition there are pages at the end of each chapter in the Higher Workbook which focus on grammar.

All the grammar necessary for the GCSE is covered in the Student Book:

1 Nouns and pronouns
Gender
Singular/Plural
The definite article
The indefinite article
The partitive article
Subject pronouns
Direct object pronouns
Indirect object pronouns
Relative pronouns: **qui**, **que** and **dont**
lequel and **celui**
Emphatic pronouns
y
en

2 Adjectives and adverbs
Position of adjectives
Agreement of adjectives
Possessive adjectives
Comparatives and superlatives
Demonstrative adjectives: **ce**, **cette**, **ces**
Adverbs

3 Verbs
The infinitive
The present tense
The perfect tense
The imperfect tense
Mixing past tenses
The perfect infinitive
The pluperfect tense
The near future tense
The future tense
The conditional
The imperative
The passive voice
Negatives
Question forms
Reflexive verbs
Verbs with the infinitive
Si clauses

4 Structural features
Prepositions
Question words
Intensifiers
Connectives
depuis
Impersonal verbs
Expressions with **avoir**
Time expressions

5 Extras
Numbers
Days
Dates
Times

Controlled assessments and exam preparation

Every module in the Student Book includes **Contrôle oral** and **Contrôle écrit** units to help prepare students for the speaking and writing controlled assessment sections of the exam and boost their confidence. They take the students step-by-step through the process of preparing for both controlled assessments, with clear tips and advice from examiners on how they can build up skills and improve their grades.

Lire et Écouter are units dedicated to reading and listening to help prepare students for the exams. The activities are designed to enable them to become familiar with and practise answering questions in the style of the final examination, with tips to improve their skills and aim for higher grades.

Introduction

Edexcel: coverage of themes and topic areas

DV = *Déjà vu*; CO = *Contrôle oral*; CE = *Contrôle écrit*

Edexcel Themes (Speaking/Writing)

Edexcel theme	Module and unit	Pages
Media and culture		
Music/film/reading	M2 DV, M2 U4, M2 CO, M2 CE	30–31, 38–39, 44–47
Fashion/celebrities/religion	M1 U5	20–21
Blogs/internet	M2 U6	42–43
Sport and leisure		
Hobbies/interests	M1 DV2, M1 U4, M1 U5, M1 U6, M1 CO, M1 CE	10–11, 18–27
	M2 DV, M2 U1, M2 U2, M2 U3, M2 U4, M2 U6	30–39, 42–43
	M4 U1, M4 U4	70–71, 74–75
	M5 CE	102–103
	M6 DV, M6 CO, M6 CE	106–107, 118–121
	M7 U2, M7 U7	130–131, 140–141
Sporting events	M2 U5	40–41
Lifestyle choices	M4 U5, M4 CO, M4 CE	78–83
	M8 whole module	148–163
	M9 whole module	166–179
Travel and tourism		
Holidays	M3 U4, M3 CO, M3 CE	58–59, 62–65
	M4 U2, M4 U4	72–73, 76–77
	M7 DV1, M7 U1, M7 U2, M7 U3, M7 U4, M7 U6, M7 U7, M7 CO, M7 CE	124–125, 128–135, 138–145
Accommodation	M7 DV1, M7 U1, M7 U3, M7 U4	124–125, 128–129, 132–135
Eating, food, drink	M4 DV, M4 U1	68–71
	M7 U5	136–137

Business, work and employment		
Work experience/part-time jobs	M5 U5, M5 CO	98–101
	M6 U1, M6 U2, M6 U3, M6 U4, M6 U5, M6 CO, M6 CE	108–121
Product or service information	M7 U1, M7 U3, M7 U6	128–129, 132–133, 138–139

Introduction

Edexcel Topic Areas (Listening/Reading)

Edexcel topic theme	Module and unit	Pages
Out and about		
Visitor information	M3 U4, M3 U5, M3 CO, M3 CE	58–65
	M7 DV1, M7 U3, M7 U4, M7 CO, M7 CE	124–125, 132–135, 142–145
Basic weather	M7 DV2, M7 CO	126–127, 142–143
Local amenities	M3 U1, M3 U2, M3 U3, M3 U5, M3 CO, M3 CE	52–57, 60–65
	M7 U1, M7 U2, M7 U3, M7 U4, M7 U5, M7 U7, M7 CO, M7 CE	128–137, 140–145
	M9 U2, M9 U4, M9 CO, M9 CE	168–169, 172–173, 176–179
Accommodation	M7 DV1, M7 U1, M7 U3, M7 U6, M7 CO, M7 CE	124–125, 128–129, 132–133, 138–139, 142–145
Public transport	M3 U2, M3 U3, M3 CO, M3 CE	54–57, 62–65
	M4 U2	72–73
	M7 U1, M7 U6, M7 U7, M7 CO, M7 CE	128–129, 138–145
	M9 U2, M9 CO	168–169, 176–177
Directions	M3 DV, M3 U1	50–53
Customer service and transactions		
Cafés and restaurants	M7 U5	136–137
Shops	M3 DV	50–51
	M4 DV, M4 U1, M4 U5, M4 CO, M4 CE	68–71, 78–83
Dealing with problems	M7 U3	132–133
Personal information		
General interests	M1 DV2, M1 U4, M1 U5, M1 CO	10–11, 18–21, 24–25
	M2 DV, M2 U4, M2 U5, M2 U6, M2 CO, M2 CE	30–31, 38–47
	M4 U3, M4 U5, M4 CO, M4 CE	74–75, 78–83
	M6 DV	106–107
Leisure activities	M1 DV2, M1 U4, M1 U6, M1 CO, M1 CE	10–11, 18–19, 22–27
	M2 whole module	30–47
	M4 U1, M4 U3	70–71, 74–75
	M7 U2, M7 U6, M7 U7	130–131, 138–141
Family and friends	M1 DV1, M1 U1, M1 U2, M1 U3, M1 CO	8–9, 12–17, 24–25
	M2 U2, M2 U3	34–37
	M4 U4	76–77
	M8 U4, M8 CO	158–161
Lifestyle (healthy eating and exercise)	M8 DV1, M8 DV2, M8 U1, M8 U2, M8 U3, M8 CE	148–157, 162–163
Future plans, education and work		
Basic language of the internet	M2 U6	42–43
Simple job advertisements	M6 U3	112–113
Simple job applications and CV	M6 U3, M6 CO	112–113, 118–119
School and college	M5 whole module	86–103
	M6 CE	120–121
Work and work experience	M5 U5, M5 CO, M5 CE	98–103
	M6 U1, M6 U2, M6 U3, M6 U4, M6 U5, M6 CO, M6 CE	108–121

8

Introduction

Personal Learning and Thinking Skills

The activities and contexts provided throughout the course offer a range of opportunities for students to apply skills from the six groups of the Personal Learning and Thinking Skills framework.

Personal Learning and Thinking Skills	Examples in *Edexcel GCSE French*
1 Independent enquirers	Student Book activities throughout the course (e.g. M6 U4 p.141 ex. 7); ICT-based activities (e.g. M9 U1 p.199 suggestion following ex. 5)
2 Creative thinkers	Regular activities developing skills strategies (how to improve listening/speaking, etc. (e.g. M1 U5 p.28 ex. 3); many Starters requiring students to apply logic and make connections (e.g. M8 U3 p.188 Starter 1) Contrôle activities to develop anticipation skills in exam contexts (e.g. M1 U1 Contrôle oral p.32)
3 Reflective learners	Ongoing opportunities to assess work and identify areas for improvement (e.g. M1 U3 p.23 ex. 6 Reinforcement suggestion), including all Contrôles and Plenaries (e.g. M5 Déjà vu 1 p.107 Plenary)
4 Team workers	Regular pair work activities (e.g. M4 U2 p.89 ex. 3), including many Starters; regular peer assessment, including controlled assessment peer work (e.g. M7 Contrôle écrit p.176 ex. 5); links with partner schools (M1 U1 p.19 ex. 6)
5 Self-managers	Ongoing advice on managing learning (e.g. M6 U1 p.133 Plenary), including strategies to improve learning (e.g. M1 U1 p.17 ex. 2) and exam performance (e.g. M3 U4 p.72 ex. 1)
6 Effective participators	Opportunities throughout the course for students to contribute (e.g. M8 U4 p.191 ex. 3), including presentations (e.g. M2 U5 p.50 ex. 7) and all Plenaries (e.g. M1 U6 p.31 Plenary)

Examples of activities to help students achieve the outcomes associated with these generic skills are identified in the customisable Scheme of Work.

Module 1: Moi (Student Book pages 8–29)

Unit	Main topics and objectives	Grammar
Déjà vu 1 **Moi ... et quelques autres** (pp. 8–9)	Talking about yourself and other people Revising key present tense verb forms	Present tense – **je** form of verbs – **aimer** (full paradigm) – **être, avoir, faire** (full paradigms) **mon, ma, mes** Adjective agreement (nationalities, singular)
Déjà vu 2 **Les choses que j'aime faire ...** (pp. 10–11)	Saying what you like and don't like doing **aimer** + infinitive	**quel** (all forms) **aimer** + infinitive Negatives – **ne ... pas/jamais** – **du/de la/des** changing to **de** (**de l'** to **d'**) after negative
1 Moi, moi et encore moi! (pp. 12–13)	More about yourself Reflexive verbs	Reflexive verbs (present tense)
2 Mes parents (pp. 14–15)	Talking about your parents and what they do Using masculine and feminine nouns	Masculine/Feminine forms of jobs No article with jobs (**il est ingénieur**)
3 Mes copains et mes copines (pp. 16–17)	Talking about your friends Adjective agreement	Adjective agreement (singular)
4 Centre de loisirs (pp. 18–19)	Saying what you have done The perfect tense	Perfect tense (formation with **avoir** and **être**)
5 Les champions sportifs (pp. 20–21)	Describing famous sportspeople Using the infinitive to express *-ing*	Verbs and expressions + *-ing*
6 Ma passion (pp. 22–23)	Talking about your main hobby The near future tense	Near future tense **aller** (present tense) **depuis** + present tense
Contrôle oral **Sport and leisure activities** (pp. 24–25)	*Exam speaking practice* Talking about sports and other leisure activities	*Revision*
Contrôle écrit **Your interests** (pp. 26–27)	*Exam writing practice* Writing about a favourite leisure activity	*Revision*
À toi (pp. 182–183)	Self-access reading and writing	

1 Déjà vu 1: Moi ... et quelques autres

(Student Book pages 8–9)

Main topics and objectives
- Talking about yourself and other people
- Revising key present tense verb forms

Grammar
- Present tense
  - **je** form of verbs
  - **aimer** (full paradigm)
  - **être, avoir, faire** (full paradigms)
- **mon, ma, mes**
- Adjective agreement (nationalities, singular)

Key language
Personal details (name, age, etc.)

Resources
CD1, tracks 2–4
Cahier d'exercices, page 3
Grammaire p. 200, p. 206

The **Déjà vu** sections are designed to give students a quick and focused review of vocabulary areas and topics relevant to the module. The vocabulary/topics have been previously covered at KS3 or (for later modules) earlier in *Expo GCSE*.

Starter 1

Aim
To revise giving basic information about yourself.

Present yourself to the class using the following structures:

Je me présente. Je m'appelle ... J'ai ... ans. J'ai ... sœur(s)/... frère(s). Ma sœur/Mon frère a ... ans.

Ask one or two confident students to present themselves in the same way. Then ask students in groups to introduce themselves to each other.

1 Écoutez et lisez les textes. Répondez aux questions.

Reading. Students listen to three people introducing themselves and read the text at the same time. They then answer the questions in French, identifying the person/people referred to in each.

You could stop the recording at random points and ask students to say the next word, to check that they are following.

Audioscript 2

Je m'appelle Laurent. J'ai quinze ans et j'ai une sœur jumelle, Amélie. J'habite à Bruxelles en Belgique, et je parle français. J'aime les chiens, mais nous n'avons pas d'animal parce que ma sœur ne les aime pas. Physiquement, je suis assez grand, mince, brun et beau! Ma passion, c'est le cinéma, mais j'adore aussi les BD.

Je me présente. Je m'appelle Pascal, j'ai quatorze ans et mon anniversaire est le 15 août. Je suis français et j'habite en France, à Lyon. Mes deux sœurs s'appellent Lydie et Sophie et nous avons un chat qui s'appelle Ludo. J'ai aussi un demi-frère qui s'appelle Antoine, mais il a dix-neuf ans et habite à Paris chez son père. Je suis assez grand aux cheveux bruns et aux yeux bleus. Je suis sportif: je fais du basket et du VTT.

Mon nom est Karima. J'habite à Marseille dans le sud de la France et je suis grande et brune. Mon anniversaire est le 10 novembre et j'ai seize ans. Mon frère a dix ans et s'appelle Hakim. J'ai aussi un demi-frère, Kévin, qui a seize ans, mais il habite chez sa mère à Paris. Nous avons également un chien et un oiseau.

Answers
1. Pascal
2. Antoine, le demi-frère de Pascal
3. Pascal, Lydie, Sophie, Antoine, Karima, Hakim, Kévin
4. Laurent, Amélie
5. Pascal
6. Karima
7. Pascal, Lydie, Sophie, Antoine, Karima, Hakim, Kévin
8. Laurent, Amélie
9. Antoine, Kévin
10. Karima

2 Comment s'appellent-ils? (10)

Listening. Students listen to ten first names being spelled out and note the names.

Before you start, run through the French alphabet as a class. A list giving the phonetic pronunciation of each letter is given in the Student Book (p.8). You could then write up letters or show them on cards as prompts to test students at random.

Audioscript 3

– *Dans notre groupe, nous sommes dix. ... Il y a* **Mathieu** *M–A–T–H–I–E–U ...*
– **Jérémie** *J–É–R–É–M–I–E ...*
– **Agathe** *A–G–A–T–H–E ...*
– **Hakim** *H–A–K–I–M ...*
– **Berthe** *B–E–R–T–H–E ...*
– **Guillaume** *G–U–I–L–L–A–U–M–E ...*
– **Jean-Pascal** *J–E–A–N - -P–A–S–C–A–L ...*
– **Françoise** *F–R–A–N–Ç–O–I–S–E ...*
– **Faustine** *F–A–U–S–T–I–N–E ...*
– *Et moi,* **Nolwène** *... N–O–L–W–È–N–E.*

Answers
See bold in audioscript

1 Moi *Déjà vu I: Moi ... et quelques autres*

3 À deux. Épelez les noms des personnes et des villes.

Speaking. In pairs: students take it in turn to pretend to be the people featured in the prompts. They ask and answer questions about their names and where they are from, spelling out the answers. A sample exchange is given.

Starter 2

Aim
To revise the vocabulary for nationalities. To revise adjective agreement.

Write up the following and ask students in pairs to come up with a sentence on the nationality of each. Do the first as a model.

Jack Black – **Il est américain.**

Sean Connery

J. K. Rowling

Kim Clijsters

Paula Radcliffe

Thierry Henry

Angelina Jolie

Roger Federer

Ask students to summarise the rule for making adjectives of nationality agree (for the feminine, add an –e but adjectives ending in –e unchanged).

4 Copiez et remplissez la carte d'identité de chaque personne. (1–3)

Listening. Students make three copies of the identity card shown. They then listen to three people introduce themselves and note the details for each person on a separate identity card.

For support, you could go through the headings on the identity cards before playing the recording and ask students to predict the kind of language they need to listen out for.

➕ Ask students to note the additional details given by each person (i.e. information not covered by the headings on the identity cards).

Audioscript 4

1 Bonjour. Je m'appelle Didier. Ça s'écrit D–I–D–I–E–R.

   J'ai quinze ans et mon anniversaire est le 8 janvier.

   Je suis belge et j'habite à Waterloo, en Belgique. Waterloo, ça s'écrit W–A–T–E–R–L–O–O.

   J'ai une sœur, qui s'appelle Lydie, L–Y–D–I–E, et nous avons un grand chien, qui s'appelle Maximus. Je suis de taille moyenne, j'ai les yeux bruns et les cheveux noirs et courts. Ce que j'aime, c'est le vélo. ... Ce que je n'aime pas? Je n'aime pas du tout faire mes devoirs.

2 Bonjour. Mon prénom? Céline. Ça s'écrit C–É–L–I–N–E.

   J'ai quatorze ans et mon anniversaire est le 25 avril.

   Je suis suisse et j'habite à Lausanne, en Suisse.

   Je n'ai ni frère ni sœur, mais nous avons deux chats. Je suis grande et blonde et j'ai les yeux verts. Ce que j'aime, c'est la musique. Je joue de la guitare et je fais de la danse. Je n'aime pas les maths.

3 Bonjour. Je m'appelle Ambre. Ça s'écrit A–M–B–R–E.

   Je suis française. J'habite à Bordeaux, dans le sud-ouest de la France.

   J'ai quinze ans et mon anniversaire est le 3 mars. Ma sœur s'appelle Sabine, S–A–B–I–N–E, et mon chat s'appelle Caline, C–A–L–I–N–E. J'ai une demi-sœur qui s'appelle Caro, C–A–R–O, mais on se dispute tout le temps. Heureusement, elle habite chez sa mère et on ne la voit pas souvent. Ce que j'aime bien faire? Euh … c'est envoyer des textos à mes amis et jouer aux Sims sur l'ordinateur. Je n'aime pas le sport.

Answers

1
Prénom	Didier
Âge	15 ans
Date d'anniversaire	8 janvier
Nationalité	belge
Domicile	Waterloo, Belgique
Famille	sœur (Lydie)
Animaux	chien (Maximus)

Additional information
il est de taille moyenne et il a les yeux bruns, les cheveux noirs et courts; il aime le vélo; il n'aime pas faire ses devoirs

2
Prénom	Céline
Âge	14 ans
Date d'anniversaire	25 avril
Nationalité	suisse
Domicile	Lausanne, Suisse
Famille	–
Animaux	deux chats

Additional information
elle est grande et blonde et elle a les yeux verts; elle aime la musique (la guitare, la danse); elle n'aime pas les maths

3
Prénom	Ambre
Âge	15 ans
Date d'anniversaire	3 mars
Nationalité	française
Domicile	Bordeaux, France
Famille	sœur (Sabine), demi-sœur (Caro)
Animaux	chat (Caline)

Additional information
elle aime envoyer des textos à ses amis et jouer aux Sims sur l'ordinateur; elle n'aime pas le sport

1 Moi Déjà vu 1: Moi ... et quelques autres

Three **Expo-langue** boxes are supplied to support students in doing exercises 5, 6 and 7.

Expo-langue: the present tense

Use this grammar box to remind students that the **je** form of regular –**er** verbs ends in –**e** in the present tense and to revise the full paradigms of **aimer** and the key irregular verbs **être**, **avoir** and **faire**. There is more information on p. 200 of the Student Book.

Expo-langue: *mon, ma, mes*

Use this grammar box to review the possessive adjectives **mon**, **ma**, **mes**. There is more information on p. 206 of the Student Book.

Expo-langue: adjective agreement

Use this grammar box to review adjective agreement in the singular with nationalities. You could consolidate the point by prompting students in English with a range of nationalities: they respond with the masculine and feminine versions. There is more information on p. 206 of the Student Book.

5 Imaginez que vous êtes François ou Françoise. Écrivez un paragraphe sur vous.

Writing. Using the details on the identity card supplied, students pretend to be either François or Françoise and write a paragraph about themselves. Draw their attention to the tip box on connectives, which they should always try to include to add interest and variety to their texts.

6 Parlez de vous.

Speaking. In pairs: students introduce themselves to each other, using the text they wrote in exercise 5 as a model. A sample structure is given. Encourage them to read through this first and to make notes to help them: they should not write out a complete answer but just use key words to remind them, along the lines of those listed.

7 Présentez-vous. Écrivez un paragraphe sur vous-même.

Writing. Students write a paragraph introducing themselves in detail. Encourage them to use the key words from exercise 6 to structure their texts, and to include connectives and intensifiers (**un peu, assez, très**, etc.).

Plenary

Get a few students to adopt the identity of someone famous or someone in the class. They present themselves using the structures in exercise 6 (but omitting their name) and the rest of the class has to guess who they are.

Cahier d'exercices, page 3

1

Answers
1 F **2** F **3** PM **4** V **5** V **6** V **7** F **8** PM

2

Answers
Example: Je suis David et je suis suisse. J'ai 15 ans et mon anniversaire, c'est le 11 décembre. Je suis né en 1992 à Genève en Suisse. Je parle anglais, allemand et français. J'habite avec mon père et mon grand frère qui a 18 ans. Moi, j'aime les sports mais ma passion, c'est la musique R&B.

1 Déjà vu 2: Les choses que j'aime faire ...

(Student Book pages 10–11)

Main topics and objectives
- Saying what you like and don't like doing
- aimer + infinitive

Grammar
- quel (all forms)
- aimer + infinitive
- Negatives
  - ne ... pas/jamais
  - du/de la/des changing to de (de l' to d') after negative

Key language
Sports and activities
Expressions of time and frequency

Resources
CD1, tracks 5–7
Cahier d'exercices, page 4
Grammaire p. 205, p. 216, p. 222

Starter 1

Aim
To revise the vocabulary for sports and other activities. To revise the structure **aimer + infinitive**.

Write up: **Le week-end, j'aime ...**

and beneath this **faire du vélo, jouer au football, jouer de la guitare, ...**

Give students in pairs two minutes to come up with a list of activities they like doing at the weekend, using the verbs you have supplied and any others they can think of (e.g. **aller à la piscine, regarder la télévision**, etc.). Which pair can make the longest list? Can they come up with an example no one else has thought of?

After listening to students' answers, ask the class to explain the structure they have been using: what is **aimer** followed by?

1 Écoutez et lisez le texte. Répondez aux questions.

Reading. Students listen to Louis talking about the activities he likes/doesn't like and read the text at the same time.

Audioscript 5

J'aime le sport. Mon sport préféré, c'est le basket. Je m'entraîne trois fois par semaine dans un club, et on joue contre un autre club de la région le week-end. J'aime également faire du vélo et du judo, mais je déteste le jogging et la natation. Le soir, je fais mes devoirs en écoutant de la musique. J'ai un ordinateur et des jeux, mais c'est mon petit frère qui y joue toujours. Moi, je trouve ça ennuyeux. Mon frère aime aussi regarder des séries à la télé, mais elles sont vraiment nulles. Je préfère sortir avec mes copains, mais je sors rarement parce que mes parents travaillent souvent le soir et je dois m'occuper de mon petit frère. J'aime envoyer des textos à mes copains et lire des BD.

Answers
1 Le sport préféré de Louis est le basket.
2 Il aime aussi faire du vélo et du judo.
3 Il déteste le jogging et la natation.
4 Il aime sortir avec ses copains, envoyer des textos à ses copains et lire des BD.
5 Il ne joue pas sur son ordinateur parce que c'est ennuyeux.

Expo-langue: *quel*

Use the questions in exercise 1 to introduce this grammar box on **quel?** ('which?'). Point out that while students need to be careful to use the four different forms correctly in their writing, all four are pronounced the same. There is more information on p. 205 of the Student Book.

Expo-langue: *aimer* + the infinitive; *jouer à/jouer de*

This covers a range of useful structures to use when talking about activities. You can use it first of all to consolidate **aimer** + the infinitive, then move on to focus on how **faire** and **jouer** are used when talking about activities:

– **faire** + the relevant form of **de** for sports which you do or go (e.g. horse-riding)

– **jouer** + the relevant form of **à** for sports you play (e.g. football)

– **jouer** + the relevant form of **de** for playing an instrument

There is more information on p. 222 of the Student Book.

14

1 Moi   Déjà vu 2: Les choses que j'aime faire ...

2 Écoutez et notez en français.
(a) Qu'est-ce qu'ils aiment faire?
(b) Qu'est-ce qu'ils n'aiment pas faire? (c) Pourquoi n'aiment-ils pas le faire? (1–4)

Listening. Students listen to the four conversations. For each person, they note: (**a**) what he/she likes doing (**b**) what he/she doesn't like doing (**c**) why he/she doesn't like the particular activity.

Audioscript 6

1 – Bonjour, Nathan. Dis-moi, quel est ton sport préféré?
  – Le sport, c'est ma passion. J'adore le foot et le tennis.
  – Et qu'est-ce que tu n'aimes pas?
  – Je n'aime pas le volley et la natation.
  – Aimes-tu jouer à l'ordinateur?
  – Non, je n'aime pas jouer à l'ordinateur, c'est ennuyeux.

2 – Bonjour, Sandrine. Quel est ton sport préféré?
  – Je n'aime pas trop le sport sauf l'équitation.
  – Tu n'aimes pas jouer au tennis?
  – Non, pas vraiment.
  – Et la natation?
  – Beurk! Je déteste la natation ... parce que je n'aime pas l'eau froide.

3 – Bonjour, Delphine. Tu aimes le sport?
  – Oh oui! J'adore.
  – Quel est ton sport préféré?
  – Le ski en hiver, et ... euh, en été le canoë.
  – Tu aimes jouer au tennis?
  – Ah oui!
  – Qu'est-ce que tu n'aimes pas faire?
  – Le volley, je n'aime pas jouer au volley.
  – Pourquoi?
  – Parce que c'est fatigant et les garçons gagnent toujours.

4 – Et toi, Michel? Quel est ton sport préféré?
  – Le cyclisme ... J'aime faire du vélo, moi.
  – Et que penses-tu des autres sports?
  – Lesquels?
  – Le foot par exemple?
  – Non, je n'aime pas jouer au foot.
  – Le tennis?
  – Non plus, c'est ennuyeux.

Answers
1 **(a)** le foot, le tennis **(b)** le volley, la natation, l'ordinateur **(c)** l'ordinateur – c'est ennuyeux
2 **(a)** l'équitation **(b)** le tennis, la natation **(c)** la natation – elle n'aime pas l'eau froide
3 **(a)** le ski, le canoë, le tennis **(b)** le volley **(c)** le volley – c'est fatigant, les garçons gagnent toujours
4 **(a)** le cyclisme **(b)** le foot, le tennis **(c)** le tennis – c'est ennuyeux

Starter 2

Aim
To review expressions of time and frequency.

Write up:

1	2
souvent	on Sundays
deux fois par mois	once a week
d'habitude	in winter
jamais	on Monday mornings
en été	at the weekend
presque tous les jours	
le samedi après-midi	

Ask students in pairs to come up with an English translation for each French expression in **1**. They should then translate the English phrases in **2** into French (referring back to **1** to help them with the structures as necessary).

3 Lisez le texte et complétez les phrases.

Reading. Students read Charlotte's text on the activities she likes/doesn't like doing and complete the eight sentences about it.

Answers
1 Elle n'aime pas **le foot/les jeux d'équipe**.
2 Elle **déteste** le VTT.
3 Elle **joue/aime jouer** à l'ordinateur.
4 Elle y joue **deux ou trois fois par semaine**.
5 Elle **n'aime pas** la télé.
6 Elle préfère **écouter de la musique (et chanter en même temps) et lire**.
7 Sa passion, c'est **le surf**.
8 Elle en fait **presque tous les jours quand elle est au bord de la mer** en été.

4 Qui fait quoi et quel jour? Prenez des notes en français. (1–3)

Listening. Students listen to the three conversations and fill in the grid, noting for each person which activities they do on which day.

Audioscript 7

1 Le soir, quand je rentre, je fais tout d'abord mes devoirs. Après, je vais à la piscine pour nager ... J'y vais trois fois par semaine, le lundi, le mercredi et le samedi. Une fois par semaine, je joue au squash avec mon grand frère, ... le jeudi soir. Le samedi, je vais en ville avec mes copains et le dimanche, on fait souvent du vélo. Voilà, c'est tout.

2 Le mercredi, je vais à un cours de GRS ... GRS, ça veut dire gymnastique rythmique et sportive. C'est entre la gymnastique et la danse, et j'aime bien ça. Je fais aussi un cours de taekwando une fois par semaine, le lundi soir ... Et le week-end ... le samedi après-midi je fais de

1 Moi Déjà vu 2: Les choses que j'aime faire ...

la musique ... c'est-à-dire que j'apprends à jouer de la guitare. Le samedi soir, je vais souvent au cinéma avec ma meilleure copine et le dimanche, normalement, on dîne chez ma grand-mère.

3 Ben ... d'habitude, le soir, il y a toujours des devoirs à faire, mais le lundi soir, j'ai entraînement de judo. Le mercredi, je prends des cours de plongée ... à la nouvelle piscine olympique ... Le mercredi on fait de la plongée ... Et le vendredi soir, je sors avec mes copains. Le samedi, ben ... le samedi après-midi après le collège, on se retrouve en ville avec mes copains et on fait du skate. Et puis le dimanche, euh ... en été, je fais du VTT et en hiver, du ski de fond.

Answers

	lundi	mardi	mercredi	jeudi	vendredi	samedi	dimanche
1	nage	–	nage	joue au squash	–	nage va en ville	fait du vélo
2	taekwando	–	GRS	–	–	joue de la guitare va au cinéma	dîne chez sa grand-mère
3	fait du judo	–	fait de la plongée	–	sort avec ses copains	retrouve ses copains en ville et fait du skate	fait du VTT/du ski de fond

5 Imaginez que vous êtes Isabelle. Complétez le texte pour elle.

Writing. Using the picture prompts supplied, students pretend they are Isabelle and write a paragraph saying what activities they do and their opinion of them. A sample structure is given. Encourage them to include some of the expressions of time and frequency covered on this page in their writing.

Expo-langue: negatives

Before students do exercise 6, read through this grammar box together. It covers the position of negative structures such as **ne ... pas** and **ne ... jamais** (round the verb). Ask students how they would make statements like **J'aime faire du sport** negative.

It also reviews how **du/de la/des** change to **de** (and **de l'** changes to **d'**) after a negative. There is more information on p. 216 of the Student Book.

6 À deux. Quelle est votre activité préférée? Posez-vous des questions et répondez-y.

Speaking. In pairs: students take it in turn to ask and answer questions about the activities they do/don't do. The questions and the beginnings of some responses are supplied for support. You could model an example with a confident student.

7 Décrivez: (a) ce que vous aimez faire et (b) quand vous en faites; (c) ce que vous n'aimez pas faire et (d) pourquoi vous n'aimez pas en faire.

Writing. Students write a paragraph on what activities they like to do and when, and what activities they don't like to do, including reasons why they're not keen.

Plenary

Ask students to summarise the grammar relating to activities that they have covered in this unit. How is **aimer** used? When do you use **faire de**? Which structure do you use to say you play a sport? To say you play an instrument?

Then use various time expressions as prompts, in English or French, (e.g. every day/**tous les jours**) for students to respond with an appropriate activity (e.g. **J'écoute de la musique tous les jours**).

Cahier d'exercices, page 4

1a

Answers

quatre exemples d'aimer + infinitif: j'aime également faire du snowboard; j'aime faire du vélo; j'aime jouer de la guitare; j'aime lire.
trois exemples d'aimer + nom: j'aime surtout les sports d'hiver; je n'aime pas beaucoup la télé; j'aime la musique; j'aime les magazines de sport.

1b

Answers

J'aime faire du snowboard. → J'aime le snowboard.
J'aime faire du vélo. → J'aime le vélo.
J'aime jouer de la guitare. → J'aime la guitare.
J'aime lire. → J'aime la lecture.
J'aime surtout les sports d'hiver. → J'aime faire des sports d'hiver.
Je n'aime pas beaucoup la télé. → J'aime beaucoup regarder la télé.
J'aime la musique. → J'aime écouter de la musique.
J'aime les magazines de sport. → J'aime lire les magazines de sport.

2

Answers

a tous les week-ends **b** presque tous les jours **c** en été
d d'habitude **e** souvent **f** une fois par semaine
g le soir **h** en hiver **i** chaque semaine **j** parfois

3

Answers

Pupil's own work

1 Moi, moi et encore moi!

(Student Book pages 12–13)

Main topics and objectives
- More about yourself
- Reflexive verbs

Grammar
- Reflexive verbs (present tense)

Key language
un frère cadet/aîné
une sœur cadette/aînée
un demi-frère
une demi-sœur
un beau-père
une belle-mère
séparé(e)
divorcé(e)
célibataire
remarié(e)
On s'entend bien.
Elle m'embête/m'énerve.
Je dois m'occuper d'elle.
Il se moque toujours de moi.
On s'amuse bien.
Je m'ennuie.
Il ne s'ennuie jamais.

Resources
CD1, tracks 8–10
Cahier d'exercices, page 5
Grammaire p. 200

Starter 1

Aim
To reintroduce reflexive verbs. To revise vocabulary to describe daily routines.

Write up the following in random order (correct order given here for reference). Ask students to put them in chronological order, according to what they would do on a typical day.

je me réveille
je me lève
je me douche
je m'habille
je prends mon petit déjeuner
je me brosse les dents
je vais au collège
je m'amuse avec mes copains
je rentre chez moi
je me repose un peu avant de faire mes devoirs
je me couche

After checking answers, ask students what kind of verbs **je me réveille**, etc., are. Can they remember how they work and think of any other examples? (**me présenter** and **m'appeler** both came up earlier in the module.)

1 Écoutez et lisez le texte. Écrivez V (Vrai), F (Faux) ou PM (Pas Mentionné) à côté de chaque phrase.

Listening. Students listen to Camille talking about herself and her family, and read the text at the same time. They then read the ten statements on the text and decide whether each is true or false or not mentioned in the text.

Audioscript 8

Je me présente. Je m'appelle Camille et j'ai seize ans. Mon anniversaire est le 28 novembre. Je suis de taille moyenne (je mesure 1,66 mètre), j'ai les cheveux bruns et les yeux verts. Je suis française. J'habite en France, dans un petit village de montagne en Haute-Savoie d'où on peut voir le Mont-Blanc toujours couvert de neige.

J'ai une sœur cadette qui a neuf ans et qui s'appelle Louise. Normalement, on s'entend bien, mais de temps en temps elle m'énerve, surtout quand elle ne veut pas aider à la maison et que c'est moi qui dois ranger sa chambre. Elle vient dans ma chambre quand je fais mes devoirs, elle m'embête et puis on se dispute. Quand mes parents sortent le soir, je dois m'occuper d'elle. J'ai aussi un grand demi-frère qui habite chez sa mère. Quand il nous rend visite, il se moque toujours de moi, mais si on va à la piscine ou au cinéma ensemble on s'amuse bien.

Je ne sais pas ce que je veux faire dans la vie. J'aime dessiner et travailler à l'ordinateur. Je suis assez timide et plutôt sérieuse, mais je suis aussi travailleuse. Si je n'ai rien à faire je m'ennuie. Ma sœur est complètement différente, elle est bavarde et rigolote. Elle ne s'ennuie jamais et elle est gâtée par tout le monde! Nous n'avons pas d'animal. J'en voudrais un, mais je suis allergique aux poils de chat.

Answers									
1 F	2 PM	3 F	4 F	5 PM	6 V	7 F	8 F	9 F	10 PM

Expo-langue: Reflexive verbs (present tense)

Use this grammar box to consolidate the present tense of reflexive verbs before students do exercise 2. There is more information on p. 200 of the Student Book.

2 Relisez le texte de Camille et trouvez les mots.

Reading. Students reread the text in exercise 1 and find the French for six reflexive verbs.

The activity includes a note suggesting students focus on learning those verbs which they think might be useful when talking about their own experience. Explain that identifying the most relevant language is a useful technique at this level, where students will encounter a lot of new vocabulary.

1 Moi / Moi, moi et encore moi!

> **Answers**
> 1 s'amuser 2 se disputer 3 s'ennuyer
> 4 s'entendre bien 5 se moquer de 6 s'occuper de

Starter 2

Aim
To revise possessive adjectives (**mon, ma, mes,** etc.) in the singular (my/your/his/hers/its). To revise vocabulary for members of the (extended) family.

Write up the following grid:

	singular		plural
	masculine	feminine	
my	**mon**		
your		**ta**	
his/her/its			**ses**

Ask students in pairs to copy and complete the grid and then to come up with nine phrases, each including one of these words and a different family member, e.g. **mon frère**, etc.

When checking answers, ask for the French for any family members not covered (see the list in the **Mots** section on p. 28 for reference).

3 Écoutez. Copiez et complétez la grille. (1–4)

Listening. Students copy out the grid. They then listen to four people talking about how they get on with other family members and note the details.

Audioscript 9

1. – Pascal, tu t'entends bien avec ta famille?
   – Pendant les vacances, je fais du vélo et je vais à la pêche avec mon père ... Il est cool, mon père, et on s'amuse bien ensemble. C'est ma petite sœur qui m'énerve. Nous nous disputons tout le temps. En revanche, je m'entends bien avec mes grands-parents. Mon grand-père est vraiment sportif. On joue au tennis et c'est toujours lui qui gagne!

2. – Et toi, Lydie? Comment tu t'entends avec ta famille?
   – C'est ma mère qui m'énerve car on se dispute toujours. Elle dit toujours: «Fais ceci, fais cela!» ... mais je m'entends bien avec mon beau-père. On joue au squash ensemble. D'habitude, mon demi-frère et moi, nous nous amusons bien, nous jouons au ping-pong ou au baby-foot et il m'aide à faire mes devoirs, surtout ceux de maths.

3. – Vincent, comment tu t'entends avec tes frères?
   – Je m'entends très bien avec mon frère aîné .... et moins bien avec ma sœur parce qu'elle vient toujours dans ma chambre. Je préfère être avec mon copain. On s'amuse bien ensemble parce qu'on aime la même musique.

4. – Delphine, tu t'entends bien avec ta famille?
   – Je me dispute toujours avec mes parents. Je dois rester à la maison au lieu de sortir avec mes copains. Pendant les vacances, je vais chez mes grands-parents. Je m'entends bien avec eux et quand je suis là, je joue avec mes cousins. On s'amuse bien ensemble.

Answers

	s'amuse avec	se dispute avec	s'entend bien avec	autres informations
Pascal	son père	sa petite sœur	ses grands-parents	Il fait du vélo et va à la pêche avec son père. Il joue au tennis avec son grand-père.
Lydie	son demi-frère	sa mère	son beau-père	Elle joue au squash avec son beau-père. Elle joue au ping-pong et au baby-foot avec son demi-frère et il l'aide à faire ses devoirs.
Vincent	son copain	sa sœur	son frère aîné	Vincent et son copain aiment la même musique.
Delphine	ses cousins	ses parents	ses grands-parents	Elle doit rester à la maison au lieu de sortir avec ses copains.

4 Qui écrit? Pascal, Lydie, Vincent ou Delphine?

Reading. Students read the four texts and use the information noted in exercise 3 to identify the writer for each one.

> **Answers**
> 1 Vincent 2 Lydie 3 Delphine 4 Pascal

5 Faites un résumé. Utilisez vos réponses à l'exercice 3 et les textes ci-dessus.

Writing. Students write a summary of how Pascal, Lydie, Vincent and Delphine get on with people in their families, using the information and structures from exercises 3 and 4. A box reminding them of the forms of **son, sa, ses** is supplied for support.

R Explain to students how important it is to identify useful vocabulary in texts in the Student Book and to note this down and learn it as they go along. Ask students to identify the vocabulary and structures in these texts that they could use when going on to talk about their own family relationships.

6 Vidéoconférence avec le lycée de Camille. Elle vous invite à parler de vous. Préparez un dialogue.

Speaking. Students imagine that they are going to have a videoconference with the students at the school attended by Camille (from exercise 1). They prepare a dialogue to include the same sort

1 Moi | Moi, moi et encore moi!

of information covered by Camille's text and including details of how they get on with the members of their families.

The **Vidéoconférence** presentation is a regular feature throughout the course.

🌐 If you have links with a school in France, use these activities as a cue for students to make contact with French students in their year. This could be done as an actual videoconference (if you have the technology in place) or as an exchange of e-mails, with students asking and answering questions in French (and then reciprocating by doing the activity in English).

⭐ Draw attention to the tip box on how to tackle this as an activity: students should make notes (in the form of single words or pictures) and work from these rather than prepared answers. A box listing fillers – French expressions they can use to buy themselves time while they think about what they want to say next – is also supplied for support. If they can learn to use these, it will really help them in their exams: it will not only give them time to think, it will also help them sound more authentic.

If you have time, give students the opportunity to practise their dialogue in pairs and then choose a few pairs to perform in front of the class.

7 Reliez l'anglais et le français.

Reading. Students read six English expressions that can be used to get help if you are having trouble understanding and match them to the correct French versions.

Point out that using expressions like these is another useful strategy to make you sound fluent and one that students should practise and use when speaking French: it enables you to get help while still remaining in control in the conversation.

Answers
1 e 2 a 3 b 4 f 5 c 6 d

8 Écoutez et notez. C'est quelle phrase? (1–6)

Listening. Students listen to the six expressions in French from exercise 7 and note the relevant letter for each (from **a–f**).

Audioscript 🔴 10

1 Comment est-ce qu'on dit en français … ?
2 Je n'ai pas compris ce que vous avez dit.
3 Pourriez-vous l'épeler, s'il vous plaît?
4 Pourriez-vous parler plus fort, s'il vous plaît?
5 Pourriez-vous parler plus lentement, s'il vous plaît?
6 Pourriez-vous répéter, s'il vous plaît?

Answers
1 b 2 d 3 a 4 c 5 f 6 e

Plenary

⭐ Ask students to tell you two useful tips they have picked up so far that would help them in the speaking part of the exam (preparing for the speaking test by working from notes; using fillers such as **ben …** to buy time and sound more authentic). Ask for examples in both areas.

Explain that there will be suggestions throughout *Expo GCSE* to help students tackle the exam. Suggest that students keep a list of these techniques and try to implement them as much as possible in their work. The more familiar they become, the better prepared students will be for the exam.

Cahier d'exercices, page 5

1

Answers
Any two out of: 15 yr old boy; lives in Strasbourg with family; gets on with brother; does not get on with sister; dad lives in Nantes; does lots of things with best friend.

2

Answers
I get on very well with him.
… the same kind of music
We don't have the same tastes.
She annoys me all the time.
I see him sometimes at the weekend.
When I'm at his house …
very close to where I live in Paris
Sometimes, at the weekend …

3

Answers
1 Nathan est de nationalité française et il a quinze ans.
2 Dans la famille de Nathan il y a sa mère, sa sœur, son frère et son père qui a une nouvelle femme.
3 À part son père, Nathan s'entend bien avec son frère parce qu'il aime le même genre de musique.
4 Nathan ne s'entend pas très bien avec sa sœur parce qu'ils n'ont pas les mêmes goûts.
5 Le week-end, il va parfois chez son père qui habite à Nantes.
6 Chez son père, il fait du sport; il joue au tennis ou au golf ou il va au cinéma.
7 Vincent habite à Paris, tout près de chez Nathan.
8 Nathan et Vincent sont inséparables.

1 2 Mes parents

(Student Book pages 14–15)

Main topics and objectives
- Talking about your parents and what they do
- Using masculine and feminine nouns

Grammar
- Masculine/Feminine forms of jobs
- No article with jobs (**il est ingénieur**)

Key language
Il/Elle est …
coiffeur/euse
comptable
cuisinier/ère
infirmier/ère
informaticien(ne)
ingénieur
instituteur/trice
kinésithérapeute
maçon
mécanicien(ne)
menuisier
nourrice
plombier
secrétaire
serveur/euse
sapeur-pompier
vendeur/euse
Il/Elle travaille …
dans un bureau
dans une grande surface
dans un hôpital
dans une école primaire
dans un garage
dans une cantine
dans une garderie
sur un chantier
Je m'entends bien avec mes parents.
Je ne m'entends pas bien avec lui/eux.
Je ressemble plutôt à ma mère qu'à mon père.
Mes parents sont séparés.

Resources
CD1, track 11
Cahier d'exercices, page 6

Starter 1

Aim
To use strategies to work out vocabulary (cognates).

Write up the following. Give students two minutes to work out the English for each word. To get them started, tell them that these words fall into a single vocabulary topic. Students can work in pairs for support.

informaticien
vétérinaire
instituteur
cuisinière
ingénieur
maçon
infirmière
comptable
plombier

When checking answers, ask students how they worked out the answers. What didn't they know and how did they work it out? (Re)introduce the word **cognate** and remind students that they will find cognates not just in English (e.g. **plombier** – plumber), but also in French, especially as their French vocabulary expands (e.g. **compter** = to count). If they are studying other languages, they may also find these a useful resource (e.g. in Spanish **enfermero** = nurse).

Go on to read through the tip box on strategies for dealing with unknown words at the bottom of p.14 before students tackle exercise 1. These should be familiar to students from KS3 work.

Can they add any techniques to those listed? (e.g. using the context (either the topic, as they did in the Starter, or the detail of a text), using a process of elimination to narrow down the options, etc.)

1 Lisez. Que font-ils dans la vie? Où travaillent-ils?

Trouvez les images et les mots qui correspondent.

Reading. Students read the three texts in which the speakers talk about what jobs members of their family do and where they work. They identify the relevant pictures for each.

Answers

1	2	3
père – f maçon, chantier	père – c cuisinier, restaurant	mère – i serveuse, restaurant
mère – h secrétaire, bureau	mère – a coiffeuse, salon de coiffure	père – d ingénieur, usine
oncle – g menuisier, atelier	tante – e kinésithérapeute, clinique	grand-mère – j comptable, bureau

2 Complétez les deux phrases pour chaque personne.

Writing. Student write two sentences for each of the people mentioned in exercise 1, saying what they do and where they work. A sample structure is given.

1 Moi 2 Mes parents

Starter 2

Aim
To review the vocabulary for jobs and how to say what job someone does.

Write up: **Il/Elle est ...** Ask students to identify the job you are going to mime, using the structure you have written up. Then mime one of the jobs covered on p.14 or in Starter 1. The first student to answer correctly then takes a turn miming another job for the rest of the class to identify, and so on. Make sure students are clear that no article is used in this structure.

3 Que font-ils et où travaillent-ils? Choisissez la bonne image et la bonne phrase. (1–4)

Listening. Students listen to four people being interviewed about what their mothers and fathers do. They identify the correct picture and phrase for each.

Audioscript 11

1 – *Que fait ton père dans la vie?*
  – *Il est informaticien. Il travaille dans un bureau.*
  – *Et ta mère? Elle travaille?*
  – *Elle travaille dans un hypermarché, une grande surface. Elle est vendeuse.*

2 – *Et toi? Que fait ton père?*
  – *Il travaille à son compte ... Il travaille sur un chantier. Il est plombier.*
  – *Et ta mère?*
  – *Elle travaille dans un hôpital. Elle est infirmière.*

3 – *Et toi? Ah, je sais, ton père est instituteur, n'est-ce pas?*
  – *Oui. Il travaille dans une école primaire.*
  – *Et ta mère? ... Elle travaille aussi?*
  – *Elle travaille à mi-temps. Elle est cuisinière. Elle fait les repas pour la cantine de l'école.*

4 – *Et toi? Ton père est mécanicien, n'est-ce pas?*
  – *Oui, il travaille dans un garage. Il répare les autos.*
  – *Et ta mère? Elle travaille?*
  – *Oui, elle est nourrice. Elle travaille dans une garderie. Elle s'occupe de petits enfants.*

Answers
1 c, dans un bureau f, dans une grande surface
2 b, sur un chantier g, dans un hôpital
3 e, dans une école primaire h, dans une cantine
4 a, dans un garage d, dans une garderie

4 Qui parle?

Reading. Students read the four texts and the six statements which follow and identify who said each of the statements.

These texts could also be used for reading aloud practice, with the focus on correct pronunciation and intonation.

Answers
1 Sophie 2 Sophie 3 Yannick 4 Yannick 5 Bruno
6 Aminta

5 À deux. Vos parents. Posez et répondez aux questions. Préparez vos réponses.

Speaking. In pairs: students take it in turn to ask and answer questions about their parents. The questions are supplied for reference. Give them time to prepare their answers first.

6 Écrivez un court texte sur vos parents.

Writing. Students write a short text about their parents. Some phrases are supplied for support.

➕ For homework, ask students to make a list of jobs not covered in this unit, using a dictionary or other resources. Encourage them to work in pairs/groups of three or four and to pool their information.

Plenary

Ask students what techniques were suggested in this unit for tackling unknown vocabulary (see the tip box on p.14 and the suggestions in Starter 1). Suggest students add these strategies to their list of exam techniques.

Point out that making connections between words can also help students memorise vocabulary. Ask them to suggest connections that might help them remember the vocabulary for jobs (e.g. **infirmière** + English 'infirm'; **informatique** + **informaticien**, etc.).

Cahier d'exercices, page 6

1

Answers
1 kinésithérapeute 2 coiffeuse 3 ingénieur
4 mécanicien 5 serveuse 6 sapeur-pompier
7 secrétaire 8 infirmière 9 maçon 10 cuisinier
11 institutrice 12 comptable

2

Answers
Pupil's own work

3 Mes copains et mes copines

(Student Book pages 16–17)

Main topics and objectives
- Talking about your friends
- Adjective agreement

Grammar
- Adjective agreement (singular)

Key language
Mon (petit) copain est ...
Ma (petite) copine idéale est ...

actif/ve
bavard(e)
branché(e)
bruyant(e)
décontracté(e)
drôle
égoïste
généreux/euse
gentil(le)
insupportable
intelligent(e)
nerveux/euse
organisé(e)
paresseux/euse
rigolo(te)
sportif/ve
sympa
timide
travailleur/euse

Resources
CD1, track 12
Cahier d'exercices, page 7
Grammaire p. 206

Starter 1

Aim
To review adjectives to describe people.

Make a series of statements about famous people (real or fictional) or people in/known to the class, using the adjectives introduced in exercise 1 on p. 16, e.g.

Mr Bean est bavard.
Serena Williams est active.
Magic Johnson n'est pas de taille moyenne etc.

Ask students to do a thumbs up if they agree with the statement and a thumbs down if they disagree. Choose someone who disagrees to give you a correct statement about the person.

1 Écoutez et attribuez les mots à la bonne personne. (13)

Listening. Students copy out the grid. They listen to the descriptions of the three people and note the details in the grid, using the labelled pictures supplied for reference.

Audioscript 12

Mélinda est de taille moyenne et blonde. Elle est bonne élève en classe. Elle est toujours bien organisée, elle a de bonnes notes et elle est travailleuse. Elle n'est pas bavarde, disons qu'elle est ... ben ... plutôt timide. Elle déteste le foot et le tennis, mais elle aime la musique.

Guillaume ... lui, il est grand et brun. Il est intelligent. Il n'est pas, euh, bavard. Il n'aime pas faire de sport, mais comme il se passionne pour la danse, il faut dire qu'il est assez actif. Il fait de la danse latino-américaine, alors il n'est pas paresseux, il est plutôt travailleur. Et il est rigolo.

Valentine, euh, elle est plutôt petite. Elle a les cheveux noirs et les yeux bleus. Elle fait de l'équitation: elle monte très bien à cheval. Elle est aussi très bonne en maths et en physique. Elle est gentille, elle m'aide souvent à faire mes exos de maths. Elle est la première à aider une vieille dame à traverser la rue.

Answers

Mélinda	Guillaume	Valentine
de taille moyenne	grand	petite
organisée	intelligent	sportive
travailleuse	actif	intelligente
timide	travailleur	gentille
	rigolo	

Expo-langue: adjective agreement (singular)

Read through this grammar box after exercise 1 to review agreement of adjectives in the singular. There is more information on p. 206 of the Student Book.

R Students could rewrite the last paragraph of Camille's text on p. 12 as though it had been written by Matthieu, who has a brother called Luc.

2 Reliez le français et l'anglais.

Reading. Students read the eight French adjectives and match each to the correct English translation.

Answers
branché(e) – trendy/switched on
bruyant(e) – noisy
généreux/euse – generous
décontracté(e) – relaxed/laid back
insupportable – dreadful/unbearable
drôle – funny
nerveux/euse – nervous
sympa – nice

1 Moi 3 Mes copains et mes copines

3 À deux. Choisissez trois personnes et posez la question.

Speaking. In pairs: students choose three celebrities each and discuss their opinions of them. They should take it in turn to start off the dialogue by asking **Qu'est-ce que vous pensez de … ?** A sample exchange and a list of useful expressions are supplied. Encourage students to use a dictionary for any additional adjectives they want to use.

Starter 2

Aim
To revise adjectives used to describe what people look like.

Describe what a student in the class or a teacher in the school looks like using the structures below. The class has to guess who it is. The student who first correctly identifies the person then describes another student, and so on.

Il/Elle est (assez/très) grand(e)
Il/Elle a les cheveux … et les yeux …

4 Lisez les textes rapidement et trouvez l'essentiel.

Reading. ⭐ Students read the four texts in order to identify the people being described in the eight questions. Point out that they should not be trying to understand the texts in detail: the aim is to skim-read them, concentrating on identifying only the information necessary to complete the exercise. Explain that this is a useful technique to develop for the exam: they will save valuable time by concentrating on what is important.

Answers

1 Sarah	**5** Frédéric
2 Arthur	**6** Maryse
3 Sarah	**7** Frédéric
4 Arthur	**8** Maryse

5 À deux. Décrivez les copains.

Speaking. In pairs: students take it in turn to describe the four teenagers pictured (doing two each). Some sample structures are supplied for support.

6 Faites la description d'un petit copain/une petite copine idéal(e).

Writing. Students write a paragraph on the ideal boyfriend/girlfriend. Some sample structures are supplied for support.

R Students could swap texts and check their partner's work for accuracy and interest.

Plenary

Give students two minutes in pairs to do the following quiz on adjectives without looking at their books. Tell them they cannot use the same adjective twice. They need to come up with:

- 3 adjectives which end in **–euse** in the feminine form (giving both the masculine and feminine)
- 2 adjectives where the feminine form ends **-te**
- 2 negative adjectives
- 1 adjective which doesn't change in the feminine form.

Cahier d'exercices, page 7

1

Answers

Example:
1 bavarde (chatty); active (active); énervant (annoying); généreuse (generous); heureuse (happy); petite (small); timide (timid); gentille (kind); travailleuse (hard-working); intelligente (intelligent); sportif (sporty); adorable (adorable); organisé (organised); extraverti (extravert); bruyant (noisy); paresseux (lazy); moyenne (average); gentil (kind); rigolo (fun)
2 Underlined: timide; adorable.

2

Answers

Answers open to interpretation
1 Nicolas **2** Amandine **3** Amandine **4** Julien
5 Julien **6** Valentin **7** Élodie

3

Answers

Pupil's own answers

4 Centre de loisirs

(Student Book pages 18–19)

Main topics and objectives
- Saying what you have done
- The perfect tense

Grammar
- Perfect tense (formation with avoir and être)

Key language

Lundi, je suis allé(e) ...
au centre de loisirs
J'ai fait ...
du karaté
du judo
du théâtre
de la natation
de la danse
de l'entraînement
de l'escrime
des arts martiaux
J'ai nagé.
J'ai bavardé avec mes copains.
J'ai lu des BD.
J'ai écouté de la musique.
Nous avons mangé une pizza.
C'était super/fantastique/cool/génial!
Bof./C'était pas mal.
C'était nul.
Ce n'est pas mon truc.

Resources

CD1, tracks 13–14
Cahier d'exercices, page 8
Grammaire p. 208, p. 210

Starter 1

Aim
To review times using the 12- and 24-hour clocks.

Write up the following times (using the 12-hour clock). Students in pairs take it in turn to respond with the corresponding time using the 24-hour clock. Model the first one (**deux heures et demie – quatorze heures trente**).

2.30 p.m.	4.00 p.m.
6.00 p.m.	9.30 p.m.
10.30 p.m.	11.00 p.m.
7.15 p.m.	5.45 p.m.
3.30 p.m.	

If you wanted to extend the activity, you could include other times such as 8.05, 3.10, 4.50, etc.

1 C'est quelle activité? Complétez les phrases.

Reading. Students read the brochure for the leisure centre. Using the details in the brochure, they complete a sentence for each picture 1–8 to say what they did, using the perfect tense. The exercise introduces the perfect tense, but students do not need to revise it in order to complete the activity. It is covered in detail in the next lesson.

Answers

1 J'ai fait de la natation.
2 J'ai fait de la danse.
3 J'ai fait de l'escrime.
4 J'ai fait de la plongée.
5 J'ai fait du théâtre.
6 J'ai fait du judo.
7 J'ai fait du karaté.
8 J'ai fait de l'aérobic.

2 Écoutez. Relisez le dépliant dans l'exercice 1 et notez les détails. (1–4)

Listening. Students copy out the grid. They listen to four people talking about the activities they do at the leisure centre and note the details in the grid.

Audioscript 13

1 La semaine dernière, je suis allé à la piscine mercredi et vendredi pendant une heure, de 19h00 à 20h00. Puis, je suis allé au gymnase ... euh ... jeudi de 17h00 à 19h00 parce que je veux garder la forme.
2 Mercredi dernier, je suis allée à la salle polyvalente comme tous les mercredis. On a eu un cours de 10h30 à 12h00, et puis l'après-midi, on a joué ensemble de 15h00 à 17h00.
3 Lundi, je suis allé au gymnase à 17h00. Le cours a duré ... ben ... une heure, comme toujours, mais quelquefois on reste encore une demi-heure de plus. Puis mercredi, ... mercredi j'ai voulu essayer un nouveau sport! Ce sport a lieu au gymnase de 15h30 à 17h00, mais il faut avoir l'équipement et le costume, et tout cela coûte cher et ... ben ... ce n'est pas mon truc. Je préfère les arts martiaux.
4 La semaine dernière, je suis allée au gymnase pour une heure le lundi, de 18h00 à 19h00, mais on reste encore une demi-heure s'il n'y a pas de classe après. Et puis mercredi, il y a un cours toute la matinée au gymnase ... une heure pour nous et puis, nous aidons les petits. Et vendredi soir, on fait encore deux heures de 18h00 à 20h00.

Answers

	Où?	Quel jour?	À quelle heure?	Quel cours?
1	piscine; gymnase	mercredi et vendredi; jeudi	19h00–20h00; 17h00–19h00	natation; aérobic
2	salle polyvalente; salle polyvalente	mercredi	10h30–12h00; 15h00–17h00	musique; orchestre
3	gymnase; gymnase	lundi; mercredi	17h00–18h00; 15h30–17h00	karaté; escrime
4	gymnase; gymnase; gymnase	lundi; mercredi; vendredi	18h00–19h00; 9h00–12h00; 18h00–20h00	danse; danse; danse

24

1 Moi 4 Centre de loisirs

Starter 2

Aim

To revise the perfect tense. To remind students to associate certain time phrases with specific tenses.

Write up the following, with the second column in random order (in correct order here for reference only).

1 Lundi dernier, il	est allé au centre de loisirs.
2 Maintenant, je	joue au foot.
3 L'après-midi, j'	ai bavardé avec ma copine.
4 Hier soir, nous	avons mangé une pizza.
5 L'année dernière, elle	est allée en France.
6 Le samedi, nous	écoutons des CD chez moi.

Ask students to match the columns. When checking answers, ask how they worked each one out (covering the use of time phrases as well as how the perfect tense is formed). The **Expo-langue** box at the top of p. 19 gives a framework for then consolidating this.

Expo-langue: perfect tense (formation with *avoir* and *être*)

Use this grammar box to review how the perfect tense is formed before students do exercise 3. There is more information on pp. 208 and 210 of the Student Book.

3 Qu'est-ce qu'ils ont fait? Quel jour et à quelle heure?

Speaking. In pairs: using the grid supplied (and working out details of activities from the brochure in exercise 1), students say what each person/group did at the leisure centre, giving details of when and where.

4 Copiez le texte et remplissez les blancs avec les mots à droite.

Reading. Students read the gapped text and complete it using the words supplied. The text consolidates the perfect tense: all the missing words are past participles.

Answers
1 allé 2 fait 3 bavardé 4 lu 5 écouté 6 joué
7 rentrés 8 nagé 9 mangé 10 vu

5 Qu'est-ce qu'ils ont fait? C'était comment? (1–5)

Listening. Students listen to five people talking about what they did on particular days and their opinions of the activities. They write a sentence on each activity and a sentence giving an opinion. A box summarising the language used for opinions is supplied.

With a higher ability class, you might want to contrast the use of different past tenses in this activity: perfect to describe a completed event, imperfect for descriptions.

Audioscript 14

1 Mercredi dernier? J'ai joué au basket. C'était un match. C'était un désastre! Nous avons perdu 40 à 15. C'était nul ... complètement nul.
2 Mercredi ... Alors, le matin ... euh, non ... l'après-midi, j'ai fait une balade en vélo avec mon copain et il a plu. Et tu sais, le vélo, ce n'est pas mon truc. En plus, je suis tombée et alors non ... ce n'était pas fantastique, plutôt le contraire, c'était nul.
3 Qu'est-ce que j'ai fait le mercredi? Ah, oui ... le matin je suis allé à la piscine. On apprend à faire de la plongée ... Si c'était bien? Bof ... le moniteur dit «Respirez par le nez», mais moi, je n'y arrive pas. C'est difficile, tu sais!
4 Ben, mercredi ... j'ai fait un cours de danse. D'habitude, j'aime bien, mais le prof n'était pas là et la remplaçante n'était pas assez stricte. On a fait des bêtises ... c'était nul!
5 La semaine dernière, j'ai fait un stage d'équitation. Je suis montée à cheval pour la première fois de ma vie. Ça s'est bien passé. Ah oui, super bien. J'ai adoré.

Answers
1 Il a joué au basket. C'était nul.
2 Elle a fait une balade en vélo. C'était nul.
3 Il est allé à la piscine/a fait de la plongée. C'était pas mal.
4 Elle a fait un cours de danse. C'était nul.
5 Elle a fait un stage d'équitation. C'était super/fantastique/génial.

6 Imaginez: vous êtes allé(e) en vacances en France chez votre corres avec votre famille. Qu'est-ce que vous avez fait? C'était comment?

Writing. Students imagine they went with their family to visit their French penpal for a holiday. They write a paragraph about what they did each day and give their opinions of these activities. Sample structures are supplied for support.

Students could do this activity on computer, adding in photos and pictures to make a holiday journal.

1 Moi 4 Centre de loisirs

Plenary

Play a chain game round the class to consolidate talking about activities in the past. Each student repeats the chain so far and adds their own expression. If he/she makes a mistake, misses an item out or can't add an item, he/she is out. Start it off: **Le week-end dernier, j'ai fait de la natation, ...**

Cahier d'exercices, page 8

1

Answers

Samedi dernier, je suis allé au centre de loisirs avec mes copains, Luc, Sarah et Vincent. Le matin, on a fait beaucoup de sport. D'abord, j'ai joué au tennis puis nous avons joué au volley. C'était bien, mais fatigant! Luc a joué au basket et au badminton parce qu'il n'aime pas le tennis.
L'après-midi, vers deux heures, nous sommes allés à la piscine où nous avons nagé pendant deux heures. C'était génial. Plus tard, nous sommes rentrés chez moi et on a mangé une pizza et on a bavardé.
Finalement, quand mes copains sont partis, j'ai écouté de la musique et j'ai regardé un DVD avec ma famille. Le film était nul et moi, j'étais très fatigué!

2

Answers

Example:
Lundi dernier, je suis allé à la piscine avec mes copains, puis l'après-midi, j'ai fait du ski.
Le soir, j'ai fait du taï chi et ensuite, j'ai écouté de la musique.
Mardi matin, j'ai joué au foot d'abord, puis deux heures plus tard, j'ai joué au basket avec mes copains. L'après-midi, j'ai fait de la danse, puis le soir j'ai fait du judo et du théâtre.
Mercredi matin, je suis allé à la piscine et j'ai fait de la plongée. Plus tard, l'après-midi, je suis allé au parc où j'ai fait du skate.
Le soir, je suis allé au cinéma où j'ai vu un bon film comique.

5 Les champions sportifs

(Student Book pages 20–21)

Listening and reading skills focus

Main topics and objectives
- Describing famous sportspeople
- Using the infinitive to express –ing

Grammar
- Using the infinitive to express –ing

Listening and reading skills focus
- Listening for gist
- Listening for detail
- Predicting content before listening
- Reviewing vocabulary areas before listening
- Listening strategies (coming back to difficult areas)
- Reading for detail
- Reading strategies (thinking about paraphrases, context, cognates)

Key language
Il a commencé à jouer à l'âge de … gagner un titre devenir champion du monde (junior) être classé(e) au premier rang un des meilleurs joueurs du monde un demi-finale un tournoi le numéro un mondial il a dû arrêter de jouer il a réussi à gagner

Resources
CD1, track 15
Cahier d'exercices, page 9
Grammaire p. 222

Starter 1

Aim
To revise language for describing someone

Ask students to write a description of themselves in French, to include the following information:
- height
- hair: colour, lengths, kind (e.g. curly)
- eyes: colour
- age
- nationality

They can look up any information they need reminding of in the **Vocabulaire** or a dictionary.

Listen to some answers, reminding the class as necessary of the meaning of any vocabulary items and highlighting agreements.

1 Écoutez. Répondez aux questions et remplissez le formulaire.

Listening. Students listen to the recording. They answer the two questions on it in English, then complete the form in English.

⭐ Before they begin, read together through the tip box on pre-listening strategies.

Audioscript 15

– Je dois faire un reportage sur un sportif … tu peux m'aider?
– Volontiers.
– Je prends qui?
– Pourquoi pas Karim Benzema?
– Qui c'est?
– Le meilleur jeune joueur de football.
– Connais pas, Benzema, bon alors, comment ça s'écrit?
– Benzema. B-E-N-Z-E-M-A.
– B-E-N-Z-E-M-A.
– Oui, c'est ça.
– Et son prénom?
– Karim. K-A-R-I-M.
– Karim … Nationalité? Il est français bien sûr …?
– Oui, mais ses grands-parents viennent d'Algérie.
– Né? Quelle date?
– Euh … je ne sais pas. Il faut chercher sur l'Internet … Attends …
– Ah … Voici son site Internet … né le 19 décembre 1987.
– Le 19 décembre 1987 … et lieu de naissance?
– Lyon, L-Y-O-N.
– Taille?
– Euh … taille … il mesure 1,83 m et pèse 73 kg.
– Mesure 1,83 m et pèse 73 kg.
– Les yeux et les cheveux?
– Les cheveux … et les yeux … marron.
– Autre chose?
– Passe-temps?
– Non, il n'y a rien … il aime la musique rap, c'est tout.
– Ça suffit.
– Bon, c'est fait. À quoi est-ce qu'on va jouer?
– On pourrait jouer au foot?

Answers

1 c
2 They are doing a report on a sportsperson.
First name: Karim
Surname: Benzema
Sport: football
Nationality: French
Date of birth: 19 December 1987
Place of birth: Lyons
Height: 1m 83
Weight: 73 kg
Hair and eye colours: brown
Likes: rap music

1 Moi 5 Les champions sportifs

Expo-langue: the alphabet/dates

Use this grammar box to review confusable letters in French and how dates are formed.

Starter 2

Aim
To practise distinguishing between the infinitive and the past participle

Write up the following. Give students two minutes to identify which of the two options is correct in each sentence.

j'aime mangé/manger
nous sommes allés/aller
Tu veux joué/jouer?
il a dû arrêté d'aller/arrêter d'aller
j'ai réussi à gagné/gagner
ils vont commencé/commencer à jouer
je voudrais acheté/acheter
vous avez demandé/demander

(*Answers*: manger, allés, jouer, arrêter, gagner, commencer, acheter, demandé)

2 Lisez le texte et trouvez les mots qui manquent.

Reading. Students read the gap-fill text and identify the words to fill the gaps. The answers are supplied in random order for support.

With a good class, you could suggest they attempt the exercise first without looking at the answer options.

Answers

1 jouer 2 gagné 3 champion 4 joueurs 5 gagner
6 perdre 7 manque 8 être

Expo-langue: verbs and other expressions followed by the infinitive

Use this grammar box to focus on verbs which are followed by the infinitive. Draw students' attention to the prepositions used. There is more information of p.222 of the Student Book.

3 Choisissez la bonne réponse: a, b ou c.

Reading. Students reread the text in exercise 2 and complete the multiple-choice sentences in English about it.

⭐ Before the students do the activity, read together through the tip box on reading strategies.

Answers

1 b 2 a 3 b 4 c 5 a

Plenary

Prompt in English to review the use of the infinitive to express *-ing*, using language from the unit. Start with infinitives (e.g. 'to begin playing'), then move on to different forms of the perfect tense (e.g. 'he succeeded in winning').

Cahier d'exercices, page 9

1

Answers

Il a commencé à jouer = He started to play
avant d'être sollicité = before being headhunted
qui ont réussi à signer = who succeeded in signing
il a arrêté de jouer pendant quelques mois = he stopped playing for a few months
il a été sélectionné pour la première fois = he was selected for the first time
la Coupe du monde 2010 = the 2010 World Cup

2

Answers

juillet	secondaires	signé
défenseur	jouer	recommencé
père	ans	Champions
onze	européens	première

3

Answers

(possible answer)
Born in 1985 in Toulouse, Gaël Clichy began playing when he was 5. Studied in Montastruc. In 2000 played for Cannes, in 2003 was signed by Wenger for Arsenal. In 2005 had an injury. In Jan 2008 was selected for the first time to play for France and was capped for the first time in September 2008.

1D 6 Ma passion

(Student Book pages 22–23)

Main topics and objectives
- Talking about your main hobby
- The near future tense

Grammar
- Near future tense
- *aller* (present tense)

Key language
Je me passionne pour le sport.
Ma passion, c'est le foot.
Je joue au foot depuis cinq ans.
J'en fais depuis deux ans.
Je l'ai choisi parce que …
J'en fais parce que …
c'est bon pour la santé
j'aime la camaraderie
j'ai gagné
je suis devenu(e) accro
je me suis inscrit(e) au club
L'année prochaine, …
je vais prendre part aux compétitions
je vais être dans la première équipe

Resources
CD1, tracks 16–17
Cahier d'exercices, pages 10–11
Grammaire p. 204

Starter 1

Aim
To reintroduce the near future tense. To revise grammar points/language from earlier in the module.

Write up the following and ask students in pairs to identify the errors in the sentences and write them out correctly and to translate them. (Correct versions shown in italics in brackets for reference only.) Which pair can spot and correct most errors?

1 Je vais écouter du musique avec mon frere cadet.
  (Je vais écouter *de la* musique avec mon *frère* cadet.)

2 Le semaine prochaine, nous allons jouer au piano.
  (*La* semaine prochaine, nous allons jouer *du* piano.)

3 Il va travaillé dans un grand surface.
  (Il va *travailler* dans *une grande* surface.)

4 Elle ne vais pas rentre chez moi parce que ma sœur est trop bavarde.
  (Elle ne *va* pas *rentrer* chez moi parce que ma sœur est trop bavarde.)

1 Écoutez et lisez le texte.

Reading. Students listen to Sascha talking about his passion for football and read the text at the same time.

Audioscript 16

J'ai une passion pour le foot. J'y joue deux fois par semaine et je m'entraîne une fois par semaine.

Je joue au foot depuis toujours. J'ai commencé quand j'avais six ans. D'abord, j'ai joué avec mes frères dans la rue. Plus tard, je me suis inscrit au club des jeunes et maintenant, on joue des matchs amicaux le mercredi et le dimanche. Jusqu'à présent, j'ai seulement joué sur le terrain de notre club.

La semaine dernière, j'ai joué dans l'équipe junior B contre l'équipe A et nous avons gagné 2-0. C'est moi qui ai marqué le premier but.

Cette année, je vais passer dans la première équipe. On va jouer des matchs contre des équipes d'autres villes de notre région, donc on va prendre le bus avec les seniors quand on va jouer ailleurs.

Pour jouer dans la première équipe, j'ai besoin d'un nouveau maillot à rayures rouges et noires, un short noir, des chaussettes rouges et des chaussures de foot noires. Pour gagner de l'argent pour les acheter, je vais faire la vaisselle dans le café de mon village pendant les vacances l'été prochain.

J'aime le foot parce que c'est bon pour la santé, et j'aime l'ambiance et la camaraderie, on est entre amis. Je préfère jouer plutôt que de regarder les matchs, mais il faut aussi en regarder pour apprendre. Quelquefois, l'entraîneur nous filme et puis, il nous critique. C'est bien parce que comme ça, on apprend à mieux jouer. Je vais continuer à jouer aussi longtemps que possible, mais je sais que pour les footballeurs le plus grand risque, c'est un accident, surtout au genou.

2 Trouvez les mots ou les expressions dans le texte.

Reading. Students reread the text to find the French translations of the nine English time phrases listed.

➕ Ask students to group the expressions according to whether they are used in the text to talk about the past, the present or the future.

Answers
1 quand
2 d'abord
3 plus tard
4 maintenant
5 jusqu'à présent
6 la semaine dernière
7 cette année
8 l'été prochain
9 quelquefois

1 Moi 6 Ma passion

Expo-langue: near future tense

Read through this grammar box which covers the near future tense. You could ask students to find examples of this tense in the text in exercise 1. There is more information on p. 204 of the Student Book.

3 À deux. Discutez en anglais.

Speaking. In pairs: students discuss Sascha's text in English, using the questions supplied.

4 Traduisez en anglais les mots et les phrases en bleu dans le texte de l'exercice 1. Utilisez un dictionnaire, si nécessaire.

Reading. Students reread the text in exercise 1 and translate the words and phrases highlighted there in blue. They can use a dictionary, but encourage them first to use the strategies highlighted earlier in the module for working out new words.

Answers

je me suis inscrit – I joined
matchs amicaux – friendly matches/friendlies
seulement – only
ailleurs – somewhere else
j'ai besoin – I need
l'ambiance – the atmosphere
mieux – better
surtout – especially

Starter 2

Aim
To consolidate the near future tense.

Write up the following:

aller   regarder   jouer   faire   manger   écouter

Ask students in pairs to write six sentences using the near future tense. Each sentence must use a different part of **aller** (e.g. **je vais, tu vas,** etc.) and a different infinitive from the list you have supplied.

Listen to sample answers. Ask students to summarise how the near future is formed.

5 Copiez le texte en remplissant les blancs.

Writing. ⭐ Students copy and complete the gap-fill text using the words supplied. Before they begin, they should read the tip box, which lists strategies for approaching activities like this (reading the whole text first so that they can use the verbal context to work things out and the topic to make guesses more focused; using grammar to work out the function of words in a sentence, etc.). Stress that they should aim to practise this approach whenever they face a gap-fill activity as it will help them when they have to tackle activities of this sort in the exam.

You might want to point out that the answers contain 'distractors' – i.e. there are more answers than gaps. This is often a feature of exam tasks too.

R Go through the answers to exercise 5 as a class, discussing why each one is correct and why other options don't work.

Answers

1 depuis 2 fin 3 inscrit 4 entraînement 5 sauf
6 piscine 7 allons 8 fait 9 compétitions
10 régional 11 forme 12 coucher

Expo-langue: *depuis* + present tense

Use this grammar box to cover **depuis** + the present tense before students do exercise 6. Point out the usefulness of this structure when talking about their own experience.

6 Que font-ils? Depuis quand? Qu'est-ce qu'ils vont faire? (1–4)

Listening. Students copy out the grid. They listen to four people talking about which activities they like doing and note the details in the grid.

Audioscript 🔊 17

1 Ma passion, c'est l'équitation. Je vais au centre hippique tous les mercredis. Je m'occupe des chevaux. Je le fais depuis plus de six ans. J'ai commencé depuis toute petite. J'ai toujours adoré les chevaux. Cette année, je vais avoir mon propre cheval. Je suis si contente!

2 Je fais du cyclisme depuis deux ans. Je sors tous les dimanches avec mon père et je m'entraîne deux ou trois fois par semaine. Cette année, je vais m'inscrire au club de cyclisme et puis, je vais faire des courses contre la montre.

3 Ma passion, c'est le rugby. Je joue depuis trois ans. Ma mère ne m'a pas permis de jouer avant parce qu'elle trouve ce sport trop dangereux, mais moi, j'adore. Je vais à l'entraînement tous les mercredis et l'année prochaine, je vais être dans l'équipe junior.

4 Ma passion, c'est le cinéma. J'ai beaucoup de DVD de vieux films en noir et blanc. Je les collectionne depuis deux ans. J'en ai une bonne vingtaine. J'adore les films de Woody Allen. L'année prochaine, je vais m'inscrire au club de cinéma et apprendre à tourner un film.

1 Moi 6 Ma passion

Answers

	passion	depuis quand	au futur
1	l'équitation	plus de six ans	Elle va avoir son propre cheval.
2	le cyclisme	deux ans	Elle va s'inscrire au club de cyclisme et elle va faire des courses contre la montre.
3	le rugby	trois ans	Il va être dans l'équipe junior.
4	le cinéma	deux ans	Il va s'inscrire au club du cinéma et apprendre à tourner un film.

7 Écrivez une réponse à Sascha. Répondez aux questions.

Writing. Students write responses to a list of questions from Sascha, who wants to know what they like doing. The beginning of each response is supplied for support.

8 Vidéoconférence. Préparez un dialogue. Vous allez parler de votre passion. Puis vous allez poser deux questions à votre partenaire sur sa passion.

Speaking. Students imagine that they are going to have a videoconference with students at a French school. They prepare a dialogue in which they talk about what they like doing. They also prepare two questions to ask the person they are speaking to about what he/she likes doing. Suggest students reduce their notes to just a short list (of around six key words) to use as a prompt when they are actually doing the dialogue.

See p. 19 for suggestions on actually linking up with a partner school in France to exchange information.

Plenary

Get two or three pairs to perform the dialogue they prepared in exercise 8 in front of the class. Invite constructive feedback in the following areas:

– pronunciation
– intonation (Did the questions sound like questions?)
– authenticity. (Did the pairs use words such as **euh, et alors**, etc., to buy them thinking time?)

Cahier d'exercices, page 10

1

Answers

Underlined:
on va enregistrer
on va faire
on va l'envoyer
on va avoir
on va être

2

Answers

1 Danièle a seize ans.
2 Elle aime le rock et le Nu Metal.
3 Elle chante depuis quatorze ans.
4 Dans le groupe, il y a une guitare électrique, une guitare basse, une batterie et un clavier.
5 Ils chantent les chansons de Danièle.
6 On va enregistrer deux chansons de Danièle.
7 Elle veut être célèbre un jour.

Cahier d'exercices, Grammaire, page 11

1

Answers

Je me présente. Je m'appelle Thomas et j'ai seize ans. J'habite à Lyon en France. Mes deux frères s'appellent Luc et Valentin. Nous avons un chat qui s'appelle Sophie. Je suis assez grand et j'ai les yeux bleus.
Samedi dernier, je suis allé à la piscine avec mon frère. Après, nous avons bu un coca et nous avons mangé une pizza. Ensuite, on a joué au basket puis on est allés au parc et on a joué au foot.
Le soir, nous sommes allés dans un restaurant avec nos parents. Mon père a bu du vin et ma mère a mangé un steak-frites.
Demain, je vais jouer au tennis avec mon copain, Vincent. Puis on va aller chez lui et on va écouter de la musique. L'après-midi, je vais aller en ville avec ma sœur. Elle va acheter un nouveau jean. Nous allons rentrer vers quatre heures. Le soir, je vais voir un film au cinéma.

2

Answers

Example:
1 J'adore le sport. J'aime faire du vélo et j'adore le basket mais je n'aime pas le football.
2 Samedi dernier, je suis allé(e) à la piscine puis après ça, je suis allé(e) au café où j'ai mangé une pizza puis j'ai écouté de la musique chez moi.
3 Le week-end prochain, je vais faire du roller puis l'après-midi, je vais jouer au tennis et le soir, je vais regarder un DVD chez moi avec des copains.

Contrôle oral: Sport and leisure activities (Student Book pages 24–25)

Topics revised
• Talking about sports and other leisure activities

Resources
CD5, tracks 2–5

Overview
Read through the yellow box and explain how this section works. First they read the details of the situation and the task carefully. After a preparatory exercise, they listen to a Speaking controlled assessment model discussion in three parts and do exercises focused on the language used in it. These exercises, along with the advice/activities on how to improve speaking performance in the ResultsPlus section, will help them prepare to take part in a discussion of their own on the topic.

1 You will hear a model conversation between Robert and his teacher, based on the photograph above. Make a list of eight questions which he could be asked about his hobby or interest.

Explain to the students that they will hear a sample of the kind of discussion they are expected to have in the Speaking controlled assessment. First they will do a preparatory exercise. Using the photograph as a prompt, they write down eight questions that Robert might be asked about his hobby, riding.

Possible answers
À quel âge as-tu commencé?
Pourquoi as-tu choisi ce sport?
Où vas-tu pour faire de l'équitation?
Avec qui fais-tu de l'équitation?
Qu'est-ce qu'on doit porter pour faire de l'équitation?
Participes-tu/As-tu participé à des concours d'équitation?
Est-ce que ça coûte cher de faire de l'équitation?
Est-ce que tu vas continuer à faire de l'équitation à l'avenir?
Tu recommanderais l'équitation aux autres?

2 Predict for which of the first two points in the task Robert will use the following phrases. Then listen to check.

Students do a second preparatory exercise. They read through the sentences and predict which of the first two points in the task in the yellow box these sentences will be used to answer. They then listen to the first part of the discussion to check their answers.

Audioscript 2

– Bonjour, aujourd'hui je vais parler de ma passion. C'est-à-dire l'équitation.
– À quel âge as-tu commencé?
– J'ai commencé à faire de l'équitation quand j'avais onze ans.
– Pourquoi as-tu choisi ce sport?
– Je l'ai choisi car mon oncle, qui est professeur d'équitation, a acheté un cheval et j'ai essayé de monter dessus. Au début j'avais peur, mais petit à petit, j'ai découvert que l'équitation est un sport vraiment fantastique!
– Où vas-tu pour faire de l'équitation, et avec qui?
– Maintenant, je prends des cours d'équitation dans un club le lundi et aussi le vendredi. Ma petite amie aussi adore faire de l'équitation et nous allons dans le même club, où nous avons beaucoup d'amis.

Answers
1 first point 2 second point 3 second point
4 first point 5 second point 6 first point

3 Listen again and note down in English how Robert answers the first two questions in the assessment task.

Students listen to the first part of the discussion again and write down in English Robert's answers to the first two points.

Audioscript 3
Recording as for exercise 2.

Answers
First point: I started at the age of 11. I began because my uncle, a riding teacher, bought a horse and I tried getting on it.
Second point: I take lessons at a club on Mondays and Fridays, with my girlfriend and lots of other friends.

4 Listen to the second part of Robert's conversation and fill in the gaps.

Students now listen to the second part of the conversation and complete the gap-fill version of the transcript.

With a good class you could ask pupils to read the text and try to work out the answers first, then use the recording to check.

1 Moi Contrôle oral: Sport and leisure activities

Audioscript 4

– Qu'est-ce qu'on doit porter pour faire de l'équitation?
– L'équitation peut être un sport très dangereux mais **heureusement**, j'ai eu de la chance et je n'ai **jamais** eu d'accident grave. Cependant, il **faut** connaître les règles de sécurité pour ne pas avoir d'accident. Par exemple, il faut porter un casque de sécurité, qui s'appelle une bombe, pour se protéger la tête. Je **dois** aussi porter une culotte de cheval et des bottes.
– Tu as participé à des concours d'équitation?
– L'équitation est un sport super **car** on peut faire beaucoup de choses différentes, par exemple le saut d'obstacles, le dressage ou le cross. Moi, je **préfère** le saut d'obstacles car c'est très excitant de sauter! **L'année dernière**, je suis **allé** à un concours, j'ai fait du saut d'obstacles et j'ai **gagné** une médaille d'or. J'adore **aller** à des concours car on rencontre des gens qui ont aussi une passion pour l'équitation.

Answers
1 heureusement 2 jamais 3 faut 4 dois 5 car
6 préfère 7 L'année dernière 8 allé 9 gagné
10 aller

5 Now listen to the final part of Robert's conversation and answer the questions.

Students listen to the third and final part of the conversation and answer the questions on it. These questions focus on linguistic detail. You may need to play the recording more than once.

Audioscript 5

– Est-ce que ça coûte cher de faire de l'équitation?
– Mes bottes m'ont coûté quatre cents euros et ma bombe trois cent cinquante, mais ce n'est pas nécessaire d'acheter de nouveaux vêtements tous les ans.
– Et les cours d'équitation?
– Les cours ne sont pas trop chers parce que je travaille dans le club d'équitation et on me donne une réduction sur le prix des cours.
– Pourquoi est-ce que tu aimes faire de l'équitation?
– J'adore le fait que l'équitation me rende plus sportif et me permette de rester en forme. En plus, les chevaux ont tous des personnalités différentes qu'il est intéressant de découvrir.
– Est-ce que tu vas continuer à faire de l'équitation à l'avenir?
– Après le collège, je vais continuer à faire de l'équitation parce que je voudrais devenir professeur d'équitation, comme mon oncle. Il aime beaucoup son travail. C'est un emploi très intéressant. On est en plein air et en contact avec les gens et j'aimerais bien faire ça. Je ne voudrais pas travailler dans un bureau, par exemple. Je pense que c'est très ennuyeux un emploi comme ça.
– Tu recommanderais l'équitation aux autres?
– Je vous conseille d'essayer l'équitation, je suis sûr que vous n'allez pas le regretter! Vous pourrez rencontrer d'autres personnes très gentilles, et faire du sport dans la nature. En plus, il est possible de faire des compétitions d'équitation, et peut-être de gagner des prix!

Answers
1 ce n'est pas nécessaire d'acheter
2 Pourquoi est-ce que tu aimes faire de l'équitation? – present
Est-ce que tu vas continuer à faire de l'équitation à l'avenir? – near future
Tu recommanderais l'équitation aux autres? – conditional
3 work in an office
4 he thinks it would be very boring

ResultsPlus

The **ResultsPlus** section gives students the support they need to improve their speaking. The support is differentiated, allowing students to identify and work towards their target level (Grade C, Grade B/A, Grade A*). Encourage students to adopt the kind of approach taken in this section in all extended speaking activities.

Read through and discuss the **ResultsPlus** section together.

Also draw students' attention to the **Épate l'examinateur!** feature: this highlights a structure that students can include to particularly impress the examiner.

6 Now it's your turn! Choose a photograph showing one of your interests and prepare a discussion about it.

Students participate in a discussion on a favourite interest in the style of a Speaking controlled assessment task. They should use all the support supplied, here and elsewhere on the spread:

- their answers to exercises 1–5
- the ResultsPlus advice on the language to include
- the advice given here.

Each student takes part in the discussion as the person answering the questions. If they are working with a partner, they will take turns asking and answering.

If possible, record the discussions (or have the students record themselves). They can then swap recordings with a partner, listen to each other's version and offer comments on how it might be improved. A simple marking system is suggested (one/two/three stars for listed categories). Students should then identify two or three areas which they would like to improve next time they do an extended speaking task.

Contrôle écrit: Your interests

(Student Book pages 26–27)

Topics revised
- Writing about a favourite leisure activity

1 Find the French equivalent of these phrases in the text and copy them out.

Students read Lucy's text on her favourite leisure activity, judo. They then find the French versions of the ten English phrases in the text.

Answers
1. J'ai choisi le judo parce que mes amis en font
2. Il ne faut absolument pas faire l'andouille
3. Au début, j'ai trouvé certains mouvements difficiles
4. On est arrivés tôt le matin en bus
5. On a fait un jogging
6. J'étais stressée
7. L'inconvénient, c'est
8. L'avantage, c'est
9. Je vais continuer à faire du judo
10. Je voudrais obtenir la ceinture marron

2 Which tenses are used in each phrase in exercise 1? For each phrase write 'present', 'perfect', 'imperfect', 'conditional' or 'near future'.

Students read through their answers to exercise 1 and identify the tense(s) used in each phrase.

Answers
1. perfect, present   2. present   3. perfect   4. perfect
5. perfect   6. imperfect   7. present   8. present
9. near future   10. conditional

3 Find the four correct statements.

Students read the text again and then read the eight statements about it. They identify which four of the statements are correct.

NB This activity is in the form of an exercise from the Edexcel Reading exam.

Answers
2, 6, 7, 8

4 You might be asked to write about one of your interests as a controlled assessment task. Use ResultsPlus to help you prepare.

Students read through the language support material supplied in preparation for doing their own extended writing task in exercise 5.

ResultsPlus

The **ResultsPlus** section gives students the support they need to improve their writing. The support is differentiated, allowing students to identify and work towards their target level (Grade C, Grade B/A, Grade A*). Encourage students to adopt the kind of approach taken in this section in all extended writing activities.

Also draw students' attention to the **Épate l'examinateur!** feature: this highlights a structure that students can include to particularly impress the examiner.

5 Now write about your favourite hobby.

Students write their own text on their favourite leisure activity in the style of a controlled assessment task. As well as the ResultsPlus guidelines on the language to include, they should use all the support supplied here:

- the advice on research
- the sample structure for the text
- the list of features to check in their finished text.

Students may find it helpful if you can create model answers together for this first module.

1 À toi

(Student Book pages 182–183)

- Self-access reading and writing

1 Qui est … ? Trouvez le métier de chaque personne.

Reading. Students read the seven short texts and identify which job each person does.

Answers

1 médecin   2 journaliste   3 hôtesse de l'air
4 photographe   5 coiffeuse   6 architecte
7 standardiste

2 Trouvez les mots/les phrases dans les textes.

Reading. Students reread the texts and find the French expressions for the five pictured items.

Answers

1 le journal   2 l'imprimante   3 mises en plis
4 les plans des bâtiments

3 Décrivez la famille de Théo.

Writing. Using the family tree, students write two sentences on each person in Théo's family, giving their nationality and their job.

Answers

Le grand-père de Théo est suisse. Il est agriculteur.
La grand-mère de Théo est française. Elle est comptable.
Le père de Théo est français. Il est mécanicien.
La mère de Théo est suisse. Elle est professeur/institutrice.
La sœur de Théo est française. Elle est étudiante.
La tante de Théo est française. Elle est médecin.
L'oncle de Théo est espagnol. Il est mécanicien.
Le cousin de Théo est espagnol. Il est informaticien.
La cousine de Théo est espagnole. Elle est coiffeuse.

4 Lisez le texte et mettez les images dans le bon ordre.

Reading. Students read the text and put the pictures (a–f) in the order they are mentioned.

Answers

b, a, d, c, f, e

5 Trouvez la bonne définition.

Reading. Students reread the text in exercise 4 and work out the meaning of the seven French expressions from the multiple-choice options.

Answers

1 c   2 b   3 c   4 a   5 b   6 c   7 b

6 Qu'est-ce que tu as fait la semaine dernière?

Writing. Students write a paragraph saying what they did each day last week. A sample beginning is given for support.

35

Module 2: Mon temps libre (Student Book pages 30–49)

Unit	Main topics and objectives	Grammar
Déjà vu Qu'est-ce qu'on fait? (pp. 30–31)	Discussing TV and cinema Using articles and object pronouns	Pronouns – direct object pronouns – y
1 Ça te dit? (pp. 32–33)	Arranging to go out Using pronouns after prepositions	Emphatic pronouns
2 Désolé, je ne peux pas (pp. 34–35)	Explaining why you can't do something Using modal verbs	Modal verbs (**vouloir, pouvoir, devoir**) + the infinitive
3 Ce n'était pas mal (pp. 36–37)	Describing what you did Using the perfect and imperfect tenses	Perfect tense (formation of past participles)
4 Il s'agit de quoi? (pp. 38–39)	Describing what you saw or read Expressing complex ideas in a simple way	**mieux, pire(s)** le/la/les meilleur(e)(s), le/la/les plus mauvais(e)(s)
5 Toujours le sport! (pp. 40–41)	Describing a sporting event The perfect tense with **être**	Perfect tense: verbs taking **être**
6 La technologie est partout! (pp. 42–43)	Talking about new technology Using **pour** + infinitive	**pour** + infinitive
Contrôle oral **Going to the cinema** (pp. 44–45)	*Exam speaking practice* Talking about a trip to the cinema	*Revision*
Contrôle écrit **Writing a film review** (pp. 46–47)	*Exam writing practice* Writing about a favourite film or book	*Revision*
À toi (pp. 184–185)	Self-access reading and writing	

2 Déjà vu: Qu'est-ce qu'on fait?

(Student Book pages 30–31)

Main topics and objectives
- Discussing TV and cinema
- Using articles and object pronouns

Grammar
Pronouns
- direct object pronouns
- y

Key language
Television programmes
Types of films
Responses to invitations
Expressions of opinion

Resources
CD1, track 18
Cahier d'exercices, page 14
Grammaire p. 220

Starter 1

Aim
To revise vocabulary for talking about television programmes.

Give students three minutes *working strictly on their own* to come up with an example of a programme on British television for each of the following. When they have completed their lists, they check their answers with a partner. Each time they have the same answer in a category, the pair wins one point. The pair with the most points wins.

1 une série policière
2 une émission de science-fiction
3 une comédie
4 un jeu télévisé
5 une émission de télé-réalité
6 une émission musicale
7 une série médicale
8 un dessin animé

1 Écoutez et lisez la conversation. Notez les mots qui manquent.

Listening. Students listen to the conversation and read the gap-fill text at the same time. They complete the text using the words supplied.

After checking answers, draw students' attention to the tip box reminding them to use the definite article with likes and dislikes (**j'aime les** films d'horreur).

Audioscript 18

– *Salut, Thomas! C'est Julie. Tu veux aller au cinéma avec moi ce soir?*
– *Ça dépend. Qu'est-ce qu'on passe?*
– *Il y a Star Wars épisode 3: La Revanche des Sith.*
– *Ça ne me dit rien. Je **n'aime pas** beaucoup les films de science-fiction. Je les trouve **ennuyeux**.*
– *Bon, qu'est-ce qu'on fait, alors? Tu **veux** regarder la télé chez moi?*
– *Oui, je veux bien. Qu'est-ce qu'il y a à la télé **ce soir**?*
– *Euh … il y a Joey.*
– *Qu'est-ce que c'est?*
– *C'est **une comédie** comme Friends.*
– *Ah, non! Pas ça! Je **déteste** les comédies américaines.*
– ***Il y a** aussi La nouvelle Star, à 20h50. Tu veux regarder ça?*
– *Chouette! J'adore les **émissions** musicales! Alors, je viens chez toi à 20h15. D'accord?*
– *D'accord. À bientôt!*

Answers
Also shown in bold in the audioscript.
1 n'aime pas   2 ennuyeux   3 veux   4 ce soir
5 une comédie   6 déteste   7 il y a   8 émissions

2 À deux. Adaptez la conversation ci-dessus. Utilisez vos propres idées et des mots ci-dessous si vous voulez.

Speaking. In pairs: students adapt the conversation in exercise 1, using their own ideas and/or the prompts supplied. A sample exchange is given.

Starter 2

Aim
To review expressing likes and dislikes. To practise justifying opinions.

Write up the following and ask students to complete the sentences with an appropriate reason. Students could work in pairs for support.

Je n'aime pas les dessins animés. Je les trouve …
Les histoires d'amour? Bof! Elles sont un peu …
J'adore les films d'épouvante parce que …
D'habitude, j'aime les films d'action, mais quelquefois …
Je déteste les westerns parce que …

When listening to answers, ask students to spell out any adjectives used and get the class to give feedback on the accuracy of agreements.

2 Mon temps libre — Déjà vu: Qu'est-ce qu'on fait?

Expo-langue: direct object pronouns; the pronoun y

Use this grammar box to introduce direct object pronouns and the indirect pronoun **y** before students do exercise 3. There is more information on p.220 of the Student Book.

3 Lisez le quiz et répondez aux questions. Puis regardez la solution. Vous êtes comme ça?

Reading. Before they do the activity, ask the students what they think the exercise is about. If they are struggling, draw their attention to the structure (questions plus multiple-choice answer options) and the cartoon illustrating it. Where would they find a text like this? (in a magazine) Remind them that non-verbal clues like this can help them work out the context of a text, which can be very useful for tackling new vocabulary. Using the details here, can they translate the title?

Students do the quiz on whether they are a TV/cinema addict or not, reading the text and answering the multiple-choice questions. They then work out their score and read the appropriate result.

R Ask students to identify all the direct object pronouns in the quiz text and to say what nouns/phrases they replace.

4 À deux! Interviewez votre partenaire en utilisant les questions de l'exercice 3.

Speaking. In pairs: students interview each other, taking it in turn to ask and answer the questions in the quiz in exercise 3.

Before they start, draw students' attention to the tip box on including expressions of frequency and opinions in their French to make it more interesting. Give them time to identify useful phrases of this sort on the page and to list any others they remember for reference.

5 Écrivez un paragraphe sur votre famille, la télé et le cinéma.

Writing. Students write a paragraph about themselves and their families, detailing their television and film preferences and how often they watch both.

They should use their list of useful time expressions and opinions in this activity too.

+ Students could include justifications of the opinions expressed in their texts, along the lines of those in Starter 2.

Plenary

Write up:
Je regarde …
le DVD, la télévision, les films

Ask students to give you a sentence for each of these, replacing the noun (**le DVD**, etc.) with the appropriate direct object pronoun.

Ask them to do the same for
J'écoute …
le podcast, la radio, les CD

Ask for a summary of the forms of the direct object pronoun. Can they remember another pronoun covered in this unit? See if they can give you a few examples of sentences incorporating y.

Cahier d'exercices, page 14

1

Answers

Possible answers:
Group 1:
Star Wars Épisode III, H2G2 Le guide du voyageur galactique, (Justification – sci-fi films)
Group 2:
Madagascar, Wallace et Gromit, le mystère du lapin-garou, (Justification: animated films)
Group 3
Harry Potter et la coupe de feu, Le monde de Narnia, La légende de Zorro, (Justification – fantasy films)
Group 4
Charlie et la chocolaterie, Chicago, (Justification – comedy / musical comedy)

2

Answers

1 Chicago   2 Charlie et la chocolaterie   3 Star Wars Épisode III   4 Madagascar   5 Le monde de Narnia
6 Harry Potter et la coupe de feu

3

Answers

Possible answers
1 More complex than most Hollywood films. Good entertainment with cabaret music.
2 Thinks this film is really good. He adores the Oompa-loompas and Johnny.
3 Likes it; thinks Anakin is cool and funny. Is a fan of Hayden.
4 Loved it; including the jokes and the song 'I like to move it'. Likes the animals.
5 Is about a lion and a white witch. Thinks film is great.
6 Film is super cool but not allowed for the under 12s because of violent scenes. Story becoming more terrifying.

2 1 Ça te dit?

(Student Book pages 32–33)

Main topics and objectives
- Arranging to go out
- Using pronouns after prepositions

Grammar
- Emphatic pronouns

Key language
Il y a une séance à …
L'entrée, c'est combien?
Ça coûte combien?
un concert
une pièce (de théâtre)
un spectacle (de danse)
un billet
avec la carte d'étudiant
complet
tarif réduit
C'est gratuit.
Ça commence à … ?
On se retrouve où/à quelle heure?
chez moi/toi
chez lui
À bientôt/demain/samedi!

Resources
CD1, tracks 19–20
Cahier d'exercices, page 15

Starter 1

Aim
To practise reading for gist. To practise taking notes effectively.

Tell students you are going to test them on how quickly they can pick up information in French. You will give them one minute to look at the texts in exercise 1 on p.32 before asking them questions about the texts. They can make notes in that time, which they can later refer to. After one minute, ask them to close their books and ask the following questions to test their gist understanding:

– What type of texts are they?
– What are the entertainments advertised?

Did they have time to get the information required? Ask students if they found making notes helpful. How did they do it? Did they use the time effectively? Point out the usefulness of (1) focusing on understanding the main points when time is short and (2) devising shortcuts for noting information (symbols/abbreviations, etc.).

1 Lisez les annonces, puis reliez le français et l'anglais.

Reading. Students read the five adverts and then match the six English expressions with the correct French versions.

They then identify the two *faux amis* in the adverts.

Answers
1 e   2 c   3 f   4 a   5 d   6 b

2 Relisez les annonces. Écrivez V (Vrai), F (Faux) ou ? (pas mentionné) à côté de chaque phrase.

Reading. Students read the adverts again. They then read the ten statements on the text and decide whether each is true or false or not mentioned in the text.

Answers
1 F   2 V   3 V   4 ?   5 F   6 V   7 ?   8 V   9 F   10 V

Starter 2

Aim
To practise listening for numbers.

In pairs: ask students each to write out eight prices without showing the list to their partner. All prices should be under 100€ and some should include cents (e.g. 45,50€). Students then take it in turn to read out their prices for their partner to write them down. They swap their answers and check who got the most correct.

3 Écoutez. On parle de quelle annonce dans l'exercice 1? Notez les bonnes lettres. (1–4)

Listening. Students listen to four conversations and decide which advert each refers to.

Audioscript 19

1 – Salut, Farida! Écoute, il y a un spectacle de danse intéressant ce soir. Tu veux y aller avec moi?
   – Tu sais, j'aime bien la danse, mais je n'ai pas beaucoup d'argent en ce moment. Les billets coûtent combien?
   – Ce n'est pas cher. C'est 7 euros avec la carte d'étudiant. Ça va?
   – OK, ça va. C'est à quelle heure?
   – Ça commence à 19 heures.
   – On se retrouve où et à quelle heure?
   – Chez moi, à 18h30. D'accord?
   – D'accord. À bientôt!
2 – Salut, Hugo! Tu es fan de Moby, n'est-ce pas?
   – Oui, je l'aime beaucoup. Pourquoi?
   – Parce qu'il joue au concert de la Fête de la Musique demain, au Palais de Versailles. Tu veux y aller?

2 Mon temps libre / Ça te dit?

– Super! Je veux bien, mais c'est combien, l'entrée? Ça doit coûter cher.
– Non, pas du tout. C'est gratuit!
– Gratuit! Chouette! Il faut y aller de bonne heure, alors?
– Oui, on se retrouve chez toi vers midi?
– D'accord. À demain, alors!

3 – Dis, Ahmed, tu veux aller au théâtre samedi? Il y a une pièce de Marivaux au théâtre de Jouy.
– Désolé, je n'aime pas beaucoup les pièces de théâtre. Je préfère aller au cinéma.
– D'accord. Qu'est-ce qu'on passe en ce moment?
– Il y a Crazy kung-fu, au Ciné-cité. Ça te dit?
– Oui, j'aime bien les films d'arts martiaux. C'est à quelle heure?
– Attends, je vais regarder dans le journal. Euh ... il y a une séance à 20h20. Ça va?
– Ça va. On se retrouve où et à quelle heure?
– On se retrouve au cinéma à 20h. OK?
– D'accord. À samedi!

4 – Bonjour, Claire, c'est moi. Écoute, il y a un grand festival de musique le week-end prochain. J'y vais avec Sébastien. Ça t'intéresse?
– Bof. Ça dépend. Qui joue?
– Il y a Kyo, par exemple. C'est un de mes groupes préférés!
– D'accord. Ça coûte combien?
– Les billets coûtent 26€ pour la journée ou 52€ pour les trois jours.
– 52€, c'est un peu trop cher pour moi, mais 26€, ça va.
– D'accord, je prends trois billets pour samedi, alors.
– On se retrouve où et à quelle heure?
– Ça commence à 14h30, donc on se retrouve chez Sébastien vers 13 heures?
– D'accord. Chez lui, vers 13 heures. Au revoir!

Answers
1 E 2 B 3 D, A 4 C

4 Écoutez encore. On se retrouve où et à quelle heure? Trouvez les paires. (1–4)

Listening. Students listen to the recording again and find for each conversation the two relevant phrases for each (from **a–h**).

Audioscript 20

As for exercise 3.

Answers
1 e, d 2 g, b 3 c, h 4 a, f

Expo-langue: emphatic pronouns

Use this grammar box to introduce emphatic pronouns, pointing out the phrases in exercise 4 (e.g. **chez lui**, etc.) as illustrations. You could also give a few examples of emphatic pronouns used for emphasis, e.g.
Moi, je n'aime pas les spectacles de danse
Qui a mangé les gâteaux? Lui!

5 À deux. Complétez le dialogue. Choisissez ou inventez les détails.

Speaking. In pairs: students use the framework supplied, choosing from the options given or making up their own details, to create a dialogue in which they make arrangements to go out.

6 Écrivez deux ou trois annonces comme celles de l'exercice 1. Inventez les détails.

Writing. Using the adverts in exercise 1 as a model, students write two or three adverts of their own. Encourage them to be as inventive as they like and to use reference resources such as dictionaries or magazines to come up with ideas and vocabulary.

This could be done on computer using a word-processing or DTP package, with students incorporating pictures into their texts.

7 À deux. Faites un dialogue en utilisant une des vos annonces.

Speaking. In pairs: students make up a dialogue along the same lines as the one in exercise 5, this time using the information from one of the adverts they created for exercise 6.

Plenary

Ask the class to recap on what emphatic pronouns are and to tell you the forms. Then ask them to come up with four phrases, each featuring a different emphatic pronoun and a different preposition.

Cahier d'exercices, page 15

1

Answers
1 Casse-Noisette 2 Deftones 3 l'Expo Star Wars
4 Casse-Noisette 5 Casse-Noisette
6 l'Expo Star Wars 7 Deftones 8 Casse-Noisette

2

Answers
1 Pendant 4 mois. 2 Non, ça ferme le dimanche à 19 heures. 3 3 concerts. 4 C'est 18€. 5 Parce que la réservation est conseillée

3

Answers
Pupil's own answers

2 Désolé, je ne peux pas

(Student Book pages 34–35)

Main topics and objectives
- Explaining why you can't do something
- Using modal verbs

Grammar
- Modal verbs (**vouloir, pouvoir, devoir**) + the infinitive

Key language
Désolé(e)./Excuse(z)-moi.
Je ne peux pas parce que …
C'est trop cher pour moi.
Ma mère/Mon père dit que je dois …
Mes parents disent que je dois …
faire mes devoirs
garder mon petit frère
laver la voiture (de ma mère)
promener le chien (des voisins)
ranger ma chambre
rentrer avant 22 heures
rester à la maison
sortir avec mes parents
On doit aller voir ma grand-mère.
Mes parents doivent sortir.

Resources
CD1, track 21
Cahier d'exercices, page 16
Grammaire p. 214

Starter 1

Aim
To revise vocabulary for activities.

Write up the following and ask students to match the sentence halves, putting the second column in random order (in correct order here for reference). They should then translate them.

1 Tu veux	aller au cinéma ce soir?
2 On veut aller	à la piscine.
3 Je dois	garder ma petite sœur.
4 Il ne peut pas parce qu'	il doit faire ses devoirs.
5 Nous devons promener	le chien.
6 Elles ne peuvent pas	venir à ma fête.

When checking answers, ask students how they worked out the correct pairings.

1 Écoutez et regardez les images. Qui parle? (1–8)

Listening. Students listen to eight conversations in which people make excuses and use the labelled pictures to identify who is speaking in each one.

Audioscript 21

1 *Bonjour, Nicolas. Je suis désolé, mais je ne peux pas aller en ville avec toi cet après-midi parce que ma mère dit que je dois ranger ma chambre.*
2 *Salut, Anna! Je veux bien aller au cinéma ce soir, mais mes parents disent que je dois rentrer avant 22 heures. Est-ce qu'il y a une séance vers 18 heures?*
3 *Salut! Merci, mais je ne peux pas venir chez toi parce que mes parents doivent sortir et je dois garder mon petit frère. Désolé!*
4 *Coucou, c'est moi! Merci pour l'invitation, mais je dois rester à la maison ce week-end parce que j'ai beaucoup de devoirs à faire.*
5 *Bonjour, Emma. Excuse-moi, mais je ne peux pas sortir aujourd'hui. Je dois promener le chien des voisins parce qu'ils sont en vacances.*
6 *Salut, c'est moi. Je suis vraiment désolée, mais dimanche on doit aller voir ma grand-mère, donc je ne peux pas aller au concert.*
7 *Coucou, Malik. Merci pour l'invitation, mais on ne peut pas venir à ta fête parce qu'on doit sortir avec nos parents. Désolé!*
8 *Bonjour! Excuse-moi, mais je ne peux pas aller au bowling parce que je dois laver la voiture de ma mère. C'est pour gagner mon argent de poche, tu sais!*

Answers
1 Karim 2 Claire 3 Vincent 4 Mathilde 5 Adrien
6 Yasmina 7 Théo 8 Lisa

Expo-langue: modal verbs

Use this grammar box to introduce the modal verbs **vouloir, pouvoir** and **devoir** + the infinitive. There is more information on p. 214 of the Student Book.

2 À deux. Regardez les images et les mots et faites des dialogues.

Speaking. In pairs: students use the sample dialogue, the picture prompts and the support grid supplied to make up dialogues.

★ Make sure that students know that the production of questions at this level is very important. They will have to identify situations in which they will need to know how to ask questions as well as how to give the answers and to learn the language for both sides of the exchange.

3 Inventez de nouvelles excuses. Utilisez un dictionnaire, si vous voulez.

Writing. Students make up their own excuses for refusing or being unable to accept an invitation, using a dictionary as necessary.

2 Mon temps libre — 2 Désolé, je ne peux pas

Starter 2

Aim
To revise modal verbs.

Tell students you are going to read out a range of excuses mothers have been given as reasons why teenagers cannot tidy their bedrooms. Students should raise their hand if they think the excuse is reasonable or put both hands on their head if it is unreasonable.

Je ne peux pas ranger ma chambre parce que …
je dois aller à l'école
je veux bien surfer sur Internet
je me suis cassé le bras
je veux envoyer des textos à mes copains
je ne veux pas le faire
je dois garder le chien des voisins
j'ai beaucoup de devoirs à faire
je dors
je peux le faire demain
je l'ai déjà fait

4 Lisez les e-mails et répondez aux questions.

Reading. ⭐ Students read the three e-mails and answer the seven questions on them, identifying the correct person in each case.

Give students time to read the tip box on reading complex texts before they tackle the activity.

Answers
1 Hakim 2 Lola 3 Lola 4 Julie 5 Hakim 6 Julie 7 Lola

5 Répondez aux questions en français.

Writing. Students reread the text and then write answers in French to the six questions on it.

Answers
1 parce qu'elle doit faire son travail scolaire
2 parce que ses grands-parents viennent leur rendre visite
3 parce qu'il doit aller en Bretagne avec ses parents
4 parce qu'il dit qu'elle ne peut pas aller au concert/doit bosser tout le week-end
5 parce que sa mère dit que Julie et son frère doivent aider à la maison
6 parce qu'il veut aller à la fête de Clément

6 Choisissez un des textos ci-dessous. Préparez et apprenez par cœur un message sur répondeur comme ceux de l'exercice 1, en donnant vos excuses. Donnez votre message et enregistrez-le, si possible.

Speaking. Students choose one of three text messages. They prepare an excuse for refusing the invitation, memorising it as a response that they would leave on a telephone answering machine, along the lines of the messages in exercise 1. They should then give their message to a partner and, if possible, record it.

7 Écrivez un e-mail d'excuse comme ceux de l'exercice 4. Inventez les détails.

Writing. Students write an e-mail making an excuse for refusing an invitation or for being unable to attend an event. They should make up their own reasons, drawing on the language they have covered in the unit. Encourage them to be imaginative.

Plenary

Play a game round the class. Each student has to give a reason why he/she cannot come to a party, using **parce que je veux/je dois/je ne veux pas/je ne peux pas/je ne dois pas** + infinitive. Reward the most imaginative excuse.

Cahier d'exercices, page 16

1

Answers
1 Je ne peux pas parce que je dois garder ma petite souris.
2 Désolé! Je dois ranger la cage de mon hamster.
3 D'accord, mais je dois rentrer avant 21 heures pour promener mon crocodile.
4 Mes parents disent que je dois rester à la maison pour laver le chat!
5 Je ne peux pas parce que je dois sortir avec mon éléphant.
6 Excuse-moi, mais je dois promener le tigre de mes voisins.
7 Désolée, je dois laver le vélo de ma tortue.
8 Je voudrais bien, mais je ne peux pas. Je dois faire un gâteau aux rats pour mon serpent.

2

Answers
Pupil's own answers

2 Mon temps libre

3 Ce n'était pas mal

(Student Book pages 36–37)

Main topics and objectives
- Describing what you did
- Using the perfect and imperfect tenses

Grammar
- Perfect tense (formation of past participles)

Key language
Qu'est-ce que tu as fait?
J'ai/On a ...
acheté des CD
écouté de la musique
fait les magasins
fini le livre
mangé une pizza
lu des BD
regardé un film en DVD
vu Madagascar
Je suis/On est ...
allé(e) au cinéma
rentré(e)
resté(e) à la maison

Les opinions
Il y avait ...
Il (n')y avait (pas) ...
C'était/Ce n'était pas ...
assez/tout à fait/très/trop/un peu
affreux
amusant
barbant
bien
émouvant
ennuyeux
formidable
génial
intéressant
lent
long
marrant
nul
pas mal
passionnant
(peu) original
plein d'action

Resources
CD1, tracks 22–23
Cahier d'exercices, page 17
Grammaire p. 208, p. 212

Starter 1

Aim
To practise linking tenses and time phrases.

Write up the following:
1 ... , j'ai regardé *I, Robot* en DVD.
2 ... , j'écoute des CD dans ma chambre.
3 ... , je vais aller au bowling.

Give students two minutes in pairs to come up with as many time phrases as possible to complete each of the three sentences.

When listening to answers, ask students to identify the tenses used.

1 Écoutez et lisez les textes (1–4). Puis regardez les phrases ci-dessous. Qui parle? Farid (F), les sœurs de Damien (D), le petit copain de Liane (L) ou Nathalie (N)?

Listening. Students listen to four people talking about various activities they/their friends/their family have done. They then read eight statements and identify the speaker for each from the options listed.

Audioscript 22

1 Dimanche dernier, je suis resté à la maison et j'ai regardé Tigre et dragon *en DVD. Je suis fan des films d'arts martiaux. C'est un de mes films préférés parce que c'est plein d'action.*
2 Hier soir, ma copine Mathilde et moi sommes allées au cinéma. Nous avons vu Madagascar. *Après, nous avons mangé une pizza et nous sommes rentrées à la maison vers 22 heures.*
3 Mes deux sœurs adorent la lecture, surtout les livres de Harry Potter. Le week-end dernier, elles ont acheté toutes les deux Harry Potter et le prince de sang mêlé. *Elles ont lu tout le week-end et elles ont fini le livre dimanche soir!*
4 Samedi matin, mon petit copain a fait les magasins et il a acheté six CD avec l'argent qu'il a reçu comme cadeau d'anniversaire. Dimanche, il est resté à la maison et il a écouté du hip-hop et du rap dans sa chambre toute la journée.

Answers
1 Nathalie
2 le petit copain de Liane
3 Farid
4 les sœurs de Damien
5 Nathalie
6 le petit copain de Liane
7 Nathalie
8 les sœurs de Damien

Expo-langue: the perfect tense (past participles)

Use this grammar box to continue work on the perfect tense: it focuses on how past participles are formed. There is more information on p. 208 of the Student Book.

R You could write up the infinitive of the verbs used in exercise 1 and ask students to give the past participle of each.

2 À deux. Faites un dialogue, en utilisant les détails donnés dans la grille.

Speaking. In pairs: students make up a dialogue about what they did last weekend using the perfect tense and the word and picture prompts in the grid supplied. A sample exchange is given.

43

2 Mon temps libre — 3 Ce n'était pas mal

Starter 2

Aim
To revise past participles.

Put students into small teams. Tell them they have three minutes to come up with examples of past participles from the following verb types:

– 4 regular **-er** verbs
– 3 regular **-ir** verbs
– 2 regular **-re** verbs
– 5 irregular verbs

The team with the most correct answers is the winner.

The teaching notes throughout *Expo GCSE* suggest a variety of Starters and Plenaries which involve students working in teams. You may want to allocate teams at this stage which students can stay in throughout the year. This will save time whenever a team activity comes up. You could also keep an ongoing tally of points won in these activities and award a prize to the team with the highest score at the end of each term/half-term.

3 Reliez les opinions en français et en anglais. Utilisez le glossaire ou un dictionnaire, si nécessaire.

Reading. Students match the French and English versions of the adjectives used for opinions. Encourage them to use the various strategies they have learned to work out unknown words and then to check their answers/any they are still unsure of in the **Vocabulaire** at the back of the Student Book or in a dictionary.

You may want to warn students that there are fewer English words than French as some of the French words are synonyms.

Answers
affreux – terrible
amusant – amusing/entertaining
barbant – boring
bien – good
chouette – brilliant/fantastic/great
émouvant – moving
ennuyeux – boring
formidable – brilliant/fantastic/great
génial – brilliant/fantastic/great
intéressant – interesting
lent – slow
long – long
marrant – funny
nul – rubbish
pas mal – not bad
passionnant – exciting
(peu) original – (un-)original
plein d'action – full of action

4 Écoutez ce qu'on a fait le week-end dernier. Pour chaque personne, notez en français: (a) l'activité et (b) l'opinion. (1–6)

Listening. Students listen to six people talking about what they did last weekend. For each speaker, they note in French (a) the activity and (b) the opinion expressed.

Audioscript 23

1 Hier, je suis allée en ville avec ma copine, Marine. Elle est fan du groupe Scissor Sisters, donc elle a acheté leur dernier CD. Après, on a écouté le CD chez elle. Elle l'a trouvé génial, mais c'était un peu ennuyeux pour moi parce que je préfère la techno.

2 Samedi soir, mon frère et moi sommes restés à la maison et nous avons regardé Les Indestructibles en DVD. D'habitude, je n'aime pas beaucoup les dessins animés, mais c'était chouette. Je l'ai trouvé assez original et très marrant.

3 Ma sœur adore lire les BD, surtout les albums de Tintin et d'Astérix. Il y a deux jours, elle a acheté Astérix chez les Bretons et elle l'a lu dans le jardin. Elle a dit que ce n'était pas mal, mais elle préfère Astérix et Cléopâtre.

4 Dimanche après-midi, mes parents sont allés au cinéma. Ils ont vu le film français Papa. Ils ont dit que c'était bien et très émouvant.

5 Vendredi soir, je suis allé chez mon copain Thierry et on a regardé La ferme célébrités à la télé. C'est une émission de télé-réalité et c'était nul! Mais après, on a regardé une série policière qui était assez passionnante et intéressante.

6 La semaine dernière, on a fait une sortie scolaire. On est allés au théâtre. On a vu une pièce de Molière. À mon avis, c'était barbant. C'était trop lent et beaucoup trop long.

2 Mon temps libre — 3 Ce n'était pas mal

Answers

1 (a) écouter un CD (b) génial, un peu ennuyeux
2 (a) regarder un DVD (b) chouette – assez original, très marrant
3 (a) lire une BD (b) pas mal
4 (a) voir un film au cinéma (b) bien, très émouvant
5 (a) regarder la télé (b) nul; assez passionnant et intéressant
6 (a) voir une pièce de théâtre (b) barbant – trop lent, beaucoup trop long

Expo-langue: the imperfect (opinions)

Use this grammar box to remind students that **c'était** (the imperfect of **c'est**) is used for expressing opinions in the past. There is more information on p. 212 of the Student Book.

Ask students to read through the pronunciation box on **-ant/-ent** and **-on** sounds before they do exercise 5. Ask a few students to demonstrate the words featured by saying them to the class and give feedback on pronunciation.

Students could then practise this in pairs using the following words: **amusant, éducation, émouvant, lent, long, passionnant, mon, comment.**

5 Vidéoconférence. Interviewez votre partenaire. Qu'est-ce que vous avez fait le week-end dernier? C'était comment?

Speaking. Students imagine that they are going to have a videoconference with students at a French school. They prepare a dialogue in which they talk about what they did last weekend and give their opinion of the activities. Draw their attention to the tip box reminding them to include intensifiers and time phrases in their French.

See p. 19 of this book for suggestions on actually linking up with a partner school in France to exchange information.

6 Qu'est-ce que vous avez fait le week-end dernier? Mentionnez aussi votre famille ou vos copains. Regardez et adaptez les textes de l'exercice 1, en ajoutant des opinions.

Writing. Students write a paragraph saying what they did last weekend, including details of what their family or friends did too. They should reread the texts in exercise 1 and use these as models.

Ask students to read through the tip box before they start. Remind them that it is very important to use a mixture of tenses (ideally past, present and future) in the speaking and writing parts of the exam if they want to attain the highest grades.

Plenary

Put the class into teams. Give each group an event, e.g. **une émission musicale, les vacances, un match de foot, une fête, une journée au collège**, etc. Each person in the group has to come up with a sentence to describe the event in the past, using **C'était** + an appropriate adjective. Each correct phrase wins a point; two points will be given if a negative or an intensifier is used. The team with the most points wins.

See Starter 2 on p. 44 for ideas on organising teams for activities like these.

Cahier d'exercices, page 17

1

Answers

Samedi matin, je suis restée à la maison. J'ai écouté de la musique sur mon iPod. J'ai reçu mon iPod pour mon anniversaire. C'est super cool! Puis l'après-midi, ma copine Marine est arrivée et nous sommes allées en ville ensemble. Nous avons pris le train; c'est rapide et ce n'est pas cher. Nous avons fait les magasins; j'ai acheté un nouveau jean avec l'argent que j'ai reçu comme cadeau d'anniversaire et Marine a acheté des boucles d'oreilles et un magazine. Elle est venue chez moi où nous avons mangé une pizza et de la salade. Puis à vingt heures, deux autres copains sont arrivés et on est allés ensemble au cinéma voir une comédie, Chicken Little. C'était chouette: très amusant et original. Je suis rentrée à la maison vers 22 heures trente. C'était une journée pleine d'action!

2

Answers

1 PM 2 F 3 V 4 V 5 V 6 PM 7 F 8 F

3

Answers

Pupil's own answers

4 Il s'agit de quoi?

(Student Book pages 38–39)

Main topics and objectives
- Describing what you saw or read
- Expressing complex ideas in a simple way

Grammar
- mieux, pire(s)
- le/la/les meilleur(e)(s), le/la/les plus mauvais(e)(s)

Key language
C'est l'histoire de …
L'histoire se déroule …
Le film est plein d'action.
À mon avis, la meilleure partie du film/livre, c'est …
l'acteur/l'actrice
l'ambiance

Resources
CD1, tracks 24–25
Cahier d'exercices, pages 18–19
Grammaire p. 218

Starter 1

Aim
To use context to work out new vocabulary.

Write up the following and give students three minutes in pairs to work out the English versions. Tell them these are all in the same category: they should start by looking for obvious clues to work out what the category is.

Harry Potter à l'école des sorciers
Le lion, la sorcière blanche et l'armoire magique
Rock academy
La Guerre des mondes
Le Seigneur des anneaux
L'Âge de glace

1 Écoutez et lisez les textes. (1–2)

Listening. Students listen to two people talking about a film/a book they have enjoyed recently and read the text at the same time.

Audioscript 24

– Qu'est-ce que tu as vu ou lu récemment, Nathan?
– J'ai regardé *Batman begins* en DVD. C'est l'histoire de l'origine du super-héros Batman. Alors que Bruce Wayne est toujours enfant, un voleur tue ses parents. Plus tard, comme adulte, Bruce revient à Gotham City où il décide de se déguiser en chauve-souris pour lutter contre la criminalité. Le film est plein d'action et de personnages extraordinaires, comme «The Scarecrow», un méchant qui se déguise en épouvantail! À mon avis, c'est le meilleur film Batman et Christian Bale est excellent dans le rôle principal, mieux que les autres acteurs qui ont joué ce rôle.
– Et toi, Marine? Qu'est-ce que tu as vu ou lu récemment?
– J'ai lu *Harry Potter et le prisonnier d'Azkaban*. C'est le troisième livre de la série et à mon avis, c'est le meilleur. Dans cette histoire, Harry apprend que son parrain, Sirius Black, s'est échappé de la prison d'Azkaban et il pense que Sirius veut le tuer. Mais avec l'assistance de ses copains Ron et Hermione, il découvre la vérité et réussit à combattre ses vrais ennemis. À mon avis, le livre est mieux que le film. La meilleure partie du livre, c'est la partie dans le train, où Harry est attaqué par les Dementors. Ils sont les plus mauvais monstres de la série – pires que les vampires!

Expo-langue

Use this grammar box to introduce the irregular comparative and superlative forms of **bon** and **mauvais**. There is more information on p. 218 of the Student Book.

2 Trouvez le français.

Reading. Students find the French for the 14 English expressions listed.

Answers
1 C'est l'histoire de
2 un voleur tue ses parents
3 il décide de se déguiser en
4 pour lutter contre la criminalité
5 personnages extraordinaires
6 un méchant
7 le rôle principal
8 le troisième livre de la série
9 Harry apprend que
10 avec l'assistance de ses copains
11 il découvre la vérité
12 réussit à combattre ses vrais ennemis
13 la meilleure partie du livre

3 Décrivez un film ou un livre de votre choix (ou choisissez un des titres ci-dessous), en adaptant des phrases de l'exercice 1.

Writing. Students describe a film or book, either of their own choice or using one of the suggestions given.

Students could research another film in French on the Internet, using (for example) the Allô Ciné website or keying the film name in English after clicking French preferences in your search engine. Ask them to summarise the details

2 Mon temps libre — 4 Il s'agit de quoi?

of the plot and to write a list of at least ten new words that they have worked out from the site (relating to the film or to the instructions on the site).

Starter 2

Aim

To practise using the superlative forms of **bien** and **mauvais**.

Write up the following in two columns, replacing the scored-through words with …. Ask students in pairs to complete the French translation with the correct comparative/superlative. If they need support, tell them to look back at the **Expo-langue** box on p. 38 of the Student Book.

1	the best Harry Potter DVD	le ~~meilleur~~ DVD Harry Potter
2	the worst song on the CD	la ~~plus mauvaise~~ chanson du CD
3	the best part of the film	la ~~meilleure~~ partie du film
4	the best American comedies	les ~~meilleures~~ comédies américaines
5	the worst monsters in the world	les ~~plus mauvais~~ monstres du monde

4 À deux. Préparez trois ou quatre phrases sur un autre film ou livre. Lisez-les à votre partenaire. Il/Elle doit deviner quel film ou quel livre c'est.

Speaking. In pairs: students write down three or four statements about another film or book, without saying the name. They read these out to their partner, who has to identify it.

Before they start, read together through the tip box, which focuses on keeping the text simple. Emphasise the importance of using what you know how to say and the resources available to you (in the form of texts, activity questions, etc.), rather than starting in English and trying to find the French for more complicated expressions. Developing this as a technique will make them more confident and more fluent language learners.

5 Écoutez et complétez le texte.

Listening. Students listen to the review of the French film *Les Choristes* and read through the gap-fill version of the recording. They work out what the ten missing words are (these are supplied in random order for support).

Alert students to the fact that when answers are given in this way, they often contain 'distractors', i.e. words which aren't used. It is worth bearing this in mind when they are checking their answers.

Audioscript 25

Les Choristes est un des **meilleurs** films français des dernières années. Il s'agit de quoi? **L'histoire** se déroule en 1948, au Pensionnat de Fond de l'Étang, une **école** pour des garçons délinquants au cœur de la campagne française. Clément Mathieu, **professeur** de musique, mais qui est au chômage (rôle interprété par Gérard Jugnot), y arrive pour **travailler** comme surveillant. Malgré l'intimidation des élèves **difficiles** et les méthodes sévères que le directeur, Monsieur Rachin, utilise pour les discipliner, Clément **décide** d'essayer quelque chose de nouveau. Il décide d'apprendre la **musique** aux garçons et d'organiser une chorale. Il **découvre** que ses élèves ont des dons musicaux, mais l'arrivée d'un **garçon** très difficile met en péril ce projet. C'est par la magie du chant que Clément réussit à changer la vie de ses élèves. C'est un film sympa, émouvant et très bien joué.

Answers

Also in bold in the audioscript
1 meilleurs 2 l'histoire 3 école 4 professeur
5 travailler 6 difficiles 7 décide 8 musique
9 découvre 10 garçon

6 Relisez le texte et répondez aux questions en anglais.

Reading. Students read the text in exercise 5 again and then answer the eight questions on it in English.

Answers
1 It takes place in 1948.
2 It's a school for delinquent boys.
3 He can't find work as a teacher.
4 He is very strict.
5 He teaches them music/to sing.
6 A very difficult boy arrives at the school.
7 It changes their lives.
8 He likes it – he thinks it's nice, moving and very well acted.

✚ Students could write a more detailed synopsis of a film they have seen recently and that they would recommend.

Plenary

Ask students to summarise the comparative and superlative forms of **bon** and **mauvais**. Then ask students in turn to recommend a film/book/CD to you using **À mon avis, le meilleur film/livre/CD, c'est …**

2 Mon temps libre — 4 Il s'agit de quoi?

Cahier d'exercices, pages 18–19

1

Answers

Possible answer:
Film (Le monde de Narnia) tells of the battle between good and evil. Review tells the story of the film. Section B: Sophie tells of a visit to the cinema with her family to see Narnia and they all say what they thought of the film. They all liked it.

2

Answers

This film tells about the battle between good and evil.
Jadis, the white witch puts a curse on Narnia.
The magical world is plunged into a bitter winter for a century.
Narnia is going to be saved by the four children.
The four children are evacuated to London during the bombings of the 2nd World War.
Lucy discovers a magic wardrobe.
The children get to know numerous incredible creatures.
You see 23 different types of creatures.
The Pevensie family meets the lion.
Aslan frees Narnia from the curse.

3

Answers

French word	Clue/How I worked it out	Meaning
fascinant	think of the English	fascinating
jeté une malédiction	think of the French word **mal**	cast a spell
sorcière	think of the English	witch
faire la connaissance de	verb – **connaître**	to get to know
incroyable	verb – **croire**	unbelievable
suivant	verb **suivre** – ending –**ant**	following
réfugiés	think of the English	evacuated
émerveillement	think of **merveilleux**	amazement
nombreuses	think of **nombre**	numerous
une partie de cache-cache	think of **cacher**	game of hide and seek
la Seconde Guerre mondiale	think of **monde**	2nd World War

4

Answers

1 Sophie & Antoine 2 Alexandre 3 Charlotte
4 Alexandre 5 Charlotte

5 Toujours le sport!

(Student Book pages 40–41)

Main topics and objectives
- Describing a sporting event
- The perfect tense with **être**

Grammar
- Perfect tense: verbs with **être**

Key language
le but
le/la champion(ne)
le championnat
le concours
la Coupe du Monde
le/la coureur/euse
la course
l'équipe (f)
l'essai (m)
le/la joueur/euse
le/la supporteur/trice (de)
le/la vainqueur(e)
contre
à la mi-temps
Il/Elle a terminé en (deuxième) place.
Il/Elle a marqué (un but).
On a gagné/perdu.

Resources
CD1, tracks 26–27
Cahier d'exercices, page 20
Grammaire p. 210

Starter 1

Aim
To revise language for talking about sports. To use strategies to work out new language.

Write up the following. Give students three minutes working in pairs to translate the phrases in each group into English and to identify the sports referred to.

1 je suis fière d'être supportrice de Betis – le capitaine a marqué deux buts – on est sortis vainqueurs 2–0
2 mon équipe préférée – le match le plus important – il a marqué un essai
3 l'étape finale – un coureur américain – le maillot jaune
4 je suis accro – mon joueur préféré a perdu – la cinquième et dernière manche très disputée est revenue à l'Espagnol

1 Lisez et trouvez les deux parties de chaque texte.

Reading. Students read and match the two halves of each text. Some vocabulary is glossed for support. Drawing students' attention to the tip box, point out that this activity is about gist understanding rather than detailed reading.

> **Answers**
> For reference only: students check their own answers using the recording in exercise 2.
> **1** Jamel **2** Mélissa **3** Arthur **4** Danielle

2 Écoutez et vérifiez. (1–4)

Listening. Students listen to the recording to check their answers to exercise 1.

Audioscript 26

1 Ma passion, c'est le rugby et comme je viens de Toulouse, mon équipe préférée c'est le Stade Toulousain. Samedi dernier, je suis resté à la maison pour regarder le match contre Narbonne à la télé. C'était un match passionnant et on a très bien joué. Mon joueur préféré, Frédéric Michalak, a marqué un essai fantastique. On a gagné le match et le score était 64–22. Youpi!

2 Je suis fan de cyclisme et cette année, c'était extra, parce que le Tour de France est passé devant mon appartement! Mes copains sont venus chez moi et on est montés dans ma chambre, d'où on peut voir la rue. Les coureurs sont arrivés tout de suite! Mais il y a eu un accident: un coureur est tombé de son vélo et il est parti en ambulance. Alberto Contador, un Espagnol, a gagné la course.

3 Moi, je suis accro au skate! Il y a trois ans, je suis allé à la Coupe du Monde de skate, à Marseille. C'était génial! Mon skateur préféré est le Français Alex Coccini. Sur les rampes, il est descendu à une vitesse incroyable et il a fait des sauts fantastiques. Mais il a terminé à la deuxième place. C'est Omar Hassan, des États-Unis, qui a gagné le championnat. C'est le roi des skateurs!

4 J'adore le foot et je suis supportrice du PSG (c'est-à-dire le Paris Saint-Germain). La semaine dernière, je suis allée au stade du Parc des Princes voir le match amical PSG contre Clermont Foot. Un de nos meilleurs joueurs, Stéphane Sessegnon, a marqué un but superbe. Ensuite, Guillaume Hoarau en a marqué un deuxième et on est sortis vainqueurs! Je suis rentrée à la maison très contente.

Expo-langue: the perfect tense – verbs with *être*

Use this grammar box to focus on verbs which take **être** in the perfect tense and the agreement of the past participle in this verb form. There is more information on p. 210 of the Student Book.

3 Trouvez 12 verbes avec *être* dans les textes de l'exercice 1 et traduisez-les en anglais.

Reading. Students re-read the texts in exercise 1 and identify 12 perfect tense verbs which use **être** as the auxiliary.

2 Mon temps libre — 5 Toujours le sport!

> **Answers**
>
> *Text 1:* je suis resté
> *Text 2:* le Tour de France est passé, Mes copains sont venus, on est montés, Les coureurs sont arrivés, un coureur est tombé, il est parti
> *Text 3:* je suis allé, il est descendu
> *Text 4:* je suis allée, on est sortis, Je suis rentrée

➕ Ask students to translate the texts in exercise 1 into English. This can be done orally, around the class, or as a writing activity.

Starter 2

Aim
To revise the perfect tense

Write up the following. Give students two minutes to write out a phrase for each prompt using the appropriate form of the perfect tense.

1 les coureurs – arriver
2 la joueuse – perdre
3 Hamilton – terminer à la deuxième place
4 le joueur – tomber
5 les supportrices – partir
6 nous – aller
7 on – gagner
8 ils – rester

(*Answers:* sont arrivés, a perdu, a terminé, est tombé, sont parties, sommes allés, a gagné, sont restés)

4 Lisez les phrases en anglais. Écrivez V (Vrai), F (Faux) ou ? (pas mentionné).

Reading. Students read the sentences on the texts in exercise 1 and decide whether each is true (**V**) or false (**F**) or refers to details not mentioned in the texts (**?**).

> **Answers**
>
> 1 F 2 V 3 V 4 ? 5 F 6 F 7 V 8 V

5 Écoutez et complétez le texte.

Listening. Students listen to the recording and complete the gap-fill version of the text. The answer options (plus distractors) are supplied.

Audioscript 🔊 27

J'adore le foot et je suis **supporteur** de Bordeaux. Samedi dernier, je suis allé au match contre Marseille avec **mes copains**. Je suis parti vers midi. J'ai pris **le bus** devant mon appartement et je suis descendu au stade. Mes copains sont arrivés peu après. On a acheté des **billets** et on est entrés dans le stade. Il y avait beaucoup de monde et l'ambiance était **super**. Trente minutes plus tard, les joueurs sont sortis du tunnel et le match a commencé. Malheureusement, on n'a pas bien joué et après **vingt** minutes, Marseille a marqué un but. C'était affreux! À la mi-temps, le score était 1–0. Pendant la deuxième mi-temps, Marseille a marqué un autre but et on a **perdu** le match. Quel désastre! Je suis rentré chez moi tout **déprimé**.

> **Answers**
>
> Also in bold in the audioscript
> 1 supporteur 2 mes copains 3 le bus 4 billets
> 5 super 6 vingt 7 perdu 8 déprimé

6 Écrivez l'histoire d'un autre match de foot, en changeant les détails du texte de l'exercice 5.

Writing. Students write their own description of a football match, using the text in exercise 5 as a model and supplying their own details.

7 Préparez une présentation sur un match ou un autre événement sportif que vous avez vu ou regardé à la télé.

Speaking. Students prepare a presentation on a match or other sporting event that they have either gone to or have seen on television.

Before students begin, read through the tip box together. This gives advice on content and language.

⭐ Remind them, once they have worked out what they want to say, to create notes as prompts for their presentation.

If possible, record their presentations and let them use the recordings to identify areas of improvement.

Plenary

Ask students to summarise how the perfect tense is formed and which two verbs are used as auxiliaries.

Challenge students, either as a class or as competing groups/pairs, to come up with the 13 verbs from the unit which use **être** in the perfect.

Ask for examples of sentences featuring verbs using **être**.

2 Mon temps libre — 5 Toujours le sport!

Cahier d'exercices, page 20

1

Answers

1 US Open – semi-final
2 Visiting cousins on holiday
3 Parents bought him tickets for his birthday
4 Was his first Grand Slam semi-final and he was playing the best player in the world for that season
5 Varied and powerful
6 Whilst moving forward – he waited for the ball from far back
7 Murray
8 Really great

2

Answers

(ils) m'ont acheté; on est partis; on est arrivés; on a mangé; Murray a joué; il a dominé; et a gagné

3

Answers

Pupil's own answers

6 La technologie est partout!

(Student Book pages 42–43)

Main topics and objectives
- Talking about new technology
- Using **pour** + infinitive

Grammar
- **pour** + infinitive

Key language
la technologie
faire des achats en ligne
surfer sur Internet
tchater
télécharger
l'e-mail (m)
les micro-ondes (f)
le portable
le SMS
le téléchargement illégal
en ligne

Resources
CD1, tracks 28–30
Cahier d'exercices, pages 21–22

Starter 1

Aim
To introduce language for talking about internet use. To develop vocabulary learning skills.

Give students working in pairs three minutes to work out the meaning of the expressions a–h listed on p.42 and to memorise them.

Then ask the class to recall the expressions in French: you can take answers from the whole class or ask pairs to see how many they can remember. Check comprehension as you go along.

1 Écoutez. Qui dit quoi? Écrivez les deux bonnes lettres pour chaque personne. (1–4)

Listening. Students listen to four people being interviewed about how they use the internet, noting two answers for each person from the list a–h.

Audioscript 28

1 – Hugo, comment utilises-tu l'Internet?
  – Je l'utilise surtout pour envoyer des e-mails à mes copains. Parfois je l'utilise aussi pour jouer à des jeux.
2 – Et toi, Alex, comment tu utilises l'Internet?
  – Je l'utilise beaucoup pour aller sur les blogs de mes copains et pour regarder des vidéos marrantes. J'adore YouTube: c'est mon site web préféré.
3 – Et toi, Karim, comment tu l'utilises?
  – J'utilise l'Internet pour télécharger de la musique sur mon iPod. Et je l'utilise aussi pour tchater et participer à des forums.
4 – Et finalement, Mélanie. Comment tu utilises l'Internet?
  – Je l'utilise pour surfer et trouver des sites intéressants. Et quelquefois pour faire des achats.

Answers
1 Hugo C, F   2 Alex H, D   3 Karim G, E   4 Mélanie A, B

Expo-langue: *pour* + infinitive

Use this grammar box to introduce the structure **pour** + infinitive.

R Ask students to close their books and write down as many instances of **pour** + infinitive as they can remember from exercise 1.

2 Écoutez et répétez les paires de mots contrastés.

Speaking. Drawing students' attention to the pronunciation box, remind them that they need to be especially careful when pronouncing French words which have English cognates. It can be very tempting to make the French words sound like their English counterparts: students need to remember and apply the rules of French pronunciation here as elsewhere.

Play the recording, pausing after each item. Ask students to repeat both the English and French words each time.

Audioscript 29

– to surf   surfer
– website   site Web
– on line   sur le Net
– e-mails   des e-mails
– videos   des vidéos
– to chat   tchater
– forums   des forums
– blogs   des blogs

3 Faites un sondage. Posez la question «Comment utilises-tu l'Internet?» à dix de vos camarades de classe. Notez les réponses.

Speaking. Students carry out a survey, asking ten other students 'What do you use the internet for?' and noting the responses in French.

+ Students summarise their survey findings in French.

2 Mon temps libre — 6 La technologie est partout!

4 Quelle est l'attitude de chaque personne envers l'Internet? Écrivez P (attitude positive), N (attitude négative) ou P/N (attitude positive-négative).

Reading. Students read the four texts and identify whether each person's attitude towards the internet is positive (**P**), negative (**N**) or a mixture of both (**P/N**).

Answers
Célia P
Farid P/N
Audrey N
Gabriel P

Starter 2

Aim
To review the structure **pour** + infinitive. To review language for talking about internet use.

Give students three minutes to come up with as many sentences as they can on what they use the internet for. Each sentence must feature the structure **pour** + infinitive. If necessary, review the structure orally first and/or give a model sentence.

5 Trouvez les mots français dans le texte de l'exercice 4.

Reading. Students reread the texts in exercise 4 and identify the French for the English phrases listed.

Answers
1 des informations sur tout
2 mon travail scolaire
3 éducatif
4 beaucoup de gens
5 le téléchargement illégal
6 trop de temps
7 ça coûte cher
8 ça peut être dangereux
9 rester en contact avec
10 une bonne chose

6 Et les portables? Sont-ils une bonne ou une mauvaise chose? Complétez ces opinions en utilisant des réponses de l'exercice 5. Ensuite, traduisez les phrases.

Reading. Students read and complete the gap-fill sentences on mobile phones, using the opinions in exercise 5 to help them. They then translate the sentences into English.

Answers
1 rester en contact avec
2 trop de temps
3 une bonne chose
4 Beaucoup de gens, ça peut être dangereux
5 ça coûte cher

1 I can't live without my mobile! I use it to stay in touch with my friends.
2 Young people spend too much time using their mobiles and it's bad for their health, because of the intensive microwave emissions.
3 I use it to send texts or photos to my sister who lives in Canada. So I find that it's a good thing.
4 Lots of people use their mobile when they are driving the car and that can be dangerous because it causes accidents.
5 My parents refuse to buy me a mobile because they don't have a lot of money and it costs a lot.

7 Écoutez un débat sur les portables et choisissez la bonne réponse.

Listening. Students listen to a radio debate on mobiles, then answer the multiple-choice questions in English.

Audioscript 30

– Ce soir, je parle avec deux lycéens, Tariq et Nathalie, au sujet des portables. Sont-ils une bonne ou une mauvaise chose? Tariq, tu utilises beaucoup ton portable, je crois.
– Ah, oui, je ne peux pas vivre sans mon portable! Je l'utilise tout le temps, pour rester en contact avec mon oncle, ma tante et mes cousins, qui habitent en Tunisie.
– Ça doit coûter cher, de téléphoner en Tunisie!
– Oui, mais je ne fais pas ça. J'utilise mon portable pour envoyer des SMS. J'envoie des SMS à ma famille en Tunisie, parce que ça coûte moins cher.
– Donc tu trouves que le portable, c'est une bonne chose?
– Ah, oui, à mon avis, c'est une très bonne chose.
– Nathalie, tu es du même avis que Tariq sur les portables?
– Non. Je ne suis pas du tout d'accord avec lui. Je suis plutôt contre les portables.
– Pourquoi donc?
– D'abord parce qu'ils sont mauvais pour la santé. Quand vous utilisez un portable, vous vous exposez à des bombardements très intensifs et c'est dangereux, surtout pour les jeunes.
– D'accord. Tu as d'autres objections?
– Oui. À part cela, les portables sont responsables de trop d'accidents de route, parce que beaucoup de gens les utilisent quand ils conduisent.
– Bon, Tariq et Nathalie, merci et au revoir.

Answers
1 c 2 b 3 b 4 a 5 c

2 Mon temps libre — 6 La technologie est partout!

8 Écrivez un paragraphe sur «La technologie et moi».

Writing. Students write a paragraph on their own use of the internet and mobile phones. A list of points to include and a tip box on useful expressions of frequency are supplied for support.

Plenary

Put the class in teams. Give a list of things you use the internet/mobile phones for using **pour** + the infinitive. Make some of these feasible and some of them clearly illogical (e.g. **J'utilise l'Internet pour nettoyer la cuisine.**, etc.) The teams compete to be the first to identify whether what you have said is true or not. Award a point for each correct answer.

Then ask students to give examples of what they use the internet or mobile phones for, using **pour** + infinitive.

Cahier d'exercices, page 21

1

Answers

1 pour regarder des vidéos marrantes
2 pour aller sur les blogs de mes copains
3 pour jouer à des jeux en ligne
4 pour faire des achats en ligne
5 pour tchater et participer à des forums
6 pour surfer et trouver des sites intéressants
7 pour télécharger de la musique
8 pour envoyer des e-mails à mes copains

2

Answers

Pupil's own answers

3

Answers

1 use the Internet
2 chat on the Internet
3 use the Internet to do homework
4 download music
5 send e-mail to friends
6 buy things online
7 (*any 3*) friends come round; watch a funny video; play games online, play on the Wii

Cahier d'exercices, Grammaire, page 22

1

Answers

1 J'y vais souvent.
2 Je la regarde souvent le soir.
3 Toutes les semaines, je le fais.
4 J'y vais rarement.
5 Je les regarde en DVD.
6 Je les trouve super!

2

Answers

Start of answers given – endings according to pupil's opinions.
1 Je les trouve super.
2 Je (ne) les regarde (pas) …
3 Je les fais …
4 J'y vais …
5 J'y vais …
6 Je (ne) les regarde (pas) …

3

Answers

Je veux bien aller au cinéma mais je ne peux pas parce que mes parents veulent sortir.
Tu veux aller au centre sportif samedi ou est-ce que tu dois garder ta petite sœur? Samedi, normalement, mon frère et moi, nous devons promener les chiens, puis mon frère doit laver la voiture.
Alors, si tu peux venir samedi, je vais demander à Claire et Mathilde si elles veulent venir aussi. Je pense que Claire peut venir, mais Mathilde, ce n'est pas sûr. On doit être au centre sportif avant 11 heures.
Sébastien

Contrôle oral: Going to the cinema

(Student Book pages 44–45)

Topics revised
- Talking about a trip to the cinema

Resources
CD5, tracks 6–8

Overview
Read through the yellow box and explain how this section works. First they read the details of the situation and the task carefully. After a preparatory exercise, they listen to a Speaking controlled assessment model conversation in three parts and do exercises focused on the language used in it. These exercises, along with the advice/activities on how to improve speaking performance in the ResultsPlus section, will help them prepare to take part in a conversation of their own on the topic.

1 Make a list of things you could say about the cinema and the films and also some questions your French friend could ask you.

Explain to the students that they will hear a sample of the kind of conversation they are expected to have in the Speaking Controlled Assessment. First they will do a preparatory exercise. Using the cinema listings, they produce information on the films being shown. They also anticipate what their French friend might want to know about the trip/the films, writing out a list of questions.

Possible answers

Qu'est-ce qu'on va faire ce week-end?
Qu'est-ce qu'on passe?
C'est quel genre de film?
Les billets coûtent combien?
Tu veux y aller vendredi ou samedi?
Quels genres de films aimes-tu?
Tu veux le voir ce soir?
Tu aimes les films comiques?
De quoi s'agit-il?
Quels films as-tu vus récemment?
Tu me recommanderais le film, alors?

2 You will hear a model conversation between Nick and his teacher, who is playing the role of his French friend. Listen to the first part of their conversation and make notes in English on:

Students now hear the first part of a Speaking Controlled Assessment model conversation. To focus their listening, they note what Nick is asked and the answers he gives. Draw their attention to the tip given on answering questions as fully as possible in this kind of task.

Audioscript 6

– Qu'est-ce qu'on va faire ce week-end?

– Il y a des bons films au cinéma en ville. Est-ce que tu veux y aller avec moi?

– Ça dépend. Qu'est-ce qu'on passe?

– Il y a Pride and Prejudice. C'est un très bon film si tu ne l'as pas déjà vu! C'est une histoire d'amour. Je l'ai vu deux fois et c'était excellent et très romantique.

– Ça ne me dit rien. Je n'aime pas beaucoup les histoires d'amour. Je les trouve ennuyeuses. Je préfère les films d'action.

– On peut voir Inside Man 2 vendredi ou samedi à huit heures et demie.

– C'est quel genre de film?

– C'est un policier et on dit que c'est plein d'action. Mon ami l'a vu la semaine dernière et il l'a trouvé formidable. La vedette s'appelle Denzel Washington et je le trouve excellent comme acteur.

– Je veux bien y aller. Les billets coûtent combien?

– Les billets de cinéma coûtent £4.50 pour les étudiants.

3 Listen to the second part of Nick's conversation and fill in the gaps.

Students now listen to the second part of the conversation and complete the gap-fill version of the transcript.

With a good class you could ask pupils to read the text and try to work out the answers first, then use the recording to check.

Audioscript 7

– Tu veux y aller vendredi ou samedi?

– C'est l'anniversaire de Richard ce week-end. Il va fêter ses seize ans samedi et il **nous** a invités chez lui **pour** écouter de la musique et manger une pizza.

– D'accord. On y va vendredi soir. Quels genres de films aimes-tu?

– Moi, j'aime **les** westerns et les films de guerre. Mon film préféré, c'est Il faut sauver le soldat Ryan. J'ai le film en DVD et il est sous-titré en français. Tu veux **le** voir ce soir?

– Bonne idée! Moi aussi, j'adore les films de guerre. Tu aimes les films comiques?

2 Mon temps libre — Contrôle oral: Going to the cinema

– Oui. J'adore les films comiques. **Il y a** trois semaines, je suis allé au cinéma pour voir Les vacances de Mr Bean. **C'était** fantastique et **je trouve que** Rowan Atkinson est un des **meilleurs** acteurs de nos jours. Tu le connais?

– Bien sûr, mais je n'ai pas vu ce film. De quoi s'agit-il?

– Mr Bean décide de **passer** ses vacances dans le sud de la France et il va au festival de Cannes. C'est vraiment très amusant! Quels films as-tu vus **récemment**?

Answers

Also shown in bold in the audioscript.

1 nous 2 pour 3 les 4 le 5 Il y a 6 C'était
7 je trouve que 8 meilleurs 9 passer 10 récemment

4 Now listen to the final part of Nick's conversation and answer the questions.

Students listen to the third and final part of the conversation and answer the questions on it. These questions focus on linguistic detail. You may need to play the recording more than once.

Audioscript 8

– Le dernier film que j'ai vu était un film de Star Wars. Je suis allé le voir avec ma famille.

– Moi, je n'aime pas les films de science-fiction, car je les trouve barbants. J'ai vu le film Mariage à la grecque au cinéma le week-end dernier. C'est l'histoire d'une fille d'origine grecque qui rencontre un garçon américain. Ils tombent amoureux et décident de se marier. Le père est fâché, il n'aime pas le garçon parce qu'il n'est pas grec.

– C'est quel genre de film?

– C'est une comédie et une histoire d'amour. Le film m'a fait pleurer de rire. Les acteurs étaient très bons, j'ai trouvé le dialogue bien construit et j'ai beaucoup aimé la musique.

– Tu me recommanderais le film, alors?

– À mon avis, c'est un film qui plaira à tout le monde. Je le recommanderais à tous ceux qui aiment les films qui font rire.

Answers

1 Le film m'**a fait** pleurer de rire.
   j'**ai trouvé** le dialogue bien construit
   j'**ai** beaucoup **aimé** la musique
2 C'**est** l'histoire d'une fille d'origine grecque qui **rencontre** un garçon américain.
   Ils **tombent** amoureux et **décident** de se marier.
   Le père **est** fâché.
   Il n'**aime** pas le garçon parce qu'il n'**est** pas grec.
3 À mon avis
4 À mon avis c'est un film qui plaira à tout le monde. – *In my opinion it's a film which will appeal to everyone.*
   Je le recommanderais à tous ceux qui aiment les films qui font rire. – *I would recommend it to everyone who likes films which make them laugh.*

ResultsPlus

The **ResultsPlus** section gives students the support they need to improve their speaking. The support is differentiated, allowing students to identify and work towards their target level (Grade C, Grade B/A, Grade A*). Encourage students to adopt the kind of approach taken in this section in all extended speaking activities.

Read through and discuss the **ResultsPlus** section together.

Also draw students' attention to the **Épate l'examinateur!** feature: this highlights a structure that students can include to particularly impress the examiner.

5 Now it's your turn! Prepare your answers to the task, then have a conversation with your teacher or partner.

Students participate in a conversation on the cinema in the style of a Speaking Controlled Assessment task. They should use all the support supplied, here and elsewhere on the spread:

- their answers to exercises 1–4
- the ResultsPlus advice on the language to include
- the advice given here.

Each student takes part in a conversation as the person answering the questions. If they are working with a partner, they will take turns asking and answering.

If possible, record the conversations (or have the students record themselves). They can then swap recordings with a partner, listen to each other's version and offer comments on how it might be improved. A simple marking system is suggested (one/two/three stars for listed categories). Students should then identify two or three areas which they would like to improve next time they do an extended speaking task.

2 Contrôle écrit: Writing a film review

(Student Book pages 46–47)

Topics revised
- Writing about a favourite film or book

1 Find the French equivalent of these phrases in the text and copy them out.

Students read Guillaume's text on one of his favourite films and find the French for the English phrases listed. Some vocabulary is glossed for support.

Answers
1 veut le tuer
2 la mort de son père
3 possède des pouvoirs dangereux
4 réussit à vaincre ses ennemis
5 cependant, tout finit bien
6 drôle et triste en même temps
7 les effets spéciaux
8 la vedette du film
9 dans le rôle principal
10 vraiment doué comme acteur

➕ Connectives, which are used to join sentences or ideas, or to introduce sentences, make a text more interesting. Read the text again. List and translate into English the connectives used.

et	and
aussi	also
mais	but
d'abord	firstly
qui	which, who
ensuite	then, next
pour	(in order) to
puis	then
finalement	finally
cependant	however
parce que	because
de plus	what's more

2 Choose the correct answer: a, b or c.

Students read the text again and choose the correct answer a, b or c for each question.

NB Exercise 2 is in the form of an exercise from the Edexcel Reading exam.

Answers
1 c 2 b 3 a 4 b 5 c 6 a

3 You might be asked to write about a film you have seen, or a book you have read, as a controlled assessment task. Use ResultsPlus to help you prepare.

Students read through the language support material supplied in preparation for doing their own extended writing task in exercise 4.

ResultsPlus

The **ResultsPlus** section gives students the support they need to structure and improve their writing. The support is differentiated, allowing students to identify and work towards their target level (Grade C, Grade B/A, Grade A*). Encourage students to adopt the kind of approach taken in this section in all extended writing activities.

Also draw students' attention to the **Épate l'examinateur!** feature: this highlights a structure that students can include to particularly impress the examiner.

4 Now write an article about one of your favourite films or books.

Students write their own text on a favourite film or book in the style of a controlled assessment task. As well as the ResultsPlus guidelines on the language to include, they should use all the support supplied here:

- the advice on sourcing ideas and language
- the sample structure for the text
- the list of features to check in their finished text.

Students could swap texts with a partner and check each other's work, offering suggestions for how it might be improved.

2 À toi

(Student Book pages 184–185)

- Self-access reading and writing

1 Lisez les annonces et trouvez les abréviations.

Reading. Students read the four adverts and find the abbreviations for the eight French expressions listed.

⭐ Before they start, students should read the tip box, which reminds them of useful strategies to use when working out unknown vocabulary.

Answers
1 Ven 2 Dim 3 Pl 4 gpes 5 résa 6 1er
7 – de 12 ans 8 M°

2 Relisez les annonces et répondez aux questions en anglais.

Reading. Students read the adverts in exercise 1 again and answer the ten questions in English.

Answers
1 8.30 pm 2 Monday 3 Abba 4 age 4 5 *any 4 from*: tigers, elephants, ostriches, zebras, camels, dogs 6 6€
7 in the castle 8 around 10.30 pm 9 Bastille
10 tickets are sold out

3 Écrivez une annonce en utilisant les détails suivants. Utilisez des abréviations appropriées.

Writing. Students write their own advert based on the details supplied and using the appropriate abbreviations.

4 Lisez les phrases. Notez la lettre de la bonne annonce de l'exercice 1.

Reading. Students read the texts and note for each the letter of the advert referred to (from exercise 1).

Answers
1 D 2 B 3 A 4 D 5 C 6 B 7 A 8 C

5 Trouvez la seconde partie de chaque phrase.

Students match the sentence halves to produce complete sentences.

Answers
1 b 2 f 3 d 4 g 5 e 6 a 7 c

6 Écrivez une description d'une visite à un des divertissements de l'exercice 1. Utilisez des phrases des exercices 4 et 5 ci-dessus, si vous voulez.

Writing. Students write a description of a trip to one of the events advertised in exercise 1, using phrases from exercises 4 and 5.

Module 3 Là où j'habite (Student Book pages 50-67)

Unit	Main topics and objectives	Grammar
Déjà vu C'est où? (pp. 50-51)	Finding the way Using the preposition à	à (au, à la, à l', aux) tu/vous usage
1 Tout près d'ici (pp. 52-53)	Describing the location of a place Using prepositions and imperatives	Prepositions The imperative (tu, vous)
2 J'habite en ville (pp. 54-55)	Talking about the advantages and disadvantages of where you live **beau, nouveau** and **vieux**	**beau, vieux, nouveau** – before the noun – special forms (**bel, vieil, nouvel**)
3 Aujourd'hui et autrefois (pp. 56-57)	Comparing where you used to live and where you live now Using the imperfect tense	Imperfect tense – usage ('used to'; descriptions) – formation
4 Des villes jumelées (pp. 58-59)	Talking about life in a French-speaking country Using superlatives	Superlatives **le/la plus, le/la meilleur(e)**
5 Ma ville (pp. 60-61)	Talking about a town **on peut/on pourrait** + infinitive	**pouvoir** + infinitive
Contrôle oral Your local area (pp. 62-63)	*Exam speaking practice* Talking about your local area	*Revision*
Contrôle écrit A webpage to advertise your area (pp. 64-65)	*Exam writing practice* Advertising your local area	*Revision*
À toi (pp. 186-187)	Self-access reading and writing	

3 Déjà vu: C'est où?

(Student Book pages 50–51)

Main topics and objectives
- Finding the way
- Using the preposition à

Grammar
- à (au, à la, à l', aux)
- tu/vous usage

Key language
Places in town

Resources
CD2, tracks 2–3
Cahier d'exercices, page 25

Starter 1

Aim
To practise using **tu** or **vous** as appropriate.
To revise the 'you' forms of key verbs.

Ask students which forms of the verbs **être**, **avoir** and **aller** they would use when addressing the following people:

- their best friend
- an elderly neighbour
- an adult they ask for directions on the street
- a teenager they are giving directions to
- a group of students in their class

1 Écoutez et regardez les images. Qui parle? (1–8)

Listening. Students listen to eight conversations and match each to the appropriate picture (from a–h).

Audioscript 2

1 – Où vas-tu ce soir?
– Je vais au bowling avec ma sœur. Tu viens?
– Ah, oui, chouette! J'adore faire ça! On se retrouve où et à quelle heure?

2 – Salut! Où allez-vous?
– On va au parc. On va jouer au foot. Ça t'intéresse?
– Désolé, je voudrais bien y aller, mais je ne peux pas. Je dois faire mes devoirs pour demain.

3 – Où es-tu en ce moment?
– Je suis au centre commercial. Je fais des courses pour maman. Pourquoi?
– Parce que je vais aussi en ville. Si tu veux, on peut se retrouver vers dix heures.

4 – Salut, c'est moi! Qu'est-ce que tu fais?
– Je suis avec mon frère. On est à la piscine. On a fait de la natation.
– C'est bien, ça. Moi aussi, j'aime nager. La prochaine fois, je peux venir avec vous?
– Ah, oui, bien sûr.

5 – Alors, on se retrouve où demain?
– On se retrouve à la patinoire à dix heures et demie. D'accord?
– D'accord. Mais attention! Je ne sais pas très bien faire de patin.
– Pas de problème. Je vais t'aider.

6 – Où est-ce qu'on va, alors?
– D'abord, on va à la bibliothèque. Je dois chercher un livre sur l'Afrique pour mes devoirs.
– D'accord, d'accord. Mais ça va être tout à fait ennuyeux!

7 – Tu es où, alors?
– Je suis à l'hôpital parce que ma sœur est tombée de son vélo.
– C'est pas vrai! Elle s'est fait mal?
– Ah oui, elle s'est cassé le bras gauche.
– Oh, là là! Quelle horreur!

8 – On va regarder un DVD chez moi. Ça te dit?
– Désolé. Je ne peux pas. Je vais au stade. Je vais regarder le match de rugby.
– Oh! Je voudrais bien regarder le match aussi. C'est combien, l'entrée?
– Euh … je crois que c'est complet.
– Quel dommage! Alors, amuse-toi bien!

Answers
1 f 2 h 3 a 4 g 5 e 6 b 7 c 8 d

Expo-langue: *à (au, à la, à l', aux)*

Use this grammar box to cover the different forms of **à** + the definite article before students do exercise 2.

2 Complétez les phrases avec *au, à la, à l'* ou *aux*. Utilisez le glossaire ou un dictionnaire, si nécessaire.

Reading. Students complete the six gap-fill sentences with the correct form of **à** + the definite article. They can use the **Vocabulaire** section or a dictionary to check genders as necessary. Ask how they will locate this information in reference resources, drawing their attention to the tip box if they are unsure about the labels used to show gender.

Answers
1 Où vas-tu? Je vais **au** parc.
2 Où allez-vous? On va **à l'**église.
3 Où es-tu? Je suis **à la** bibliothèque.
4 Où êtes-vous? On est **au** centre commercial.
5 On se retrouve où? On se retrouve **à la** piscine.
6 On va où? Moi, je vais **aux** toilettes!

3 Là où j'habite Déjà vu: C'est où?

Expo-langue: *tu/vous* usage

Use this grammar box to review when **tu** and **vous** are used before students do exercise 3.

3 À deux. Posez des questions aux personnes de l'exercice 1. Utilisez *aller* ou *être*, comme précisé ci-dessous.

Speaking. In pairs: students pretend to be a character/a pair of characters in exercise 1. They take it in turn to ask and answer questions on where they are/where they are going. The verbs to use are listed and a sample exchange is given.

4 Écrivez des textos.

Writing. Students use the structures in exercise 3 and the sample answer given here to write three or four text messages saying where they are and what they need to do there.

Starter 2

Aim
To practise the forms of à + the definite article.
To revise the gender of nouns.

Write up:
au …
à la …
à l'…
aux

Ask students to complete each of the phrases with three appropriate nouns.

After checking answers, ask students to summarise when each form is used (**au** with masculine nouns, etc.).

5 Écoutez les directions et regardez le plan. C'est vrai ou faux? (1–4)

Listening. Using the map in the book, students listen to the four conversations and decide whether the directions given in each are correct or not. Give students time to familiarise themselves with the directions as shown in the book (**tout droit/ à droite/à gauche**) before playing the recording.

Audioscript 3

1 – Pardon, madame. Où est le musée, s'il vous plaît?
  – Vous allez tout droit et vous tournez à droite, mademoiselle.
  – Merci, madame. Au revoir.
2 – Excusez-moi. Où est la poste, s'il vous plaît?
  – Vous allez tout droit, vous tournez à gauche, puis vous tournez à droite.
  – Tout droit, à gauche, puis à droite. Merci beaucoup.

3 – Pardon. Où est l'hôtel, s'il te plaît?
  – Tu vas tout droit, tu tournes à gauche et puis à gauche.
  – Tout droit, à gauche, puis …
  – À gauche.
  – Puis à gauche. Merci. Au revoir.
4 – Excuse-moi. Où sont les magasins, s'il te plaît?
  – C'est très facile, madame. Vous allez tout droit.
  – Merci beaucoup, jeune homme.

Answers
1 vrai 2 vrai 3 vrai 4 vrai

6 À deux. Regardez encore le plan. Demandez la direction pour aller au camping, au collège et à la gare. Imaginez que vous parlez à un adulte.

Speaking. In pairs: students take it in turn to ask for directions to the campsite, the school and the station and, using the map, to respond with the appropriate information. They should address each other as though both were adults. A sample exchange is given, along with a box listing useful structures (showing both **vous** and **tu** forms).

7 À deux. Refaites les dialogues en imaginant que vous parlez à un enfant.

Speaking. In pairs: students redo the dialogues in exercise 6 as though the speakers were younger (and so using the **tu** form). You might want to point out s'il <u>te</u> plaît before they begin.

8 Lisez le texte et faites une liste en anglais des neuf magasins qui sont mentionnés.

Reading. Students read the text and list in English the nine shops mentioned in it.

Answers
supermarket, baker's, butcher's, post office, chemist, clothes shop, shoe shop, bookshop, music shop

9 Écrivez une réponse à Ahmed. Adaptez le texte ci-dessus, si vous voulez.

Writing. Students write a reply to Ahmed's e-mail in exercise 8, giving details of the shops in their own town. Encourage them to use Ahmed's text as a source of information.

3 Là où j'habite — Déjà vu: C'est où?

Plenary

Ask two confident students to come to the front of the class. Tell them they are going to do a dialogue asking for directions. Write up the following prompts:
1 × adult, 1 × child; **patinoire** + ↑ + ←

When the students have done their dialogue, ask for feedback from the class.

Did they use the correct 'you' forms? Were the directions correct? Did they remember to include the expressions **pardon/excusez-moi** and **merci**? Was the French accurate?

If you have time, ask another two students to do a dialogue, giving them different prompts.

Cahier d'exercices, page 25

1

Answers

J'aime bien habiter à Perpignan! Il y a tant de choses à faire ici. Le samedi, je vais souvent au centre commercial avec mes copains, puis après, on va au cinéma ou au café ou quelquefois au stade pour voir un match de foot.
Le dimanche, c'est souvent une journée sportive pour moi. Mon frère et moi, nous allons à la piscine ou au centre sportif ou même à la plage où on peut jouer au beach-volley. Le dimanche, ma mère va à l'église où elle chante dans la chorale. Quelquefois, elle doit aller à l'hôpital où elle travaille comme infirmière. On ne va pas dans les magasins le dimanche; ils sont fermés.
Pour les jeunes, c'est super; le week-end, on peut aller à la patinoire ou au bowling ou même au parc. On peut aller dans les skates-parcs et il ne faut pas oublier la mer et les sports nautiques!

2

Answers

Pupil's own answers

3 1 Tout près d'ici

(Student Book pages 52–53)

Main topics and objectives
- Describing the location of a place
- Using prepositions and imperatives

Grammar
- Prepositions
- The imperative (**tu, vous**)

Key language
Où est/se trouve … ?/Où sont/se trouvent … ?
le commissariat de police
le syndicat d'initiative
l'arrêt d'autobus
l'hôtel de ville (m)
la librairie
le centre commercial
Pour aller au/à la/à l'/aux … ?
Est-ce qu'il y a un(e) … près d'ici?
Tourne/Tournez aux feux rouges.
Va/Allez tout droit.
Prends/Prenez …
la première/deuxième rue (à gauche/droite)
Traverse/Traversez le pont.
Continue/Continuez jusqu'au carrefour.
C'est sur ta/votre gauche/droite.

C'est loin d'ici?
C'est à quelle distance?
C'est à cinq minutes/200m.
C'est tout près d'ici/assez loin.

après/dans/devant/derrière/entre/sous/sur
jusqu'à
à côté de/au bout de/au coin (de)/au fond (de)/de l'autre côté de/en face de

Resources
CD2, tracks 4–6
Cahier d'exercices, page 26

Starter 1

Aim
To revise the vocabulary for places in town.

Tell students that they will be working in pairs and the aim of the exercise is to produce a written English translation of a list of 20 French words. The pair to finish in the shortest time is the winner, but 5 penalty seconds will be added to their time if they are found to have made any errors when you confirm the answers.

Then tell students the items to be translated are **A–T** in the grid on the map, p.53 of the Student Book, exercise 4.

1 Écoutez et lisez le texte.

Listening. Students listen to the recorded version of Sébastien's note to his friend and read the text at the same time.

Audioscript 4

Salut, Liam
Désolé de devoir aller au collège ce matin, mais on se retrouve vers 14h30 au Café Coupole, OK? Pour aller en ville, prends le bus numéro 14. L'arrêt d'autobus se trouve en face de l'appartement, de l'autre côté de la rue. Descends devant l'hôtel de ville, à la place du Marché. Tourne à gauche et traverse aux feux rouges. Continue tout droit et prends la première rue à droite. (Il y a une pâtisserie au coin qui s'appelle Le Petit Pain Doré.) Va tout droit jusqu'au carrefour et prends la deuxième rue à droite – c'est la rue principale. Le café est sur ta gauche à côté du syndicat d'initiative. Si tu as le temps, il y a une bonne confiserie au bout de la rue, entre la parfumerie et la charcuterie, où tu peux acheter des bonbons délicieux!
À tout à l'heure!
Sébastien

2 Mettez les directions en anglais dans l'ordre du texte ci-dessus.

Reading. Students reread the text and put the nine directions in English in the order these are mentioned in the text. Draw their attention to the tip box before they begin: this gives advice on how they can use what they know to do this.

Answers
f, c, a, e, i, h, b, d, g

Expo-langue: prepositions

Use this grammar box to review prepositions, particularly those which take **de** (and its variant forms). Students go on to list all the prepositions in the text in exercise 1 in two columns: those which take **de** and those which don't.

3 Écrivez les directions en français.

Writing. Students use prepositions to describe where the small figure is in each of the eight pictures.

Answers
1 devant la confiserie
2 en face du syndicat d'initiative
3 à côté de la pâtisserie
4 entre l'hôtel de ville et la librairie
5 de l'autre côté de la place
6 prends la première rue à droite, puis prends la deuxième rue à gauche
7 va tout droit jusqu'à la place
8 traverse aux feux rouges, tourne à gauche au carrefour

3 Là où j'habite / Tout près d'ici

Starter 2

Aim
To revise giving directions.

Write up a list of four to six places in the centre of your/a nearby town, e.g. gym, cafeteria, etc., and identify a central well-known point. Ask students to take it in turn giving directions from this point to one of the places. Their partner confirms whether the directions given are correct or not.

4 Écoutez et regardez le plan. Où va-t-on? (1–6)

Listening. Students listen to the six conversations and follow the directions on the map in the book to identify the place where each of the people is going. The starting point is at the bottom middle, below the Place du Marché.

Audioscript 5

Scored-through text shows the answers; these words are omitted/obscured on the recording.

1 – *Pardon, madame. Où est le [**syndicat d'initiative**], s'il vous plaît?*
   – *Voyons … Euh, oui. Allez tout droit jusqu'à la place du Marché, puis tournez à droite. C'est en face du commissariat de police, sur votre gauche.*
   – *Bon, tout droit jusqu'à la place du Marché, puis à droite et c'est en face du …*
   – *En face du commissariat de police, sur votre gauche.*
   – *C'est loin, madame?*
   – *Ah non, c'est pas loin. C'est à trois cents mètres d'ici environ.*
   – *Merci, madame.*
   – *De rien, monsieur.*

2 – *Excuse-moi. Est-ce qu'il y a une [**charcuterie**] près d'ici?*
   – *Il y en a une dans la rue principale. C'est à cinq minutes à pied.*
   – *Euh, je ne connais pas la ville. Où se trouve la rue principale, s'il te plaît?*
   – *Ben, va tout droit, traverse la place et prends la deuxième rue à gauche. C'est sur ta droite, après la boulangerie.*
   – *Alors, tout droit, je traverse la place, puis …*
   – *Puis prends la deuxième rue à gauche et c'est sur ta droite, après la boulangerie.*
   – *Merci, au revoir.*
   – *Au revoir.*

3 – *Excusez-moi. Où se trouve la [**pharmacie**] la plus proche, s'il vous plaît?*
   – *Prenez la première rue à gauche, traversez aux feux et c'est sur votre droite. C'est en face de la gare routière.*
   – *Bon, la première à gauche, je traverse aux feux et c'est en face de la gare routière.*
   – *Oui, c'est ça.*
   – *C'est à quelle distance, s'il vous plaît?*
   – *Oh, c'est tout près.*
   – *Merci beaucoup.*

4 – *Pardon. Pour aller à l'hôtel de ville, s'il te plaît?*
   – *Oh, c'est assez loin d'ici, de l'autre côté de la ville. Il faut prendre le bus.*
   – *Et où est [**l'arrêt d'autobus**], s'il te plaît?*
   – *Tournez à droite à la place du Marché, passez devant le commissariat de police et c'est sur votre droite.*
   – *Peux-tu répéter, s'il te plaît?*
   – *Tournez à droite à la place du Marché, passez devant le commissariat de police et c'est sur votre droite.*
   – *Bon, merci beaucoup.*
   – *De rien.*

5 – *Excusez-moi, monsieur. Est-ce qu'il y a une [**pâtisserie**] près d'ici, s'il vous plaît?*
   – *Continue tout droit, puis prends la troisième rue à droite. Il y a une boîte aux lettres au coin. C'est dans cette rue, sur la droite.*
   – *D'accord. Je prends la troisième rue à droite au coin, où il y a une boîte aux lettres. C'est loin d'ici?*
   – *Oh, non, pas trop loin. C'est à cinq minutes à pied, à peu près.*
   – *Merci, monsieur.*
   – *De rien. Bonne journée!*

6 – *Pardon. Pour aller à la [**bibliothèque**], s'il te plaît?*
   – *C'est un peu loin, madame. C'est à un kilomètre environ.*
   – *Oh, ça va. J'ai le temps.*
   – *Bon, prenez la deuxième rue à droite, allez tout droit, puis tournez à gauche aux feux …*
   – *Attends … La deuxième rue à droite, tout droit, puis à gauche aux feux. C'est ça?*
   – *Oui, c'est ça, madame. Puis traversez le pont et c'est sur votre droite.*
   – *Je traverse le pont et c'est sur la droite. Bon, merci. Au revoir.*
   – *Au revoir, madame.*

Answers
1 le syndicat d'initiative   2 la charcuterie
3 la pharmacie   4 l'arrêt d'autobus   5 la pâtisserie
6 la bibliothèque

5 Écoutez encore. C'est à quelle distance? Notez en français. (1–6)

Listening. Students listen to the recording for exercise 4 again and note the distance mentioned in each of the six conversations.

Audioscript 6

As for exercise 4.

Answers
1 C'est à trois cents mètres d'ici environ.
2 C'est à cinq minutes à pied.
3 C'est tout près.
4 C'est assez loin d'ici.
5 C'est à cinq minutes à pied à peu près.
6 C'est à un kilomètre environ.

3 Là où j'habite / Tout près d'ici

Expo-langue: the imperative (*tu, vous*)

Use this grammar box to review both forms of the imperative before students do exercise 6. Ask them to quickly recap on when they would use each form.

R Students note down all the imperatives in the text in exercise 1. They then list the **vous** forms of these.

6 À deux. Faites un dialogue en utilisant le plan ci-dessus. Utilisez *vous*.

Speaking. In pairs: students use the map in exercise 4 and the box of useful structures supplied to make up their own dialogue. They should address each other as **vous**.

7 Écrivez à un copain/une copine la direction pour aller à ces endroits. Utilisez le plan ci-dessus.

Writing. Using the map in exercise 4, students write out directions to each of the five places listed for a friend. (The tip box reminds them to use the **tu** form imperative in this context.)

Plenary

Hold a soft toy or other item of similar size in various locations (e.g. **dans, devant, entre, sous, sur, à côté de, au fond de, en face de,** etc.) around the classroom. Students need to come up with a phrase in French using the appropriate preposition (**dans la poubelle, devant le livre,** etc.).

Cahier d'exercices, page 26
1

Answers
1 l'office de tourisme
2 la poste
3 les toilettes

2

Answers

Possible answers

1 Du théâtre, tournez à droite, puis prenez la première rue à gauche après la place. Après les toilettes, tournez à droite. Allez tout droit sur l'Avenue de l'Europe. Passez devant la poste et la cabine téléphonique et après encore 200m, c'est à droite.

2 De la Place de la Liberté, tourne à gauche sur la Rue Montgolfier dans la direction de l'office de tourisme. Traverse le pont et au rond-point, tourne à gauche sur la Rue Sadi Carnot. Après le théâtre, prends la première rue à droite puis prends la première rue à gauche et c'est là devant toi!

2 J'habite en ville

(Student Book pages 54–55)

Main topics and objectives
- Talking about the advantages and disadvantages of where you live
- **beau, nouveau** and **vieux**

Grammar
- **beau, vieux, nouveau**
  - before the noun
  - special forms (**bel, vieil, nouvel**)

Key language
beau/bel/belle
nouveau/nouvel/nouvelle
vieux/vieil/vieille
ancien(ne)
joli(e)
moderne
neuf/neuve
pittoresque
récent(e)
traditionnel(le)
Chez nous, le problème, c'est …
Il y a trop de …
C'est à cause du/de la/des …
la circulation
la pollution
les gaz d'échappement
le véhicule
le poids lourd
le périphérique
la place de stationnement
la station-service
le transport en commun
La pollution est devenue épouvantable.
Le pire, ce sont les poids lourds.
C'est tout le temps bruyant.
Il y a de plus en plus souvent des inondations.
On a construit une nouvelle autoroute tout près de chez nous.

Resources
CD2, tracks 7–8
Cahier d'exercices, page 27
Grammaire p. 206

Starter 1

Aim
To introduce some of the language required to talk about advantages and disadvantages.

Give students working in pairs three minutes to come up with a list of adjectives they could use when talking about the advantages and disadvantages of where they live: they should aim to list six to eight in each category. Encourage them to use a dictionary as necessary. Write up their appropriate adjectives and suggest students copy this list down as useful vocabulary for the topic.

1 Écoutez et lisez. Trouvez les images et les phrases qui correspondent à chaque texte.

Listening. Students listen to Clément and Karel talking about where they live and read the text at the same time. They then choose the appropriate pictures (from **1–6**) and phrases (from **a–f**) to go with each person.

If students find this challenging, you could play the recording twice and suggest they identify the pictures on first listening and then focus on the phrases in the second.

R Ask students to choose one of the texts and list in English all the advantages and all the disadvantages mentioned.

Audioscript 7

– Où habites-tu, Clément?
– J'habite dans une vieille maison en ville. Notre appartement est au cinquième étage. C'est un bel immeuble du 19e siècle. La maison est pleine d'histoire, mais les pièces sont petites, les sanitaires sont vieux et les marches de l'escalier sont abîmées. Ma chambre est dans les combles et nous n'avons pas de chauffage central. Il fait très chaud en été et très froid en hiver. Heureusement, nous sommes à deux minutes des commerces et du cinéma. La maison est dans le vieux quartier de la ville près de la place du Marché. Les rues sont étroites et le soir, il y a de l'ambiance, mais pendant la journée, il y a trop de circulation et c'est trop bruyant. Le soir en été, tout le monde sort, les adultes jouent à la pétanque sur la place et nous faisons du skate. On s'amuse bien.
– Où habites-tu, Karel?
– Nous habitons un nouvel appartement dans la banlieue. C'est joli parce qu'il y a un grand et bel espace vert autour des immeubles où l'on peut jouer. Mais notre appartement est au huitième étage et l'ascenseur tombe souvent en panne. Pour moi ça va, cela m'aide à garder la forme, mais ma mère doit monter le bébé, la poussette et toutes les courses par l'escalier si je ne suis pas là pour l'aider. De plus, nos voisins d'à côté mettent de la musique très fort le soir. Nous avons du double-vitrage contre le bruit, mais ça ne sert à rien s'il fait chaud et qu'on veut ouvrir les fenêtres. Les gens qui habitent au-dessus passent leurs soirées à traîner des chaises par terre et cela fait un bruit épouvantable chez nous. C'est difficile quand on veut faire nos devoirs!

3 Là où j'habite — 2 J'habite en ville

> **Answers**
> Clément: 3, 2, 6; b, d, e
> Karel: 4, 5, 1; f, c, a

Expo-langue: *beau, vieux, nouveau*

Before students do exercise 2, use this grammar box to present **beau**, **vieux** and **nouveau**: these adjectives go before the noun and have a special form before a vowel sound (**bel, vieil, nouvel**).

There is more information on p. 206 of the Student Book.

2 Copiez et complétez les mots.

Writing. Students copy out the gap-fill text about where various people live, using the correct forms of **beau/vieux/nouveau** to complete it.

> **Answers**
> Osman habite un **bel** appartement dans un **nouvel** immeuble. La **nouvelle** maison de Damien est dans un **beau** quartier où il y a de **vieux** bâtiments. Notre maison est **vieille**. Elle est située dans le **vieux** quartier sur les hauteurs de la ville, près du **vieux** château. Nous avons toujours eu une **belle** vue sur la ville, mais l'année dernière, on a construit un **nouvel** hôtel juste devant nous.

Starter 2

Aim
To practise the position of adjectives.

Write up the following sentences. [Answers below in brackets for reference only.] Give students three minutes to decide (1) whether the adjective is in the correct position or not and (2) to correct any errors of agreement.

1. J'habite une maison vieille [vieille maison].
2. C'est un belle [beau] quartier.
3. Il habite un grand appartement.
4. C'est une beau [belle] maison blanche.
5. Le nouveau [nouvel] ascenseur tombe souvent en panne.
6. C'est un appartement moderne.

3 Écoutez et notez. Selon eux, c'est un avantage (A) ou un inconvénient (I)? (1–2)

Listening. Students copy out the grid. They listen to two people talking about the area they live in and note the details in the grid, identifying each as an advantage (A) or a disadvantage (I).

You might want to remind students that a person's tone of voice can give clues about what he/she is saying.

Audioscript 8

– Où habites-tu, Victorien? C'est comment?
– On est bien situé. On est tout près de la place du Marché … Et aussi … ben … nous sommes près des commerces. La boulangerie est juste en bas et le matin, on se réveille avec l'odeur du pain frais. L'ambiance est sympa. En été le soir, tout le monde sort … On joue à la pétanque sur la place … Nous, nous faisons du skate … On s'amuse … C'est pratique d'habiter en ville, mais notre rue est étroite, et on ne peut pas ouvrir les fenêtres pendant la journée parce qu'il y a trop de bruit et trop de pollution. La maison? Elle est vieille. Il n'y a pas de chauffage. Alors, en hiver, il fait froid … vraiment froid. Et ma chambre est dans les combles! D'habitude, en hiver, il gèle et en été, c'est comme un four … C'est comme ça …
– Et toi, Alizée? Où habites tu? Quels sont les avantages et les inconvénients?
– Ben … où j'habite … On est dans la banlieue. Il y a un grand espace vert autour des immeubles où l'on peut jouer, mais ça manque d'ambiance, c'est trop tranquille … Il n'y a rien à faire pour les jeunes … Mais il y a moins de circulation et de pollution qu'en ville. L'appartement est neuf, il manque de caractère. Euh … l'appartement, il est au cinquième étage … et l'ascenseur tombe souvent en panne. Ma chambre est à côté de la cuisine des voisins et ils font un bruit épouvantable le soir! C'est difficile quand il faut faire ses devoirs. Les inconvénients? … Il faut prendre le bus pour aller en ville. Et nos voisins, bien sûr!

Answers

	Victorien	Alizée
situation	A – près du marché et des commerces	A – grand espace vert
ambiance	A – bonne	I – trop tranquille
environs	I – rue étroite, trop de bruit et de pollution	A – moins de circulation et de pollution
maison	I – vieille; pas de chauffage	I – neuf; manque de caractère
chambre	I – en hiver, il gèle; en été, comme un four	I – à côté de la cuisine des voisins; trop de bruit

4 Quel est l'inconvénient? Reliez les textes aux bonnes images.

Reading. Students read the four texts and then match each to the appropriate picture.

Before they start, draw their attention to the tip box. This introduces another useful reading strategy – using other information supplied (here the details in the pictures) to predict and confirm the meaning of unknown words.

> **Answers**
> 1 b   2 e   3 f   4 a

3 Là où j'habite 2 J'habite en ville

5 Imaginez que vous habitez dans une grande ville. Quels sont les avantages et les inconvénients? Est-ce qu'il y a un problème particulier?

Utilisez les phrases dans les textes ci-dessus pour vous aider.

Writing. Students imagine they live in a big town (or they can describe from their own experience if they do) and write a paragraph on the advantages and disadvantages of living there, giving more detail about one particular problem. They should use the texts in exercise 4 to help them.

6 Vidéoconférence. Là où j'habite. Préparez une présentation.

Speaking. Students imagine that they are going to have a videoconference with students at a French school. They prepare a presentation on the area they live in. A list of points to cover is supplied to help them structure it. They could use these as headings on their cue cards.

Plenary

Ask the class to recap the rule on the position of adjectives and then tell you all the adjectives they have learned so far which go *before* the noun (**petit, grand, beau, nouveau, vieux**).

Get one or two students to perform their presentations from exercise 6. Ask the rest of the class comprehension questions on what they have heard.

Cahier d'exercices, page 27

1

Answers

1 Quand il pleut, la rivière monte et l'eau entre dans la maison.
2 Il y a des déchets dans la rue après le marché du samedi.
3 Il y a trop de bruit à cause des poids lourds.
4 J'habite une vieille maison; les sanitaires aussi sont vieux.
5 En hiver, on a froid parce qu'il n'y a pas de chauffage central.
6 Les pièces sont assez petites et je n'ai pas de place pour faire mes devoirs.
7 Il y a beaucoup d'espaces verts où les enfants peuvent jouer.
8 L'appartement est au huitième étage et souvent, l'ascenseur tombe en panne.
9 Les voisins sont bruyants; ils mettent de la musique trop fort.
10 On est près des commerces; les magasins sont à cinq minutes.

2

Answers

Pupil's own answers

3 Aujourd'hui et autrefois

(Student Book pages 56–57)

Main topics and objectives
- Comparing where you used to live and where you live now
- Using the imperfect tense

Grammar
- Imperfect tense
  - usage ('used to'; descriptions)
  - formation

Key language
Quand j'étais petit(e), …
J'habitais …
C'était pratique.
La maison était près de l'école/ loin des commerces.
Je faisais du judo.
Je préfère habiter …
Il me manque l'ambiance.
Ils me manquent mes copains.

Resources
CD2, tracks 9–10
Cahier d'exercices, page 28
Grammaire p. 212

Starter 1

Aim
To introduce the imperfect tense. To recognise language patterns and use them to predict other forms.

Write up the following grid and give students three minutes to complete it.

je portais	I used to wear
il habitait	
	she used to be
nous aimions	
	they used to have
vous faisiez	
il y avait	
tu téléphonais	

When checking answers, ask students to use their completed grids to summarise the endings for the imperfect tense.

1 Lisez et écoutez. Écrivez V (Vrai), F (Faux) ou ? (Pas Mentionné).

Reading. Students read the text and listen to the recording at the same time. They then read the ten statements on the text and decide whether each is true or false or not mentioned in the text.

Audioscript 9

– Quand j'étais petit, nous habitions en ville, mais quand j'ai eu douze ans, nous avons déménagé et maintenant, nous habitons à la campagne depuis quatre ans déjà.

– Quand nous habitions en ville, je pouvais aller dans le centre-ville à pied. Notre maison était à deux minutes de l'école et je pouvais rentrer à midi déjeuner à la maison. Le soir, j'allais à la piscine ou à la bibliothèque avec mes copains. Je faisais du judo et je prenais des cours de guitare. C'était pratique.

– Maintenant, pour aller au collège, je prends le car de ramassage qui passe à sept heures. Il me faut trois quarts d'heure pour y aller. Si je veux aller à la piscine ou au cinéma, je dois rester en ville après la fin des cours et maman vient me chercher en voiture parce qu'il n'y a pas de bus. La nouvelle maison est plus grande et plus jolie et nous avons un grand jardin, mais je n'ai pas de copains dans le village et mes copains d'avant, ils me manquent.

Answers
1 F **2** V **3** F **4** V **5** ? **6** V **7** V **8** F **9** F **10** F

Expo-langue: the imperfect tense (usage and formation)

Use this grammar box to cover the imperfect in more detail before students do exercise 2. It reminds students the imperfect is used for descriptions in the past and goes on to show how it is also used to talk about things which 'used to' happen (i.e. things which went on over a period of time, rather than single completed events).

Go over how the imperfect is formed (the **nous** form minus the **–ons** ending + the imperfect endings). **pouvoir** is used as the model. Draw student's attention to the single exception to this rule – **être**, which adds the imperfect endings to the stem **ét–**.

There is more information on p. 212 of the Student Book.

R Students could write out the complete paradigm for **être** and **habiter** in the imperfect tense.

2 Copiez et complétez les mots.

Writing. Students copy and complete the ten gap-fill sentences with the correct form of the verb, either imperfect or present tense.

3 Là où j'habite 3 Aujourd'hui et autrefois

Answers
1. Quand il **était** jeune, il **habitait** en ville.
2. Maintenant, il **habite** à la campagne.
3. L'ancienne maison **était** près de l'école.
4. La nouvelle maison **est** dans un village.
5. Il **allait** à l'école à pied.
6. Maintenant, il y **va** en car.
7. En ville il **avait** beaucoup de copains.
8. Dans le village il n'**a** pas de copains.
9. Il **faisait** du judo.
10. Maintenant il n'en **fait** plus.

Starter 2

Aim
To consolidate the imperfect tense of **avoir** and **être**. To encourage students to use reference resources to check their work.

Write up the following verbs:
aller, finir, envoyer, venir, faire, s'appeler, dire, manger

Give students two minutes to write out the **je** form of each verb in the imperfect. When they have finished, they swap and check their partner's answers using the verb tables in the Grammar section of the book.

3 Où habitaient-ils et où habitent-ils maintenant? Copiez et complétez la grille.

Listening. Students copy out the grid. They listen to three people talking about where they used to live and where they live now and note the details in the grid.

Audioscript 🔟

– Je m'appelle Siana. Quand j'étais petite, nous habitions à Paris … en banlieue parisienne, dans un grand immeuble … On était tout près des commerces. Pour aller au collège, je devais prendre le métro. Je détestais ça. Il y avait du monde et il me fallait une demi-heure. Maintenant, j'habite à la campagne depuis deux ans. C'est beaucoup plus tranquille. Pour aller au collège, je dois prendre le car de ramassage et il me faut toujours une demi-heure pour y aller, mais c'est l'atmosphère parisienne qui me manque.

– Je m'appelle Damien. Quand j'étais petit, j'habitais dans une grande ville, Lyon. J'allais à l'école à pied. C'était à deux minutes de la maison … Mais notre appartement était dans un grand immeuble où il y avait trop de bruit et mes parents se disputaient tout le temps. Maintenant, … j'habite dans un petit village à la campagne … avec ma mère et mes sœurs … depuis six mois. La maison est trop petite, mais je peux jouer au foot avec mes nouveaux copains. Tout le monde a un scooter … C'est mon père qui me manque!

– Je m'appelle Claire. Quand j'étais plus jeune, j'habitais à la Martinique … Il faisait très chaud … Notre maison était au bord de la mer et j'avais plein de copains qui habitaient tout autour. Notre maison était petite et je devais partager ma chambre avec mes frères et mes sœurs. Ici on habite en banlieue … La maison est plus grande … Nous sommes arrivés ici il y a trois ans … J'ai une chambre pour moi toute seule, mais nous sommes trop loin des commerces et mes copains me manquent énormément.

Answers

Siana:

	où	avantage	inconvénient	autres détails
avant	Paris, en banlieue	près des commerces	loin de l'école	prenait le métro au collège
maintenant	à la campagne	beaucoup plus tranquille	loin de l'école	depuis deux ans; prends le car de ramassage; manque: l'ambiance

Damien:

	où	avantage	inconvénient	autres détails
avant	dans une grande ville/Lyon	près de l'école	trop bruyant	ses parents se disputaient tout le temps
maintenant	dans un village	jouer au foot avec ses nouveaux copains	maison trop petite	depuis six mois; manque: le père

Claire:

	où	avantage	inconvénient	autres détails
avant	Martinique, au bord de la mer	plein de copains	maison trop petite	devait partager sa chambre
maintenant	en banlieue	maison plus grande/ chambre à elle	trop loin des commerces	depuis trois ans; manque: les copains

4 À deux. Imaginez que vous êtes Siana, Damien ou Claire. Posez-vous des questions et répondez-y.

Speaking. In pairs: students imagine they are Siana, Damien or Claire and take it in turn to ask questions and to answer them from those people's perspectives. The questions are supplied for support.

➕ Students write a description of a place where they used to live, which was either very good or very bad.

3 Là où j'habite — 3 Aujourd'hui et autrefois

5 Écrivez un texte: «Où j'habite: les avantages et les inconvénients».

Writing. Students write a paragraph on the advantages and disadvantages of where they live. Draw their attention to the tip box on including modifiers. Can students think of any others? (e.g. **vraiment, un peu,** etc.).

6 Vidéoconférence. Vous allez vous informer sur le quartier où habitent vos camarades et sur les avantages et les inconvénients à y habiter.

Speaking. Students imagine that they are going to have a videoconference with students at a French school. Their aim is to find out about the area the person/people they are speaking to lives/live in. Prompts for the questions are supplied for support. Students also need to prepare their own response to these questions.

The tip box includes some useful phrases to use when giving opinions. Encourage students to work these into their presentations.

Give students the chance to practise their presentations in pairs, and to record themselves if possible.

Plenary

Ask students to recap on the imperfect tense: when it is used and how it is formed.

Then put the class into teams. The first person in the team prompts the second, using an infinitive and a subject pronoun (e.g. **aimer – il**). The second responds with the correct version of the imperfect (e.g. **il aimait**). The second in turn prompts a third member of the team, and so on. Each correct answer wins a point. They should keep going until the allocated time is up. The team with the most points wins.

Cahier d'exercices, page 28

1

Answers

Maria, 13 ans
J'habite en Indonésie. Avant le tsunami, je n'habitais pas loin de la plage. Mon frère et moi, nous allions dans une école à cinq minutes de la plage. Je pouvais aller au collège à pied et je pouvais rentrer chez moi à midi. Tous les soirs, mes copains et moi, nous nous retrouvions près de la plage. C'était génial.
Mon père est commerçant et il avait une boutique près de la mer.
J'étais sur la plage quand le tsunami est arrivé. J'ai couru, mais ma maison était déjà en ruines.
Après le tsunami, tout a changé.
Maintenant, nous habitons chez mon oncle, dans une petite maison. Moi, je vais dans un nouveau collège qui n'est pas si près de la mer. C'est difficile parce que je suis loin de mes copains et ils me manquent. Si je veux retrouver mes copains, je dois prendre le bus ou quelquefois mon père m'emmène en voiture. On ne se retrouve plus près de la plage. On se retrouve en ville.

2

Answers

1 Avant le tsunami, Maria <u>n'habitait pas</u> loin de la plage.
2 Maria et son frère <u>allaient</u> dans une école à cinq minutes de la <u>plage</u>.
3 Elle <u>pouvait</u> rentrer chez elle <u>à midi</u>.
4 Maria retrouvait <u>ses</u> copains <u>près de la plage</u> tous les soirs.
5 Son père <u>avait</u> une boutique <u>près de la mer</u>.
6 Maintenant, ils <u>habitent</u> dans la maison de <u>son oncle</u>.
7 Son oncle a <u>une petite</u> maison.
8 Pour voir <u>ses copains</u>, elle doit <u>prendre</u> le bus.

4 Des villes jumelées

(Student Book pages 58–59)

Listening and reading skills focus

Main topics and objectives
- Talking about life in a French-speaking country
- Using superlatives

Grammar
- Superlatives

Listening and reading skills focus
- Listening for gist
- Listening for detail
- Predicting content before listening
- Exam strategies (giving exactly the required number of answers)
- Reading for detail
- Reading strategies (context, grammar, educated guess)

Key language
être jumelé(e) avec
une île tropicale
une ville touristique
une station de ski
une grande ville industrielle
montagneux/euse
volcanique
un ancien volcan
un volcan en activité
La ville est située …
au pied de
La vallée offre …
Dans la ville …
il ne manque pas de
La vie est chère.

Resources
CD2, tracks 11–12
Cahier d'exercices, page 29
Grammaire p. 218

Starter 1

Aim
To review adjective position.

Write up the following. Give students two minutes to put the phrases into two groups of four, to identify the defining characteristic of each group and to translate the expressions into English.

une île tropicale
un petit immeuble
ma chanteuse préférée
les grands châteaux
les gens riches
une vieille ville
un long tunnel
le sable noir

Check answers: one group features adjectives before the noun, the other adjectives after the noun. Remind students that most adjectives go *after* the noun, but there are some very common exceptions: together come up with a list of adjectives which usually come *before* the noun.

⭐ Encourage students to think of mnemonics for remembering these.

1 Écoutez le début de cette conversation et répondez aux questions en anglais.

Listening. Students listen to the beginning of a conversation and answer the questions on it in English. Explain that the purpose of this exercise is gist understanding.

⭐ Encourage students to think of mnemonics for remembering these. Before they begin, read together through the first tip box on pre-listening strategies.

Audioscript 11

– Dis-moi, Sébastien, tu habites à Cilaos à la Réunion. Que fais-tu ici?
– Je suis ici avec ma classe. La ville de Chamonix est jumelée avec ma ville à la Réunion.
– Cilaos est une ville de la Réunion. La Réunion est une île tropicale dans l'océan Indien. Pourquoi Cilaos est-elle jumelée avec une ville touristique et station de ski dans les Alpes?

Answers
1 2
2 (c) conducting an interview
3 (b) in a school
4 in France
5 His town and Chamonix are twinned.

2 Écoutez et répondez aux questions en anglais.

Listening. Students listen to the conversation as it continues and answer the questions on it in English. Explain that the purpose of this exercise is detailed understanding.

⭐ Before they begin, read together through the second tip box on strategies for detailed listening.

Audioscript 12

– La Réunion est montagneuse. L'île est volcanique. La ville de Cilaos est située dans un cirque de montagne.
– Un cirque? Qu'est-ce que c'est?
– C'est un ancien cratère de volcan. Le volcan n'est plus en activité!
– J'espère bien que non. Mais Chamonix est une station de ski et d'alpinisme et les Alpes ne sont pas volcaniques. Il n'y a pas de neige à la Réunion.

3 Là où j'habite 4 Des villes jumelées

– Si. Il y a de la neige sur le Piton des Neiges.
– Le Piton des Neiges? Qu'est-ce que c'est?
– C'est la montagne la plus haute. C'est un ancien volcan. Il y a aussi un volcan en activité.
– Un volcan en activité?
– Il s'appelle le Piton de la Fournaise. C'est un des volcans les plus actifs au monde.
– Mais pourquoi une station de ski est-elle jumelée avec une ville située dans l'ancien cratère d'un volcan?
– On fait les mêmes sports de montagne – l'alpinisme, l'escalade, le VTT, le parapente, le canyoning, etc. – et la ville est située à une altitude de 1.214 mètres. Chamonix se trouve à 1.035m, donc ce sont toutes les deux des villes en altitude qui vivent du tourisme.
– Et les plages? Une île tropicale doit en avoir, des plages de sable blanc et des palmiers.
– Ben, l'île est volcanique. La mer est profonde, il y a peu de plages, et le sable est noir, sauf une petite plage au nord. Chez nous, le tourisme c'est plutôt la montagne que la plage, voilà pourquoi on est jumelés avec Chamonix!

Answers
1 Le Piton des Neiges is the highest mountain on La Réunion.
2 Le Piton de la Fournaise is an active volcano; le Piton des Neiges is an extinct one.
3 Both offer the same winter sports, both towns are high up and both depend on tourism.
4 Because the island is volcanic, the sea is deep, there are few beaches and the sand on almost all the beaches is black.

Starter 2

Aim
To practise adjective position.

Write up the following adjectives. Give students three minutes to write eight descriptions of appropriate nouns, each using one of these adjectives. If necessary, model some examples using different adjectives (e.g. **un prof sévère, un vieux port**) to remind them of the rule.

petit, rouge, long, bon, intéressant, difficile, nouvelle, bruyant

Expo-langue: the superlative

Use this grammar box to review the superlative (regular adjectives and the irregular form of **bon – le/la meilleur(e)**). There is more information on p. 218 of the Student Book.

✚ Students translate the following phrases into French: the biggest car, the oldest house, the best CD, the nearest town, the least difficult questions.

3 Lisez le texte et choisissez les quatre phrases correctes.

Reading. Students read the text and identify the four correct English sentences in the eight shown.

⭐ Before the students do the activity, read together through the tip box on reading strategies.

Answers
1, 2, 5, 6

4 Lisez le texte et répondez aux questions en anglais.

Reading. Students read the text and answer the questions in English.

Answers
1 He likes mountains, he likes sport, he doesn't like big industrial towns.
2 Rich people from Paris have bought all the best properties making it impossible for young local people to stay there.
3 He feels angry/frustrated/disappointed/that it is not fair.

Plenary

Ask students to talk about the position of adjectives, saying which rule most adjectives follow and listing exceptions.

Ask them then to summarise how the superlative is formed. Give some examples in French, mixing up correct versions with versions which have the adjective in the wrong position. Students confirm whether each is correct or not.

3 Là où j'habite 4 Des villes jumelées

Cahier d'exercices, page 29

1

Answers

La population de la France est de 62,9 millions d'habitants.
La ville la plus peuplée, c'est Paris (9,92 millions d'habitants)!
La plus grande ville du sud, c'est Marseille. Marseille a aussi le plus grand port de France.
La ville la plus visitée de France, c'est Paris.
La France est le pays la plus visité du monde (plus de soixante-dix millions de touristes par an).
La France est divisée en régions. Il y a 22 régions françaises.
La région qui a la plus grande superficie, c'est la région Midi-Pyrénées avec 45 348 km^2.
La région avec la population la plus élevée, c'est l'Île-de-France avec 11,29 millions d'habitants.
Chaque région est divisée en départements. Il y a 96 départements français.
Il y a en plus quatre départements d'outre-mer (les DOM): la Martinique, la Guadeloupe, la Réunion, et la Guyane. La Réunion, c'est le département d'outre-mer le plus peuplé avec 600.000 habitants.
L'endroit le plus populaire pour les vacances parmi les Français, c'est la France! Neuf Français sur dix passent leurs vacances en France.

2

Answers

1 62.9 million
2 Marseilles
3 Over 70 million
4 France!
5 22
6 Île-de-France
7 96 départements
8 4 overseas areas; they are in the West Indies.

3 5 Ma ville

(Student Book pages 60–61)

Main topics and objectives
- Talking about a town
- on peut/on pourrait + infinitive

Grammar
- pouvoir + infinitive

Key language
Il y a ...
un centre commercial
un château
un musée
une cathédrale
des commerces
un espace vert (m)
l'aéroport (m)
Ma ville préférée, c'est ...
C'est une ville historique.
Elle se situe ...
en Écosse
dans le sud de l'Angleterre
Les touristes peuvent visiter des monuments/des sites.
On peut aussi faire du shopping/ du sport.
On pourrait aussi aller au parc (d'attractions).
le parc relais
le parking souterrain
la zone piétonne
le couloir réservé au bus
la route périphérique
On pourrait construire ...
On est en train d'ouvrir ...

Resources
CD2, tracks 13–14
Cahier d'exercices, pages 30–31
Grammaire p. 214

Starter 1

Aim
To revise modal verbs.

Write up **on peut** and ask what it means and what kind of verb it is. Ask for an example of it being used in a sentence, confirming/reminding students it is followed by an infinitive.

Ask students working in pairs to come up with six suggestions for things a visiting French friend could do in their town, using **On peut ...**

1 Écoutez et notez les mots qui manquent.

Listening. Students listen to the recording and note the missing words in the gap-fill version in the book.

With a good class, you could ask students to read through the text first and work out what kind of word is required to fill the gap (noun? verb?, etc.), and make educated guesses on what the missing words might be.

Audioscript 13

– Bonjour, Camille. Quelle est ta ville préférée?
– Annecy ... là où j'habite.
– C'est quel genre de ville?
– La vieille ville est **historique** et pittoresque. C'est aussi le centre régional administratif et **culturel**.
– C'est une destination touristique?
– Oui, l'**ancienne** ville se trouve au bord d'un grand lac entouré par de **hautes montagnes**. Le paysage est magnifique!
– C'est joli, alors?
– Oui, c'est très joli. Il y a de beaux et **anciens** bâtiments et des **commerces** modernes, des grandes surfaces hors de la ville et des espaces verts dans la ville. La plupart des parkings sont **souterrains**.
– Où se trouve-t-elle?
– Elle se situe dans le sud-est de la France près de la frontière **suisse**. On est à vingt minutes de Genève par l'autoroute.
– Comment est le temps?
– En été, il fait chaud, mais pas trop. On peut toujours aller au bord du lac ou en montagne. En hiver, par contre, il fait froid, il **neige** et on peut faire du ski. De temps en temps il arrive que le lac gèle, alors, on peut faire du patin à glace. C'est un climat très **agréable**.
– Qu'est-ce qu'un touriste peut y faire?
– On peut faire des sports aquatiques comme de la planche, de la voile, du canoë-kayak, des sports d'aventures comme de la plongée, du canyoning, du **rafting**, du parapente et de l'**escalade**, et **en hiver**, des sports de glisse, du ski, du snowboard et de la luge.
– Et pour ceux qui n'aiment pas le sport? Qu'est-ce qu'ils pourraient faire?
– Ils pourraient visiter des musées, des vieux **châteaux** et des centres historiques et culturels et pour ceux qui aiment les sites touristiques naturels, il y a le lac, des grottes et des chutes d'eau. Il y en a pour tout le monde. Il y a même une fête du **cinéma**!
– Est-ce qu'il y a quelque chose que tu n'aimes pas?
– Oui, il y a trop de circulation dans la vieille ville, mais on est en train d'agrandir la zone piétonne.

Answers
See also bold in the audioscript.
1 historique **2** culturel **3** ancienne
4 hautes montagnes **5** anciens **6** commerces
7 souterrains **8** suisse **9** neige **10** agréable
11 rafting **12** escalade **13** en hiver **14** châteaux
15 cinéma

Expo-langue: *pouvoir* + infinitive

Use this grammar box to review the modal verb **pouvoir** in the forms **on peut/on pourrait** + infinitive. There is more information on p. 214 of the Student Book.

3 Là où j'habite 5 Ma ville

2 À deux. Posez et répondez aux questions en rouge dans l'exercice 1. Adaptez des phrases dans le dialogue pour vous aider.

Speaking. In pairs: students take it in turn to ask and answer the questions shown in red in the text in exercise 1. They should also use that text to help them with their answers, adapting the language as necessary. A grid of useful language is supplied for support.

Starter 2

Aim
To learn more connectives.

Write up the following lists of connectives (jumbling the order of the second column) and give students working in pairs three minutes to match the French with the correct English versions.

par exemple	for example
car	for, because
donc	so
comme	as
puisque	since
pendant que	while
y compris	including
c'est-à-dire	that is (to say)
en général	in general
pourtant	yet
aussi	also
par contre	on the other hand

After checking answers, suggest students note down any new connectives here in their vocabulary lists.

3 Projet de ville. C'est quel problème? Trouvez la bonne phrase pour chaque image.

Reading. Students match each of the four pictures to the appropriate description (six sentences (**a–f**) are supplied).

Answers
1 d   2 e   3 b   4 c

4 Écoutez. Quelle est la bonne solution pour chaque problème? (1–4)

Listening. Students listen to four people being interviewed about problems in their area and identify the solution for each from the five pictures (**a–e**).

Audioscript 14

1
– Bonjour. On fait un sondage au sujet des problèmes de la vie en ville. Est-ce que je peux vous poser des questions, monsieur?
– Oui, bien sûr.
– Selon vous, quel est le plus grand problème dans votre ville?
– Le parking, on ne peut jamais trouver un endroit pour garer la voiture.
– Est-ce que vous avez une solution à proposer?
– Ah oui, on pourrait construire des parcs-relais. Comme ça, les voitures ne viennent pas jusque dans la ville. On gare la voiture et on entre en ville en navette.
– Merci, monsieur.

2
– Bonjour. On fait un sondage au sujet des problèmes de la vie en ville. Est-ce que je peux vous poser des questions, madame?
– Oui, bien sûr.
– Selon vous, quel est le plus grand problème?
– Ben, la circulation. Il y a trop de véhicules qui traversent la ville, sans s'arrêter.
– Et qu'est-ce que vous proposez comme solution?
– On pourrait construire une route périphérique, comme autour d'autres grandes villes. Comme ça, les poids lourds n'auraient plus besoin de passer par la ville.
– C'est une bonne idée, madame. Merci.

3
– Bonjour, monsieur. On fait un sondage au sujet des problèmes de la vie en ville. Est-ce que je peux vous poser des questions?
– Oui, bien sûr.
– Selon vous, quel est le plus grand problème?
– Mais c'est de garer sa voiture, bien sûr … Il n'y a pas assez de places de stationnement en ville.
– Avez-vous une solution à proposer?
– On pourrait construire un nouveau grand parking souterrain.
– Merci, monsieur.

4
– Bonjour. On fait un sondage au sujet des problèmes de la vie en ville. Est-ce que je peux vous poser des questions, madame?
– Oui, bien sûr.
– Selon vous, quel est le plus grand problème?
– Il y a toujours des embouteillages aux heures de pointe.
– Avez-vous une solution à proposer?
– On pourrait créer des couloirs réservés aux bus et aux taxis. Comme ça, les bus et les taxis pourraient circuler plus vite. Voilà! Et moi … je pourrais prendre le bus pour venir en ville, mais je déteste attendre à l'arrêt de bus, surtout quand le bus n'arrive pas.
– Merci, madame.

Answers
1 a   2 e   3 b   4 d

3 Là où j'habite — 5 Ma ville

5 À deux. Discutez des problèmes et trouvez des solutions.

Speaking. In pairs: students discuss problems in a town (from those covered earlier in the spread) and possible solutions. Sample sentence openings are supplied for support.

6 Là où j'habite. Décrivez votre ville.

Writing. Students write a paragraph describing their town. A list of points to include is supplied. Encourage students to use this to structure their text and to identify four connectives to use in their paragraph.

Plenary

Put the class into teams. Read out the following sentences in English using language taken from the whole module (answers supplied in brackets for reference only). The teams write down the French version, conferring as necessary. At the end, the teams swap and check another team's answers. The team with the fewest errors is the winner.

1 In my room, there's a wardrobe, a bed and a laptop.
 (**Dans ma chambre, il y a une armoire, un lit et un portable.**)
2 I live in an old house.
 (**J'habite une vieille maison.**)
3 When I was young, I used to live in the country.
 (**Quand j'étais jeune, j'habitais à la campagne.**)
4 Seville is the most beautiful city in Spain.
 (**Seville est la plus belle ville d'Espagne.**)
5 You could go to the swimming pool or the park.
 (**On pourrait aller à la piscine ou au parc.**)

Cahier d'exercices, page 30

1

Answers

Robert Legris is talking about his town: Montréal. He says what there is to do there, what there is for young people and what he likes to do.

2

Answers

1 prendre un verre	2 une ville bruyante
3 les rues piétonnes	4 un paradis pour les jeunes
5 centres commerciaux	6 une grande variété de magasins
7 un moment de calme	8 une province francophone

3

Answers

1 Robert parle de sa ville.
2 La plupart des gens parlent français.
3 Les touristes peuvent aller aux restaurants et visiter ses rues piétonnes.
4 On peut voir du base-ball au stade Olympique.
5 On peut aller dans la ville souterraine avec ses centres commerciaux.
6 Les jeunes peuvent faire du patinage sur glace, du ski, du toboggan ou du hockey sur glace, ou aller au parc d'attractions la Ronde.
7 Un avantage, c'est un paradis pour les jeunes et un inconvénient, c'est une ville bruyante avec trop de circulation.
8 On pourrait agrandir la zone piétonne.

Cahier d'exercices, Grammaire, page 31

1

Answers

Example
J'habite un vieil appartement au deuxième étage d'un grand immeuble en ville. Nous avons une longue entrée, une cuisine moderne, un salon confortable, trois chambres, une salle de bains pratique, une nouvelle douche et des toilettes.
Mes parents ont une jolie chambre et les deux autres chambres sont à moi et à ma sœur. Dans ma belle chambre, j'ai un lit, une chaise, une étagère démodée, une armoire haute, une petite table, un vieil ordinateur et un placard.

2

Answers

Alex (possible answers)
1 *Sa chaise est plus confortable que la chaise de Vincent.*
2 *Son lit* est plus confortable que le lit de Vincent.
3 Son étagère est plus grande que l'étagère de Vincent.
4 Son ordinateur est moins moderne que l'ordinateur de Vincent.
5 Sa télévision est plus grande que la télévision de Vincent.

Vincent (possible answers)
1 *Son étagère* est moins grande que l'étagère d'Alex.
2 Sa commode est plus grande que la commode d'Alex.
3 Son ordinateur est plus moderne que l'ordinateur d'Alex.
4 Son lit est moins confortable que le lit d'Alex.

Contrôle oral: Your local area

(Student Book pages 62–63)

Topics revised
- Talking about your local area

Resources
CD5, tracks 9–12

Overview
Read through the yellow box and remind students of how this section works. First they read the details of the situation and the task carefully. After a preparatory exercise, they listen to a Speaking controlled assessment model presentation in three parts and do exercises focused on the language used in it. These exercises, along with the advice/activities on how to improve speaking performance in the ResultsPlus section, will help them prepare to give a presentation of their own on the topic.

1 Mikala is delivering a presentation about her region to her teacher. Listen to the first part of the presentation and choose the correct ending for each sentence: a, b, or c.

Explain to the students that they will hear a sample of the kind of presentation they are expected to have in the Speaking controlled assessment. They listen to the first part of Mikala's presentation and complete the multiple-choice sentences in English.

Audioscript 9

Bonjour. Je vais vous parler aujourd'hui de Billingshurst, le village où j'habite, qui est un grand village situé dans le Sussex, dans le sud-est de l'Angleterre. J'habite à Billingshurst depuis cinq ans. C'est un des plus grands villages d'Angleterre avec huit mille habitants. Billingshurst est à la campagne, à 60 kilomètres de Londres. Nous avons une gare principale et il y a des trains directs pour Londres toutes les 30 minutes et des trains pour Brighton et Bognor Regis, qui sont deux des stations balnéaires les plus populaires du sud-est.

À Billingshurst il y a un centre sportif où on vient de construire une nouvelle piscine couverte, quelques petits magasins, des pubs et un grand choix de restaurants. À mon avis, le meilleur restaurant du village, pour ceux qui aiment la cuisine indienne, est le restaurant Jamdani, parce que la cuisine et le service sont excellents.

Quand j'étais petite, nous habitions en ville, mais quand j'ai eu quatorze ans, nous avons déménagé à la campagne. Quand nous habitions en ville, je pouvais aller dans le centre-ville à pied. Au centre-ville il y avait beaucoup de distractions comme un cinéma, un théâtre et un grand centre commercial avec beaucoup de magasins. Le week-end, j'allais voir un film avec mes copains ou je faisais du shopping. C'était très pratique d'habiter en ville.

Answers
1 b **2** a **3** a **4** a

2 Listen again and note down in English what other information Mikala gives for the first four bullet points in the assessment task above.

Students listen to the first part of Mikala's presentation again and write down in English her answers to the first four points in the yellow box.

Audioscript 10
As for exercise 1.

Answers
First point: It's in Sussex, in the south-east of England.
Second point: There's a sports centre, some small shops, some pubs and a good choice of restaurants.
Third point: Brighton and Bognor Regis, the most popular seaside resorts in the south-east are accessible by train.
Fourth point: There was more to do in town, where I lived when I was little. I used to go and see a film or go shopping.

3 Listen to the questions and answers on Mikala's presentation and fill in the gaps.

Students now listen to the second part of the presentation and complete the gap-fill version of the transcript.

With a good class you could ask pupils to read the text and try to work out the answers first, then use the recording to check.

Audioscript 11

– *À Billingshurst il n'y a pas **beaucoup** d'attractions pour les touristes. Si on veut **visiter** des monuments et des musées, il **faut** aller à Londres ou à Brighton.*
– *Qu'est-ce qu'il y a comme attractions à Londres?*
– *Pour ceux qui **aiment** l'histoire, il faut visiter un des plus **célèbres** châteaux du monde, la Tour de Londres. On peut y voir l'exposition des joyaux de la Couronne et des armureries royales.*
– *Quels musées y a-t-il à Londres?*
– *Il y a **des** musées pour tout le monde à Londres – par exemple le musée des Sciences et le musée Britannique – et l'entrée aux musées est souvent **gratuite**. L'année dernière, j'ai visité le musée des Sciences et je l'ai trouvé **fascinant**.*
– *Et si on préfère être en plein air?*

3 Là où j'habite — Contrôle oral: Your local area

– Si vous préférez être en plein air, **visitez** le parc de Hyde Park et **aucune** visite à Londres ne serait complète sans une croisière sur la Tamise.

Answers
Also shown in bold in audioscript.
1 beaucoup 2 visiter 3 faut 4 aiment
5 célèbres 6 des 7 gratuite 8 fascinant
9 visitez 10 aucune

4 Now listen to the final part of the questions and answers on Mikala's presentation and answer the questions.

Students listen to the third and final part of the presentation and answer the questions on it. These questions focus on linguistic detail. You may need to play the recording more than once.

Audioscript 12

– À ton avis, quelle est la meilleure attraction de Londres?
– Pour moi, c'est la Tour de Londres parce que je m'intéresse beaucoup à l'histoire. Allez-y! Je l'ai visitée il y a deux ans avec ma famille et c'était très impressionnant.
– Quelles attractions y a-t-il pour les jeunes dans ta région?
– La plus grande attraction pour les jeunes c'est sans doute le parc d'attractions de Chessington World of Adventures. J'y suis allée la semaine dernière avec mes copains et c'était extra!
– Est-ce que tu aimes ta région?
– Dans l'ensemble, j'aime habiter à Billingshurst, parce que c'est tranquille et pittoresque, mais il n'y a pas assez de distractions pour les jeunes.
– Comment pourrait-on améliorer ton village?
– On pourrait construire un cinéma dans le village. En ce moment, si on veut aller au cinéma, il faut prendre le bus ou le train pour Horsham, la ville la plus proche.

Answers
1 She adds that she has visited the places mentioned and gives her opinion of them.
2 She gives both positive and negative responses; she includes reasons.
3 The conditional, the present tense

ResultsPlus

The **ResultsPlus** section gives students the support they need to improve their speaking. The support is differentiated, allowing students to identify and work towards their target level (Grade C, Grade B/A, Grade A*). Encourage students to adopt the kind of approach taken in this section in all extended speaking activities.

Read through and discuss the **ResultsPlus** section together.

Also draw students' attention to the **Épate l'examinateur!** feature: this highlights a structure that students can include to particularly impress the examiner.

5 Now it's your turn! Prepare your answers to the task, then give a presentation to your teacher or partner.

Students prepare and give a presentation on their local area in the style of a Speaking controlled assessment task. They should use all the support supplied, here and elsewhere on the spread:

- their answers to exercises 1–4
- the ResultsPlus advice on the language to include
- the advice given here.

Each student gives the presentation. If they are working with a partner, they will take turns presenting and commenting.

If possible, record the conversations (or have the students record themselves). They can then swap recordings with a partner, listen to each other's version and offer comments on how it might be improved. A simple marking system is suggested (one/two/three stars for listed categories). Students should then identify two or three areas which they would like to improve next time they do an extended speaking task.

Contrôle écrit: A webpage to advertise your area (Student Book pages 64–65)

Topics revised
- Advertising the local area

1 Find the French equivalent of these phrases in the text and copy them out.

Students read the text, then identify and write out the French for the English phrases listed. Some vocabulary is glossed for support.

> **Answers**
> 1 Nous sommes heureux de vous présenter
> 2 Dégustez les produits régionaux
> 3 La région vous propose …
> 4 Comment se déplacer
> 5 location de vélos
> 6 téléchargez la carte
> 7 Il y avait quelque chose pour toute la famille.
> 8 pour moi, le clou c'était …
> 9 On ne pouvait pas souhaiter mieux!
> 10 Nous reviendrons!

2 This style of writing uses the infinitive and imperative to speak directly to the reader. Find these words which have been used for special effect:

Students reread the text and identify in it six infinitives and five imperatives.

> **Answers**
> 1 *any six of:* dormir, présenter, manger, faire, se déplacer, découvrir, dîner, réserver, organiser
> 2 dégustez, visitez, achetez, consultez, téléchargez

3 Which four of these attractions does the area have?

Students reread the text and identify four attractions in Périgord from the list given.

> **Answers**
> 2, 3, 6, 7

NB This activity is in the form of an exercise from the Edexcel Reading exam.

4 You might be asked to design a web page or write a brochure for your local town or area as a controlled assessment task. Use ResultsPlus to help you prepare.

Students read through the language support material supplied in preparation for doing their own extended writing task in exercise 5.

> **ResultsPlus**
>
> The **ResultsPlus** section gives students the support they need to improve their writing. The support is differentiated, allowing students to identify and work towards their target level (Grade C, Grade B/A, Grade A*). Encourage students to adopt the kind of approach taken in this section in all extended writing activities.
>
> Also draw students' attention to the **Épate l'examinateur!** feature: this highlights a structure that students can include to particularly impress the examiner.

5 Now design a website or a brochure for your own town or area or a tourist area that you know well.

Students write their own text in the style of a controlled assessment task – a website or a brochure advertising their town/the local area/ another tourist area. As well as the ResultsPlus guidelines on the language to include, they should use all the support supplied here:

- the advice on sourcing ideas and language
- the sample structure for the text
- the list of features to check in their finished text.

Students could swap texts with a partner and check each other's work, offering suggestions for how it might be improved.

3 À toi

(Student Book pages 186–187)

- Self-access reading and writing

1 Trouvez les mots dans le texte.

Reading. Students read the text advertising a house for sale and find the French for the 12 English expressions listed.

Answers
1 cadre 2 vue 3 propriété 4 à proximité 5 commerces 6 rez-de-chaussée 7 cuisine aménagée 8 cheminée 9 buanderie 10 salle d'eau attenante 11 salle de douche 12 WC indépendants

2 Écrivez une annonce: *Maison à vendre …*

Writing. Students use the picture prompts supplied to write an advertisement for a house. They can use the text in exercise 1 to help them.

3 Faites une annonce pour votre maison.

Writing. Students write an advertisement for their own house.

4 Lisez le texte. Écrivez V (Vrai), F (faux) ou ? (pas mentionné).

Reading. Students read the text on Normandy. They then read the eight statements on the text and decide whether each is true or false or not mentioned in the text.

Answers
1 V 2 F 3 ? 4 V 5 F 6 V 7 F 8 ?

5 Écrivez un texte sur une région que vous connaissez.

Writing. Using the text in exercise 4 for reference, students write a text about a region they know. Some sample sentence openings are supplied for support.

6 Lisez le texte et répondez aux questions.

Reading. Students read the text and respond to the four comprehension questions in French.

Answers
1 Normandie, la famille, l'année dernière, deux semaines 2 la Tapisserie de Bayeux et les Plages du Débarquement 3 Quand il faisait beau, ils ont passé des journées entières sur la plage et ils ont fait des pique-niques et des balades en vélo. Quand il a plu, ils ont fait un tour de la région: ils sont allés à Rouen (pour voir la Grosse Horloge et la cathédrale) et à Giverney (pour admirer les jardins et les peintures de Claude Monet). 4 (Their own answer)

Module 4 Allons-y! (Student Book pages 68–85)

Unit	Main topics and objectives	Grammar
Déjà vu On fait les magasins! (pp. 68–69)	Shopping for food and clothes Using the partitive article	**de** (**du, de la, de l', des**); **de** with quantities Adjective agreement (colours, singular and plural)
1 On ira au festival de rock! (pp. 70–71)	Making plans Using the future tense	Future tense (regular and irregular)
2 Bon voyage! (pp. 72–73)	Making travel arrangements More on **être** with the perfect tense	The perfect tense: verbs which take **être**

3 Ça me va?
 (pp. 74–75)
	Talking about buying clothes
	 Using **ce, lequel, celui,** etc.
		Adjectives
		 – **ce (cet), cette, ces**
		
		 Pronouns
		 – **lequel/laquelle/lesquels/lesquelles**
		 – **celui-ci/-là,**
		   celle-ci/-là,
		   ceux-ci/-là,
		   celles-ci/-là
		
		 The conditional (**j'aimerais, je préférerais, je voudrais** + the infinitive)

4 C'est la fête! (pp. 76–77)	Describing special occasions Imperfect tense of **avoir** and **être**	Imperfect tense for descriptions (**avoir/être**)
5 À la mode (pp. 78–79)	Talking about fashion Using the present, perfect and imperfect	Using a range of tenses (present, perfect, imperfect)
Contrôle oral **Shopping for clothes** (pp. 80–81)	*Exam speaking practice* Talking about shopping for clothes	*Revision*
Contrôle écrit **Win a fashion makeover!** (pp. 82–83)	*Exam writing practice* Describing what people wear	*Revision*
À toi (pp. 188–189)	Self-access reading and writing	

4 Déjà vu: On fait les magasins!

(Student Book pages 68–69)

Main topics and objectives
- Shopping for food and clothes
- Using the partitive article

Grammar
- de (du, de la, de l', des); de with quantities
- Adjective agreement (colours, singular and plural)

Key language
Food and drink
Clothes

Resources
CD2, tracks 15–18
Cahier d'exercices, page 34
Grammaire p. 206

Starter 1

Aim
To revise food vocabulary.

Give students working in pairs two minutes to come up with as many items of vocabulary for food and drinks in French as they can. Each correct item wins a point. Any item not identified by another pair wins a bonus point. The team with most points wins.

1 Écoutez et notez les lettres des 16 choses qui sont mentionnées.

Listening. Students listen and note in order the letters of the 16 food items mentioned.

Before playing the recording, ask students to read through the grid which contains all the vocabulary for the food items, organised by gender.

Audioscript 15

– Bon, je vais faire les courses pour ce soir. On est combien pour le dîner?
– On est six, dont deux qui sont végétariens.
– Ouf! D'accord, je vais faire une liste. Qu'est-ce qu'il faut acheter?
– Il faut acheter du pain parce qu'on n'en a pas et du fromage, bien sûr.
– Alors, du pain, du fromage … Mais qu'est-ce qu'on va manger comme plat principal? On va faire une omelette pour les végétariens?
– C'est une bonne idée, ça. Oui, alors, achète des œufs, et pour les autres … du poulet peut-être.
– D'accord, j'achète des œufs et du poulet.
– Il faut acheter des légumes aussi.
– Des pommes de terre, par exemple?
– Oui, tu peux acheter un kilo de pommes de terre et de la salade, s'il te plaît. Et comme entrée, on va manger une salade de tomates, alors il faut acheter cinq cents grammes de tomates.
– Bon, alors, des pommes de terre, de la salade, des tomates … Et pour le dessert?
– Bof, des fruits. Des fraises, par exemple, ou des raisins.
– Si j'achète d'autres fruits aussi, on peut faire une salade de fruits. Ça va?
– D'accord, alors achète aussi des pommes et des bananes. Et du yaourt, pour manger avec ça.
– OK, des fraises, des raisins, des pommes, des bananes, du yaourt. Et comme boisson, j'achète de l'eau minérale?
– Oui, de l'eau minérale et du jus d'orange, s'il te plaît.
– Et est-ce qu'il faut acheter quelque chose pour le petit déjeuner?
– Ah, oui! Tu peux acheter du beurre et de la confiture, s'il te plaît?
– D'accord. C'est tout?
– Oui, je crois que c'est tout.
– Bon, j'y vais! À tout à l'heure!
– À tout à l'heure!

Answers
a, m, c, e, l, n, g, j, p, q, s, o, t, r, f, d

Expo-langue: *de (du, de la, de l', des)*

Use this grammar box to cover the partitive (the different forms of **de** + the definite article) before students do exercise 2.

2 À deux. Jeu de mémoire. Une personne ferme le livre. Combien des choses de l'exercice 1 pouvez-vous nommer?

Speaking. In pairs: students play a memory game. One person closes his/her book and tries to remember as many food items in French (with the correct form of the partitive) from exercise 1 as possible. Then the second person has a go. Who can remember most?

3 Lisez et complétez le dialogue au marché. Il y a plusieurs possibilités!

Reading. Students read the gap-fill dialogue set in the market. They identify the missing words from the list supplied. They should be aware that there is more than one possible answer for some of the gaps.

4 Allons-y! Déjà vu: On fait les magasins!

Answers

1 poires/pêches/petits pois
2 poires/pêches/petits pois
3 fromage
4 jambon
5 confiture à la fraise
6 café/petit pois
7 petit pois
8 lait

4 Écoutez et notez en français ce qu'on achète, les quantités et le prix. (1–3)

Listening. Students listen to the three conversations and note in French what each person buys, including the quantity, and the total price.

Audioscript 16

1 – Bonjour, monsieur. Je peux vous aider?
  – Un kilo de pêches et cinq cents grammes de raisins, s'il vous plaît.
  – Voilà, monsieur. Et avec ça?
  – Euh, je prends aussi deux cents grammes de fraises.
  – C'est tout, monsieur?
  – Oui, c'est tout, merci. C'est combien?
  – Ça fait 8,60€, s'il vous plaît.
2 – Madame?
  – Je voudrais cinq tranches de jambon, s'il vous plaît.
  – Voilà. C'est tout, madame?
  – Je voudrais aussi quatre pots de yaourt nature et un paquet de beurre, s'il vous plaît.
  – Et avec ça, madame?
  – Je crois que c'est tout, merci. Ça fait combien?
  – 7,80€, s'il vous plaît, madame.
  – Voilà. Merci. Au revoir.
  – Au revoir et bonne journée, madame!
3 – Bonjour. Je peux vous aider?
  – Bonjour. Oui, une bouteille d'eau minérale, s'il vous plaît.
  – Un litre, monsieur?
  – Oui, un litre, s'il vous plaît. Et une boîte de petits pois et de carottes.
  – Voilà, monsieur. C'est tout?
  – Oui, euh, non, je prends aussi un pot de confiture aux abricots, s'il vous plaît.
  – Et avec ça, monsieur?
  – C'est tout, merci.
  – Ça fait 5,70€, s'il vous plaît.

Answers

1 un kilo de pêches, cinq cents grammes de raisins, deux cents grammes de fraises; 8.60€/huit euros soixante
2 cinq tranches de jambon, quatre pots de yaourt, un paquet de beurre; 7,80€/sept euros quatre-vingts
3 une bouteille/un litre d'eau minérale, une boîte de petits pois et de carottes, un pot de confiture aux abricots; 5,70€/cinq euros soixante-dix

5 À deux. Faites un dialogue comme celui de l'exercice 3. Changez les détails.

Speaking. In pairs: students use different details and make up a dialogue like the one in exercise 3.

Starter 2

Aim
To revise vocabulary for items of clothing.

Write up the following and ask students working in pairs to write a sentence on each of the four people saying what they usually wear.

un footballeur, une chanteuse rock, la reine d'Angleterre, un(e) professeur

If students need support, they can use the vocabulary grid in exercise 9 on p. 69 and/or the Vocabulaire section/a dictionary.

6 Dans le magasin de vêtements. Mettez le dialogue dans le bon ordre.

Reading. Students read the jumbled dialogue set in a clothes shop and put the statements in the correct order.

Answers

See audioscript for ex. 7.

7 Écoutez et vérifiez.

Listening. Students listen to the dialogue set in a clothes shop to check their answers to exercise 6.

Audioscript 17

– Bonjour, mademoiselle. Je peux vous aider?
– Je voudrais un tee-shirt, s'il vous plaît.
– Un tee-shirt de quelle couleur, mademoiselle?
– Bleu ou noir, s'il vous plaît.
– Et de quelle taille, mademoiselle?
– Taille deux, s'il vous plaît.
– Attendez un instant. … Voilà.
– C'est combien, s'il vous plaît?
– C'est 5 euros 60, mademoiselle.
– D'accord. Ça va, merci.
– De rien, mademoiselle. Vous devez payer à la caisse.

8 Écoutez et reliez les images et les prix. (1–3)

Listening. Students listen to the three conversations and for each find the appropriate item of clothing (from the labelled pictures **a–f**) and the appropriate price tag.

4 Allons-y! Déjà vu: On fait les magasins!

Audioscript 18

1
– Bonjour, monsieur. Je peux vous aider?
– Je voudrais un pantalon noir, s'il vous plaît.
– De quelle taille, monsieur?
– Taille 40, s'il vous plaît.
– Voilà, monsieur.
– C'est combien, s'il vous plaît?
– C'est 53 euros, monsieur.
– D'accord. Et la chemise blanche, elle coûte combien?
– Elle coûte 38 euros, monsieur.
– D'accord, je les prends, s'il vous plaît.

2
– Excusez-moi. Je voudrais une jupe, s'il vous plaît.
– De quelle couleur, mademoiselle?
– Rouge ou jaune, s'il vous plaît.
– Nous avons ces jupes rouges, à 62 euros.
– Avez-vous quelque chose de moins cher?
– Ah, non. Je suis désolée.
– J'aime bien cette robe jaune. C'est combien?
– C'est 44 euros, mademoiselle.
– Je peux l'essayer?

3
– Bonjour, mademoiselle. Je peux vous aider?
– Bonjour. Est-ce que vous avez des chaussures ou des baskets marron?
– Vous faites quelle pointure, mademoiselle?
– 39, s'il vous plaît.
– Oui, on a ces chaussures en 39, mademoiselle.
– Elles coûtent combien?
– Elles coûtent 75 euros.
– C'est trop cher pour moi. Vous avez ces baskets marron en 39?
– Non, je suis désolé, mademoiselle, mais nous avons ces baskets noires et blanches, à 35 euros.
– Ah, non, merci. C'est des baskets marron que je cherche.

Answers
1 e 53€, c 38€
2 f 62€, a 44€
3 b 75€, d 35€

Expo-langue: adjective agreement (colours)

Use this grammar box to review adjectives of colour before students do exercise 9. There is more information on p. 206 of the Student Book.

9 À deux. Adaptez le dialogue de l'exercice 6 et présentez-le (de mémoire, si possible).

Speaking. In pairs: students do their own version of the dialogue in exercise 6, changing the details. Once they feel confident, they should aim to do the dialogue together without looking at the book or at notes. A grid showing different items of clothing is supplied for support.

10 Écrivez un paragraphe sur ce que vous portez le soir et le week-end.

Writing. Students write a paragraph on what they wear in the evening and at the weekend. Some sample sentence openings are supplied for support. Encourage them to look up words not covered on the spread in the **Vocabulaire** or a dictionary and to use adjectives and intensifiers to add interest to their texts.

Plenary

Write up the following:

orange, rouge, bleu, blanc, jaune, vert, noir, gris, marron, rose

Ask students to use these words to make lists as follows:

- adjectives which don't have a different plural form (**orange, gris, marron**)
- adjectives which change pronunciation in the feminine form (**blanc/blanche, vert/verte, gris/grise**)
- adjectives which have four different written forms (**bleu, blanc, vert, noir**)
- adjectives which come before the noun (*none of them*)

Cahier d'exercices, page 34

1

Answers
des tomates
du pain
des raisins
des pommes
du jambon
du fromage
de l'eau minérale
des œufs
des bananes
des fraises
de la salade
des pêches
des tomates
du jus d'orange

4

1 On ira au festival de rock!

(Student Book pages 70–71)

Main topics and objectives
- Making plans
- Using the future tens

Grammar
- Future tense (regular and irregular)

Key language
J'achèterai (les billets).
Je ferai (la cuisine).
Tu regarderas …
On dormira (dans une tente).
On ira …
On arrivera …
On portera (des bottes).
On prendra (le train).
Vous ferez (les courses).
Ce sera chouette!
du cidre
du pâté
du riz
du saucisson
de la bière
de la moutarde
de l'huile (f) d'olive
des champignons (m)
des framboises (f)
des haricots (m) verts
des pâtes (f)
des saucisses (f)

Resources
CD2, tracks 19–21
Cahier d'exercices, page 35
Grammaire p. 224

Starter 1

Aim
⭐ To work out how the future tense is formed.

Make sure Student Books are closed. Write up the verbs below. Give students three minutes working in pairs to use the verbs to answer the following questions:

1 How is the future tense stem for **-er**, **-ir** and **-re** verbs formed?
2 Which verbs have irregular future tense stems?
3 What are the future tense endings? (for **je**, **tu**, etc.)

Future tense verbs
on dormira
je ferai
ils porteront
nous prendrons
je mangerai
Elle ira en Espagne.
tu regarderas
vous attendrez
Ce sera affreux!

1 Lucy et ses copains vont au festival de rock. Mettez ces phrases dans l'ordre dans lequel vous les entendez.

Listening. Students listen to Lucy and her friends planning a trip to a rock festival. They put the French expressions shown (**a–j**) in the order they are mentioned in the conversation.

Audioscript 🎵 19

– Bon, c'est décidé. On ira au festival de rock le week-end prochain.
– D'accord, Lucy, mais on n'a pas de billets …
– Pas de problème. J'achèterai les billets sur l'Internet.
– Oui, mais … comment est-ce qu'on ira au festival?
– On prendra le train. Nadia, tu regarderas l'horaire des trains. D'accord?
– D'accord. Je regarderai l'horaire.
– On mangera dans le train?
– Oui, on fera un pique-nique.
– D'accord, mais qui fera les courses?
– Afram et Camille, vous ferez les courses. OK?
– Euh … bof … OK.
– Et le soir? Qu'est-ce qu'on mangera le soir?
– Simon, tu feras la cuisine. D'accord?
– D'accord, je ferai la cuisine. Un barbecue, ça ira?
– Oui, ça ira.
– Et où est-ce qu'on dormira?
– On dormira dans une tente. Je prendrai la tente de mon frère.
– On arrivera quand?
– On arrivera vendredi après-midi. On trouvera un emplacement pour la tente et on ira au premier concert.
– C'est quoi, le premier concert?
– C'est Black Death.
– Black Death! Ce sera chouette!
– Oui. Et on portera des bottes, n'est-ce pas?! Il ne fera pas beau!

Answers
g, f, d, h, e, b, a, j, i, c

Expo-langue: the future tense

Use this grammar box to focus on the future tense. You may also want to point out that verbs like **acheter** take an accent in the stem in the future tense (**achèterai**, etc.). There is more information on p. 224 of the Student Book.

2 Réécoutez et répondez aux questions. Choisissez les réponses dans la case.

Listening. Students listen to the recording in exercise 1 again and answer the questions by identifying who is being described each time. The answers are supplied in jumbled order for support.

4 Allons-y! 1 On ira au festival de rock!

Audioscript 20

As for exercise 1.

Answers

1 tout le monde 2 Lucy 3 Nadia 4 tout le monde
5 Afram et Camille 6 Simon 7 tout le monde
8 tout le monde

Starter 2

Aim
To revise the future tense. To revise unit vocabulary.

Write up the following prompts in English. Give students three minutes to translate them into French. If necessary, review how the future tense is formed first.

He'll go to the rock festival.
We'll take the train.
I'll do the shopping.
They'll sleep in a tent.
Will you do the cooking?

(*Answers*:
Il ira au festival de rock.
On prendra le train./Nous prendrons le train.
Je ferai les courses.
Ils dormiront dans une tente.
Tu feras la cuisine?/Est-ce que tu feras la cuisine?/Feras-tu la cuisine?)

3 À deux. Imaginez que vous allez au festival. Faites un dialogue.

Speaking. In pairs: students imagine that they are going to a rock festival and make up a dialogue in which they discuss arrangements. A sample exchange with picture prompts is supplied for support. Draw their attention to the tip box reminding them to think carefully about future tense endings.

4 Imaginez que vous décidez de faire un pique-nique sur la plage avec un groupe de copains. Écrivez un e-mail pour organiser ce que tout le monde fera.

Writing. Students imagine they have decided to have a picnic on the beach with a group of friends and write an e-mail organising what everyone has to do. A sample opening is supplied for support.

5 Copiez le bon mot pour chaque numéro. Utilisez un dictionnaire si nécessaire.

Reading. Students identify the pictured food items, using the list supplied. They should be able to remember much of this vocabulary from earlier years, but they can use a dictionary if they are stuck.

Answers

1 du cidre
2 des pâtes
3 du riz
4 des champignons
5 des saucisses
6 une baguette
7 des haricots verts
8 du pâté
9 des framboises
10 du saucisson
11 de la moutarde
12 de la bière
13 de l'huile d'olive

6 Écoutez Farida et Nicolas. Qu'est-ce qu'ils achèteront pour le barbecue? Copiez et complétez la grille en français.

Listening. Students copy out the grid. They listen to Farida and Nicolas discussing what they will buy for the barbecue and complete the grid with the details. Draw students' attention to the tip box on listening carefully in order to distinguish confusable items like **saucisse/saucisson** and **pâté/pâtes**.

Audioscript 21

– Bon, alors, qu'est-ce qu'on achètera pour le barbecue?
– On mangera des hot-dogs, d'accord? J'achèterai des saucisses.
– Combien de saucisses? Un kilo?
– Oui, un kilo. Ce sera assez. J'irai à la boucherie.
– Et de la moutarde pour aller avec ça.
– Un pot de moutarde …
– Et moi, j'irai à la boulangerie. J'achèterai le pain pour les hot-dogs.
– D'accord. Tu achèteras quatre baguettes. OK?
– Pourquoi quatre? C'est beaucoup, ça!
– Oui, mais on fera des sandwichs aussi.
– D'accord. Qu'est-ce qu'on mettra dans les sandwichs?
– Euh … du pâté? Du saucisson?
– D'accord. Tu iras à la charcuterie?
– OK. J'achèterai 300 grammes de pâté et dix tranches de saucisson.
– Alors, 300 grammes de pâté et dix tranches de saucisson …
– Et je préparerai aussi des salades. Une salade de riz et une salade de pâtes. D'accord?
– D'accord. J'achèterai un paquet de riz et un paquet de pâtes au supermarché … Tu peux aller au marché et acheter des champignons et des haricots verts pour les salades, s'il te plaît?
– Combien? Deux cents grammes de chaque?

4 Allons-y! / On ira au festival de rock!

– Oui, deux cents grammes de champignons et deux cents grammes de haricots verts. Et moi, j'achèterai une bouteille d'huile d'olive pour la sauce vinaigrette.
– Une bouteille d'huile d'olive.
– Et qu'est-ce qu'on mangera comme dessert? Une tarte aux fruits?
– Bonne idée. J'achèterai des framboises et je ferai une tarte aux framboises.
– Miam-miam! Délicieux. Combien de framboises? Cinq cents grammes?
– Oui, cinq cents grammes, ça ira. Et comme boisson? De la bière et du cidre?
– D'accord. J'achèterai six bouteilles de bière et un litre de cidre au supermarché. C'est tout?
– Oui, je crois que c'est tout. Allons-y!

Answers

choses à acheter	quantité
saucisses	1 kilo
moutarde	1 pot
baguettes	4
pâté	300g
saucisson	10 tranches
riz	1 paquet
pâtes	1 paquet
champignons	200g
haricots verts	200g
huile d'olive	1 bouteille
framboises	500g
bière	6 bouteilles
cidre	1 litre

7 Imaginez que vous préparez une fête. Qu'est-ce que vous mangerez? Qu'est-ce que vous achèterez et où? Mentionnez aussi les quantités.

Speaking. Students work in pairs, imagine they are organising a party and discuss what they will eat/what they will buy and where, including details of the quantities. Key verbs in the future tense are supplied for support.

Plenary

Ask students to summarise how the future tense is formed.

Play a chain game to revise the future. Go round the class. Each student in turn says what he/she will do in preparation for going to a rock festival. If they can't think of anything to say, they stand up. Continue the game with the students still sitting down. Every so often, change the subject pronoun, so students need to come up with different future tense forms. Last person sitting is the winner.

Cahier d'exercices, page 35

1

Answers

prendra
viendrai
dormira
achèterai
fera
regarderai
arrivera
portera
fera
sera

2

Answers

Correct sentences: 1, 2, 5, 7

3

Answers

Pupil's own answers

4 2 Bon voyage!

(Student Book pages 72–73)

Main topics and objectives
- Making travel arrangements
- More on être with the perfect tense

Grammar
- The perfect tense (verbs which take être)

Key language
un aller simple/aller-retour
première/deuxième classe
Le train arrive à quelle heure?
Est-ce qu'il faut changer de train?
Le train part de quel quai?
les bagages (m)
les objets trouvés (m)
J'ai perdu …

Resources
CD2, track 22
Cahier d'exercices, page 36
Grammaire p. 210

Starter 1

Aim
To revise the vocabulary for transport.

Write up the following places and ask students to write a sentence saying how you could go to each place using **on pourrait** and the appropriate means of transport.

1 à Bruges pour le week-end (**On pourrait y aller en train/en avion/par le tunnel**)
2 à Melbourne pour les vacances (**… en avion**)
3 au centre-ville pour faire du lèche-vitrines (**… en voiture/en bus/en tram**)
4 à Barcelone pour un concert (**… en avion/en car**)
5 chez mon copain/ma copine (**… à pied/en vélo/en bus/en train/en voiture**)
6 dans le peloton du Tour de France (**en vélo**)

1 Léna et Karim vont à Bordeaux pour une fête sur la plage. Écoutez et notez les phrases dans l'ordre du dialogue.

Listening. Students listen to the conversation between Léna and Karim, who are talking about their trip to Bordeaux. They note the phrases listed in the order they are heard on the recording.

Audioscript 22

– Alors, pour la fête sur la plage … On va à Bordeaux en train?
– Oui, on y va en train.
– As-tu regardé l'horaire des trains?
– Oui, j'ai cherché sur Internet et j'ai trouvé les heures et les prix. Il y a un train toutes les heures le samedi … Il y en a un qui arrive à Bordeaux juste après 13 heures.
– Le train part à quelle heure, alors?
– Euh … Il part à 11 heures 25.
– Et il arrive à Bordeaux à quelle heure?
– Il arrive à 13 heures 05.
– Ça va. Si la fête commence à 14h, on a plein de temps. Mais est-ce qu'il faut changer de train?
– Non, c'est un train direct.
– C'est parfait, alors. Le train part de quel quai?
– D'habitude, c'est le quai numéro huit pour Bordeaux, mais on peut vérifier en arrivant à la gare.
– Et ça coûte combien, les billets?
– Un aller-retour, c'est 17 euros.
– Ouf! C'est un peu cher, ça.
– Oui, mais c'est moins cher avec la carte d'étudiant.
– D'accord, ça va. Tu crois qu'il faut acheter les billets à l'avance?
– Ah oui, je crois qu'il faut.
– OK, je vais aller à la gare demain. Je vais acheter deux allers-retours pour Bordeaux, deuxième classe, dans le train de 11 heures 25.
– Oui, c'est ça. Merci.

Answers
f, d, b, c, h, i, a, g, e

2 Trouvez l'équivalent en français dans l'exercice 1.

Reading. Students match the ten English expressions listed (1–10) with the appropriate French phrase in exercise 1 (from a–j).

Answers
1 e 2 g 3 c 4 h 5 a 6 d 7 i 8 f 9 b

3 À deux. Complétez la conversation au guichet en utilisant des phrases dans l'exercice 1.

Speaking. In pairs: students complete the gap-fill dialogue set at the ticket desk in the station, using the phrases in exercise 1. (Not all of the phrases are used.)

4 Refaites le dialogue en utilisant les détails ci-dessous.

Speaking. In pairs: students make up three dialogues of their own using the prompts supplied.

89

4 Allons-y! 2 Bon voyage!

R Students write out their own version of a dialogue at the ticket desk.

Starter 2

Aim
To consolidate how the perfect tense is formed. To encourage students to use reference resources to check their work.

Write up the following verbs:
aller, finir, attendre, venir, faire, se lever, lire, écrire, essayer

Give students two minutes to write out the *je* form of each verb in the perfect tense, using the correct auxiliary. When they have finished, they swap and check their partner's answers using the verb tables in the Grammar section of the book.

5 Reliez les phrases aux panneaux de la gare SNCF. Utilisez un dictionnaire si nécessaire.

Reading. Students match each sentence to the appropriate SNCF sign, using a dictionary if they need to.

Answers
1 f 2 c 3 b 4 h 5 a 6 e 7 d 8 g

Expo-langue: the perfect tense – verbs with *être*

Use this grammar box to review key verbs taking **être** in the perfect tense before students do exercise 6. There is more information on p. 210 of the Student Book.

6 Imaginez que vous avez pris le train pour aller à Paris avec un groupe d'amis. Décrivez le voyage.

Writing. Students imagine that they have taken the train to Paris with a group of friends and describe the trip. A list of details and sample language they could include is supplied for support.

Plenary

Ask students to tell you how the perfect tense is formed, covering details of the auxiliaries and the past participle.

Then give a range of verbs in the infinitive as prompts, mixing up **avoir** and **être** verbs, including reflexives. Students respond **avoir** or **être** according to which auxiliary each verb takes in the perfect tense.

Cahier d'exercices, page 36

2

Answers
bénéficier – to benefit
petits prix – cheap prices
disponible – available
trajets – journeys
échangeable – exchangeable
remboursable – refundable
en ligne – online
gratuitement – free
imprimer – to print
souhaitez-vous – Do you want
au meilleur prix – at the best price

3

Answers
1 The 'Tarif Prem' is a discounted ticket when you book in advance.
2 The earlier you book, the less you pay.
3 It's also available for travel abroad.
4 The ticket is non-exchangeable and non-refundable.
5 You buy the tickets online.
6 You can print them or receive them free by post.

3 Ça me va?

(Student Book pages 74–75)

Main topics and objectives
- Talking about buying clothes
- Using ce, lequel, celui, etc.

Grammar
- Adjectives
  - ce (cet), cette, ces
- Pronouns
  - lequel/laquelle/lesquels/lesquelles
  - celui-ci/-là, celle-ci/-là, ceux-ci/-là, celles-ci/-là
- The conditional (j'aimerais, je préférerais, je voudrais + the infinitive)

Key language
Le blouson est trop large.
Le manteau est trop court.
La ceinture est trop longue.
La cravate est démodée.
Les gants sont un peu serrés.
un chapeau
un imper(méable)
un maillot de bain
une casquette
des chaussettes (f)
en coton/cuir/laine
Je peux l'/les essayer?

Resources
CD2, tracks 23–25
Cahier d'exercices, page 37
Grammaire p. 224, p. 227

Starter 1

Aim
To revise/introduce adjectives for describing clothes. To practise using context to work out new vocabulary.

Write up the following and tell students the list consists of ten pairs of opposites. Say also that these are all the same type of word grammatically and all used in the same context. Ask students to match the pairs and to translate them into English.

court, démodé, large, grand, bon marché, serré, long, cher, dernier cri, petit

(**court/long** – short/long; **démodé/dernier cri** – old-fashioned/trendy; **large/serré** – baggy/tight; **grand/petit** – big/small; **bon marché/cher** – cheap/expensive)

When checking answers, ask students to tell you how they worked the words out.

1 Écoutez. Qu'est-ce qu'on veut acheter et quel est le problème? Notez les *deux* bonnes lettres et les *deux* problèmes pour chaque dialogue. (1–5)

Listening. Students listen to the five conversations to find out what each person wants to buy and what the problem is with the item. For each they need to note two pictures (from **a–j**) and two phrases from those listed.

Audioscript 23

1. – Alors, tu l'as achetée, la cravate?
   – Non, parce qu'elle est beaucoup trop chère. Trente euros pour une cravate! C'est ridicule, non?
   – Oui, un peu. Alors, tu vas acheter quelque chose pour les vacances au Portugal?
   – Quoi, par exemple?
   – Il te faut une casquette pour porter à la plage. Regarde. Tu aimes celle-là?
   – Laquelle?
   – Celle-là, la casquette bleue.
   – Hm. J'aime bien la couleur, mais elle est un peu trop petite pour moi.
   – D'accord, viens. On va chercher ailleurs.

2. – Je peux vous aider, monsieur?
   – Je voudrais un blouson en cuir, s'il vous plaît. Noir ou marron.
   – Nous avons celui-ci, monsieur. Vous voulez l'essayer?
   – Il est de quelle taille?
   – Euh … taille 46, monsieur. Ça vous va?
   – Non, il est trop serré. Avez-vous quelque chose de plus grand?
   – Ah, non, monsieur. Je regrette, c'est tout ce qu'on a comme blousons en cuir.
   – C'est dommage. … Mais j'aime bien cet imperméable.
   – Lequel, monsieur? Celui-ci?
   – Oui, celui-là. Je peux l'essayer, s'il vous plaît?
   – Bien sûr, monsieur. Les cabines d'essayage sont au fond à droite.
   – Ça va, je peux l'essayer ici.
   – Il vous va très bien, monsieur.
   – Oui, mais il est un peu trop court. Je préférerais un imper plus long.

3. – Bon, il me faut un nouveau maillot de bain pour aller en Espagne. Que penses-tu de ceux-là?
   – Lesquels? Ceux-ci?
   – Oui. Tu les aimes?
   – Non, pas beaucoup. Je les trouve un peu démodés.
   – Tu as peut-être raison. Je vais regarder les maillots au Printemps. Et ce chapeau? Comment tu le trouves?
   – Il est joli, le chapeau. Tu veux l'essayer?
   – Oui, … Ah, non, il est trop grand. Je vais demander s'ils ont quelque chose de plus petit.
   – D'accord. Je t'attends ici.

4. – Tu as vu les belles chaussettes là-bas?
   – Lesquelles? Les rouges ou les jaunes?
   – Celles-là, les rouges. Tu en veux une paire?

91

4 Allons-y! 3 Ça me va?

– Ah, non, elles sont un peu trop courtes. Je voudrais de longues chaussettes pour l'hiver, tu sais?
– D'accord. Tu veux regarder autre chose?
– Hm. J'aimerais bien m'acheter un nouveau manteau. Les manteaux là-bas sont bien. Je vais en essayer un.
– OK, mais dépêche-toi. Je suis fatiguée.
– Hmm, celui-ci est un peu trop large pour moi. Je préférerais quelque chose d'un peu plus serré.
– OK. C'est fini avec les courses maintenant? On peut aller boire un café?

5 – Bonjour, j'aimerais une paire de gants, s'il vous plaît.
– Oui, madame, Nous avons ceux-ci en laine, si vous voulez.
– J'aime bien les noirs. Je peux les essayer, s'il vous plaît?
– Bien sûr, madame. Les voilà.
– Ah, ils sont un peu petits. Vous avez quelque chose de plus grand?
– Oui, voici une paire un peu plus grande. Ça vous va?
– Ah, oui, c'est parfait. Je les prends.
– Vous prenez cette ceinture aussi, madame?
– Non, merci, elle est un peu trop chère pour moi. En tout cas, je préférerais une couleur différente. Avez-vous des ceintures blanches ou grises, s'il vous plaît?
– Attendez un moment, s'il vous plaît. Je vais regarder.

Answers
1 e – trop chère b – un peu trop petite
2 a – trop serré h – trop court
3 i – un peu démodé d – trop grand
4 f – trop courtes j – trop large
5 g – un peu petit c – un peu trop chère

Expo-langue: *ce, lequel?, celui-ci*, etc.

Use this grammar box to introduce all the forms of the demonstrative adjective **ce**, the interrogative pronoun **lequel** and the demonstrative pronoun **celui-ci** before students do exercise 2. There is more information on p. 227 of the Student Book.

R Students take it in turn to prompt and to respond. The first student prompts with the correct form of **ce** plus an item of clothing (e.g. **ce manteau**). The second responds with one of the corresponding forms of the demonstrative pronoun (e.g. **celui-ci/celui-là**).

2 À deux. Complétez le dialogue dans le magasin de vêtements. Utilisez les idées ci-dessous ou vos propres idées.

Speaking. In pairs: students use the dialogue framework supplied to create their own dialogue set in a clothes shop. They can use the ideas given or their own.

The sound **-ui**, practised in exercise 3.

3 Écoutez et répétez aussi vite que possible!

Listening. Students listen to the recording and, imitating the recorded model as closely as they can, say the phrase **Oui, celui en cuir gris est pour lui** over and over as quickly as possible.

Audioscript 24

Oui, celui en cuir gris est pour lui.

Starter 2

Aim
To consolidate using **ce** (etc.), **lequel?** (etc.), **celui-ci** (etc.) and **celui-là** (etc.).

Write up the following grid and ask students working in pairs to complete it.

	singular		plural	
	masculine	feminine	masculine	feminine
this/those		cette	ces	
		lequel?		lesquelles?
this/these one(s)			ceux-ci	
that/those one(s)	celui-là			

Expo-langue: the conditional

Use this grammar box to focus on the conditional before students do exercise 4. It covers the key forms **je voudrais, j'aimerais** and **je préférerais**. You might also want to point out **vous voudriez** in the rubric to exercise 4. There is more information on p. 224 of the Student Book.

4 Imaginez que vous êtes très riche et que vous avez un 'personal shopper'. Laissez un mot pour lui dire quels vêtements vous voudriez.

Writing. Students imagine they are very rich and have a personal shopper. They write a note to tell him/her what clothes they would like purchased. A sample answer is supplied. Encourage students to use their imagination.

Students could research other vocabulary to do with shopping on the internet, by looking at the website for a large French department store,

4 Allons-y! 3 Ça me va?

such as Galeries Lafayette or Printemps. Ask them to identify and note down ten new words or phrases and to look these up in a dictionary.

5 Lisez le guide du grand magasin et le texte dans les bulles. C'est à quel étage?

Reading. Students read the store guide and the ten speech bubbles and identify the floor that each person needs to go to.

Answers

1 2ème étage	2 rez-de-chaussée	3 4ème étage
4 sous-sol	5 4ème étage	6 sous-sol	7 1er étage
8 3ème étage	9 2ème étage	10 sous-sol

6 Écoutez. C'est la bonne direction? Répondez par oui ou non. (1-7)

Listening. Students listen to the seven conversations. Using the store guide, they decide whether each person is given the correct information or not, using **oui** or **non**.

Audioscript 25

1. – Excusez-moi. Je cherche une bouteille de parfum pour ma femme. Ça se vend ici?
   – Oui, monsieur. La parfumerie est au sous-sol. Prenez l'escalier là-bas.
   – Merci, madame.
2. – Je peux vous aider, madame?
   – J'aimerais acheter Les Choristes en DVD. Où faut-il aller pour ça?
   – Il faut aller au rayon audiovisuel, madame. Ça se trouve au deuxième étage.
   – Merci beaucoup.
   – De rien.
3. – Pardon. On aimerait voir des canapés et des fauteuils. C'est à quel étage?
   – Les meubles sont au troisième étage, monsieur. Vous pouvez prendre l'ascenseur là-bas, si vous voulez.
4. – Vous cherchez quelque chose, madame?
   – Où se trouve le rayon des fruits et légumes, s'il vous plaît?
   – Tous nos rayons alimentation sont au rez-de-chaussée, madame.
   – Ah, bon? Merci bien.
5. – Excusez-moi. Il me faut acheter un nouveau frigo. Ça se trouve où dans le magasin, s'il vous plaît?
   – Ça se trouve au rayon électroménager, monsieur.
   – C'est à quel étage, s'il vous plaît?
   – Il faut prendre l'ascenseur jusqu'au quatrième étage.
   – Au quatrième étage? Bon, merci.
6. – Pardon. Je voudrais acheter des chaussures pour mon petit garçon. C'est au deuxième étage?
   – Non, madame. Les vêtements pour enfants sont au premier étage, à côté du rayon hommes.
   – D'accord. Merci beaucoup.
   – De rien, madame.
7. – Je peux vous aider, madame?
   – Je voudrais acheter des boucles d'oreilles pour aller avec cette robe. On vend des bijoux ici?
   – Oui, bien sûr, madame. Notre bijouterie est au premier étage, tout près des vêtements pour femmes.
   – Très bien. Merci de votre aide.
   – De rien, madame.

Answers

1 oui   2 non   3 non   4 oui   5 oui   6 non   7 oui

Plenary

Ask students to summarise the three ways of referring to items covered in this unit (the forms of **ce** + noun, the question form **lequel?** (etc.) and the forms of the pronouns **celui-ci/-là**).

Put the class into teams. Then prompt each team in turn (e.g. this skirt *or* that jacket) for them to respond with the appropriate demonstrative pronoun (e.g. **celle-ci** *or* **celui-là**).

Cahier d'exercices, page 37

1

Answers

1 Je voudrais acheter un manteau en laine, pas trop serré.
2 Il me faut un nouvel ordinateur. C'est à quel étage ?
3 J'aimerais acheter une ceinture en cuir, mais pas trop large.
4 Je voudrais une nouvelle casquette. Comme marque, je préférerais Roxy.
5 J'aimerais acheter un blouson noir pas trop cher.
6 Ma mère m'a demandé d'acheter une petite bouteille de parfum.
7 Mon mari veut acheter des gants en cuir.
8 J'ai besoin d'un nouveau maillot de bain pour mes vacances d'été.

2

Answers

Pupil's own answers

4 C'est la fête!

(Student Book pages 76–77)

Main topics and objectives
- Describing special occasions
- Imperfect tense of **avoir** and **être**

Grammar
- Imperfect tense for descriptions (**avoir**/**être**)

Key language
On a fait une grande fête.
On a dansé.
J'ai reçu beaucoup de cadeaux.
On a fait un pique-nique.
Il y avait des feux d'artifice.
On a fêté Noël en famille.
On s'est offert des cadeaux.
On a mangé le grand repas traditionnel.

L'année prochaine, je vais …
avoir un scooter
y retourner
aller chez mon oncle

Resources
CD2, tracks 26–27
Cahier d'exercices, page 38
Grammaire p. 212

Starter 1

Aim
To practise identifying tenses. To work out one of the uses of the imperfect tense.

★ Ask students in pairs to read the third text in exercise 1, p. 76 (beginning **L'année dernière** …) and to list and identify all the verb tenses used.

When checking answers, ask students why each tense was used in the context it appeared.

Point out to students that this use of tenses is a good model to follow in their own writing and speaking, as reference to the past, present and future using the appropriate tenses is essential to gain the highest marks in the exam.

1 Écoutez et lisez les textes. (1–3)

Listening. Students listen to three people describing different celebrations and read the text at the same time.

Audioscript 26

1 La semaine dernière, c'était mon anniversaire. J'ai eu quinze ans, donc samedi soir, on a fait une grande fête chez nous et j'ai invité une trentaine de mes copains. Mes parents étaient un peu nerveux, mais ça s'est bien passé. J'ai reçu beaucoup de cadeaux et il y avait aussi un délicieux gâteau d'anniversaire. Une copine qui est DJ a apporté ses CD et on a dansé jusqu'à minuit. C'était extra! Une de nos voisines n'était pas très contente du bruit, mais on s'est bien amusés quand même. L'année prochaine, je vais fêter mes seize ans et je vais avoir un scooter!

2 Il y a deux ans, j'étais à Nice pour la fête nationale, le quatorze juillet. Nous étions là en vacances, ma famille et moi, et il y avait beaucoup de monde, puisque c'est un jour de congé en France. Il y avait un grand défilé tout le long de la Promenade des Anglais. C'était assez drôle parce que tout le monde était déguisé en clown, en animal, etc. Après, il y avait un bal en plein air. Le soir, il n'y avait pas de place dans les restaurants, donc on a fait un pique-nique sur la plage, en regardant les magnifiques feux d'artifice, ce qui était bien agréable. Je vais y retourner avec mon frère l'année prochaine.

3 L'année dernière, comme d'habitude, on a fêté Noël en famille. La veille de Noël, on s'est offert des cadeaux et, puisqu'on est catholiques, ma mère est allée à la messe de minuit avec mes grands-parents. Moi, j'étais trop fatigué pour ça et j'avais un peu mal à la tête, donc je me suis couché de bonne heure. Puis, le jour de Noël, on a mangé le grand repas traditionnel: il y avait des huîtres, du foie gras, de la dinde et comme dessert, la bûche de Noël. C'était délicieux. Mais cette année, on va faire quelque chose de différent à Noël. On va aller chez mon oncle au Québec! C'est génial, non?

Expo-langue: the imperfect for descriptions (*avoir/être*)

Use this grammar box to review using the imperfect for descriptions in the past. The full paradigms of **avoir** and **être** are given and the imperfect of **il y a** (**il y avait**).

2 Traduisez en anglais les mots et les phrases en bleu dans le texte. Utilisez un dictionnaire, si nécessaire.

Reading. Students translate the words and phrases which appear in blue in the texts in exercise 1. They can use a dictionary if necessary, but encourage them first of all to try and work the words out using the various strategies they know: the tip box at the bottom of the page suggests using the context of the material and logic to help you.

4 Allons-y! 4 C'est la fête!

Answers

- **une trentaine** – around 30
- **ça s'est bien passé** – it went really well
- **J'ai reçu beaucoup de cadeaux** – I got lots of presents
- **jusqu'à minuit** – until midnight
- **n'était pas très contente du bruit** – (she) wasn't very happy about the noise
- **on s'est bien amusés** – we really enjoyed ourselves
- **un scooter** – a moped
- **il y avait beaucoup de monde** – there were lots of people
- **un jour de congé** – a (public) holiday
- **un grand défilé** – a big/long procession
- **C'était assez drôle** – It was quite funny
- **un bal** – a dance/ball
- **les feux d'artifice** – the fireworks
- **agréable** – pleasant
- **on a fêté** – we celebrated
- **La veille de Noël** – Christmas Eve
- **on s'est offert** – we exchanged/gave each other
- **la messe de minuit** – Midnight mass
- **des huîtres** – (some) oysters
- **du foie gras** – (some) foie gras (paté)
- **de la dinde** – (some) turkey
- **la bûche de Noël** – Yule log

Starter 2

Aim
To consolidate the imperfect tense of **avoir** and **être**.

In pairs: students test each other on the imperfect tense of **avoir** and **être**, taking it in turn to prompt and respond. Only the student prompting has his/her Student Book open. Model an exchange: **avoir/nous – nous avions**.

3 Relisez les textes. Écrivez V (Vrai), F (Faux) ou ? (pas mentionné) à côté de chaque phrase.

Reading. Students reread the texts in exercise 1. They then read the ten statements on the texts and decide whether each is true or false or not mentioned in the text.

Answers

1 F 2 ? 3 V 4 F 5 V 6 ? 7 F 8 V 9 ? 10 V

➕ Students could research some French festivals, summarising when and how they are celebrated, such as Epiphany, Easter, Toussaint, etc.

4 Écoutez et complétez les phrases. (1–3)

Listening. Students listen to three people talking about special occasions and complete the three gap-fill sentences for each.

Audioscript 27

– Thierry, quelle est ta fête préférée et pourquoi?
– Je crois que ma fête préférée, c'est le quatorze juillet. Moi, j'habite dans un petit village en Bretagne et tous les ans, pour la fête nationale, il y a une fête de campagne. Je l'aime bien comme fête parce que j'y vais avec mes copains et on peut se coucher plus tard que d'habitude.
– Qu'est-ce qu'on fait pour la fête?
– Beaucoup des habitants du village s'habillent en costume breton traditionnel, surtout les gens plus âgés. On mange des crêpes, on boit du cidre et le soir, il y a un bal folklorique. Tout le monde danse et on s'amuse bien jusqu'à une heure ou deux heures du matin!
– Laure, comment vas-tu fêter Noël cette année?
– Bof, on va faire la même chose que tous les ans. C'est-à-dire qu'on va aller chez ma grand-mère, qui habite à Toulouse. On va y arriver vers la fin de l'après-midi la veille de Noël et on va y rester deux ou trois jours.
– Qu'est-ce que vous allez faire là-bas?
– On va s'offrir des cadeaux, bien sûr. Je vais acheter des chocolats pour ma grand-mère parce qu'elle adore ça. Puis, le jour de Noël, on va manger le repas de Noël traditionnel: de la dinde et une bûche de Noël que mon père, qui est pâtissier, va préparer. C'est toujours pareil, mais c'est agréable quand même.
– Arthur, qu'est-ce que tu as fait pour fêter ton dernier anniversaire?
– C'était chouette parce que j'ai eu seize ans et mes parents m'ont donné la permission de sortir avec mes copains. D'abord, on est allés au bowling et après, on a mangé au McDonald. Ensuite, on est allés en boîte et on a dansé jusqu'à minuit. Il y avait trop de monde et on avait très chaud, mais c'était marrant. Je suis rentré vers une heure du matin et j'étais très fatigué.
– Qu'est-ce que tu as reçu comme cadeau d'anniversaire?
– J'étais très content parce que j'ai reçu une chaîne hi-fi de mes parents et mon frère m'a offert un jeu d'ordinateur.

4 Allons-y! 4 C'est la fête!

Answers

Thierry

a Le quatorze juillet, il y a **une fête** dans son **village** en Bretagne.

b Ce soir-là, Thierry et ses **copains** peuvent **se coucher** plus tard que d'habitude.

c On **mange** des crêpes, **on boit** du cidre et tout le monde **danse**.

Laure

d À Noël, elle va aller chez **sa grand-mère**, qui **habite** à Toulouse.

e Comme **cadeau**, Laure va acheter **des chocolats** pour sa grand-mère.

f On va manger de **la dinde** et le père de Laure, qui est pâtissier, va préparer une **bûche**.

Arthur

g Pour fêter **son anniversaire**, d'abord, il est allé au **bowling** avec **ses copains**.

h Le soir, en boîte **il y avait** trop de monde et **ils avaient** très chaud, mais c'était **marrant**.

i Arthur a **reçu** une chaîne hi-fi de ses parents et un **jeu d'ordinateur** de son frère.

5 Vidéoconférence. Préparez vos réponses aux questions suivantes.

Speaking. Students imagine that they are going to have a videoconference with students at a French school. They prepare their replies to the questions supplied (on the topic of celebrating birthdays/other special occasions in the past). As before, suggest students work out what they want to say and then produce a short list of key words as a reminder when they are speaking.

See p. 19 of this book for suggestions on actually linking up with a partner school in France to exchange information.

6 À deux. Interviewez votre partenaire. Si possible, enregistrez la conversation.

Speaking. In pairs: students interview each other as though doing a videoconference. If possible, allow them to record their conversations and play them back. They should comment constructively on each other's performance.

7 Décrivez une fête ou une occasion spéciale. Écrivez au présent, au passé composé, à l'imparfait et au futur proche.

Writing. Students write a description of a special occasion, such as a birthday or Christmas, etc. Before they start, ask them to think about how they are going to work in examples of four tenses: the present, the perfect, the imperfect and the near future. Encourage them to look back at the unit for ideas.

Plenary

Ask students to tell you how the imperfect was used in this unit. (for descriptions) Then go round the class asking students each to give you a sentence about a party using a verb in the imperfect (e.g. **il y avait, j'avais, j'étais, c'était**, etc.). Ask the class to feedback on each sentence – a thumbs up if the imperfect has been used correctly; a thumbs down if not.

Cahier d'exercices, page 38

1

Answers

1 e 2 f 3 a 4 g 5 c 6 i 7 h 8 d 9 b

2

Answers

Pupil's own answers

4　5 À la mode

(Student Book pages 78–79)

Main topics and objectives
- Talking about fashion
- Using the present, perfect and imperfect

Grammar
- Using a range of tenses (present, perfect, imperfect)

Key language
des magazines (m) de mode
des vêtements (m) de marque
ça coûte cher
les dernières baskets
s'habiller comme les autres/de la même manière
j'économise
je ne la suis pas à la lettre
je ne m'habillais pas à la mode
être à l'aise
un sweat à capuche
un collant
(bleu) clair
(bleu) foncé
démodé, moche
large
trouver son propre style
en solde

Resources
CD2, tracks 28–29
Cahier d'exercices, pages 39–40

Starter 1

Aim
To review when different tenses are used

Write up the following. Give students three minutes to identify which verb tense Élodie uses when talking about each of these things in French:

- what she'll wear this weekend
- her opinion on fashion
- what she wore to the last party she went to
- what she used to wear when she was young
- what she usually wears now.

Check answers, asking students to give the appropriate form of **porter** each time. (*Answers:* future **je porterai**, present (aime) **porter**, perfect **j'ai porté**, imperfect **je portais**, present **je porte**)

1 Écoutez et lisez. Au sujet de la mode, chaque personne a une attitude positive (P), négative (N) ou positive-négative (P/N)? (1–4)

Listening. Students listen to four people talking about fashion, following the text at the same time. They note whether the attitude of each person is positive (P), negative (N) or a mixture of both (P/N).

Audioscript 28

La mode est-elle importante pour toi?

1 *J'aime lire des magazines de mode et j'adore les grandes marques comme Ralph Lauren. Malheureusement, ça coûte cher et je n'ai pas beaucoup d'argent, donc je n'achète pas souvent de vêtements de marque.*

2 *La mode est importante dans mon groupe de copains: il faut s'habiller comme les autres pour être accepté. J'économise tout mon argent de poche pour acheter les dernières baskets Nike, par exemple.*

3 *La mode est complètement ridicule! Pourquoi doit-on s'habiller tous de la même manière? Si j'achète un vêtement, ce n'est pas parce qu'il est à la mode, c'est parce que j'aime ça.*

4 *J'aime la mode, mais je ne la suis pas à la lettre. Il est important de trouver ton propre style et d'être à l'aise dans tes vêtements.*

Answers
Liane **P/N**　Damien **P**　Julie **N**　Clément **P/N**

2 Qui a dit ça?

Reading. Students reread the text and then the statements in English about it. They identify which of the four people – Liane, Damien, Julie or Clément – says each statement.

Answers
1 Julie　2 Damien　3 Liane　4 Clément　5 Clément
6 Julie　7 Liane　8 Damien

3 Écoutez et complétez la grille en anglais. (1–3)

Listening. Students copy out the grid. They then listen to three people being interviewed about their attitude to fashion and complete the grid with the details in English. Some vocabulary is glossed for support.

Audioscript 29

1 – *La mode est-elle importante pour toi?*
– *Ah, oui, j'aime m'habiller à la mode. J'adore ça!*
– *Et qu'est-ce que tu portes normalement, le soir ou le week-end?*
– *Ça dépend. Si je sors avec des amis, je porte un jean de marque ou une minijupe par exemple.*
– *Quel est le dernier vêtement que tu as acheté?*
– *Euh … voyons … C'était un haut. Un haut Ralph Lauren que j'ai acheté en solde. Il est bleu clair et il me va très bien.*
– *Et qu'est-ce que tu as porté la dernière fois que tu es allée à une fête?*
– *J'ai porté une petite robe Zara très élégante.*

97

4 Allons-y! 5 À la mode

2
- *Et toi? La mode est importante pour toi aussi?*
- *Pas du tout. À mon avis, la mode est ridicule. Je n'aime pas m'habiller de la même manière que les autres.*
- *Qu'est-ce que tu portes d'habitude?*
- *J'aime être à l'aise dans mes vêtements. Normalement, je porte un pantalon large et un vieux tee-shirt ou un sweat à capuche.*
- *Quel est le dernier vêtement que tu as acheté?*
- *La dernière fois, c'était il y a deux ans! J'ai acheté une paire de chaussures noires, pour mon petit job au supermarché.*
- *Et la dernière fois que tu es allé à une fête, qu'est-ce que tu as porté?*
- *Rien de spécial. C'était la fête d'anniversaire de ma petite copine: j'ai porté ce pantalon large gris et un tee-shirt bleu foncé.*

3
- *Et toi? Est-ce que la mode est importante pour toi?*
- *Oui et non. Je lis des magazines de mode, mais je préfère trouver mon propre style.*
- *C'est quoi, ton propre style? Qu'est-ce que tu portes normalement?*
- *J'aime les couleurs fortes. Par exemple, quand je sors le week-end, je porte une jupe rouge et un collant jaune. Je porte souvent un chapeau aussi. J'ai une collection de chapeaux de toutes les couleurs!*
- *Et quel est le dernier vêtement que tu as acheté?*
- *C'était un blouson. Il est en cuir orange et il est super cool!*
- *Qu'est-ce que tu as porté la dernière fois que tu es allée à une fête?*
- *Euh ... je ne sais pas. Je vais à beaucoup de fêtes! Ah oui, bien sûr, j'ai porté mon blouson en cuir orange, un tee-shirt rose et un pantalon blanc!*

Answers

	Opinion about fashion	What (s)he normally wears	Last piece of clothing (s)he bought	What (s)he wore to the last party (s)he went to
1	Loves it	Designer jeans, mini-skirt	A light blue Ralph Lauren top	A very elegant little dress from Zara
2	Thinks it's ridiculous/ Doesn't like dressing the same as everyone else	Baggy trousers and an old T-shirt or hoodie	A pair of black shoes	Grey baggy trousers and a dark blue T-shirt
3	Mixed: reads fashion magazines, but prefers to work out her own style	A red skirt, yellow tights and a hat	A very cool orange leather jacket	An orange jacket, a pink T-shirt and white trousers

Starter 2

Aim
To review how the present, perfect and imperfect tenses are formed

Make sure Student Books are closed. Write up the following grid. Give students three minutes to complete it.

	Imperfect	Present	
			j'ai porté
fêter		je fête	
s'habiller	je m'habillais (I used to dress)		
			je me suis reposé(e)

Check answers, asking pupils to translate the verb forms into English.

4 À deux. Répondez aux questions de l'exercice 3.

Speaking. In pairs: students make up a dialogue along the lines of those in exercise 3, taking it in turn to ask and answer. The questions and openings for the answers are supplied for support. Draw students' attention to the tip box on making their responses more interesting by adding detail to their descriptions of the clothes they wear.

Expo-langue: the present, perfect and imperfect tenses

Use this grammar box to cover how the present, perfect and imperfect tenses are formed and used before students do exercise 5.

5 Lisez le blog de Nathan. Ensuite, choisissez les quatre phrases qui sont correctes.

Reading. Students read Nathan's blog, then decide which four of the eight English sentences about it are correct.

Answers
1, 4, 6, 8

6 Imaginez que vous êtes une célébrité. Écrivez un blog pour décrire votre style.

Writing. Students imagine they are a celebrity and write a blog describing their style. A list of points to cover is supplied for support.

4 Allons-y! 5 À la mode

Plenary

Ask students to summarise when the present, perfect and imperfect tenses are used and to give examples from the unit.

Give a range of contexts in English: the class respond with the tense to use in each context. You could also prompt with an appropriate verb in English each time for the class to supply the correct French version.

Cahier d'exercices, page 39

1

Answers

a tu trouves ce que tu veux
b où tu bricoles
c pour être sûr(e) de bien comprendre
d le disque dur de ton ordinateur
e ton goût
f feront des merveilles
g conseiller les clients
h l'aménagement de magasins

2

Answers

Pupil's own answers

3

Answers

(Mostly circles)
Your intuition and your taste for creating things will do wonders in the design and also in the organisation of a collection.

(Mostly squares)
You are logical and organised. A great variety of fashion training will be open to you.

(Mostly triangles)
You like contact with people and you have good intuition. You could be directed towards sales, for example advising customers, but also perhaps towards the conception of a shop layout or even take on press relations.

Cahier d'exercices, Grammaire, page 40

1

Answers

1 *Pour faire un sandwich, il faut* du pain et, par exemple, du fromage ou de la salade.
2 *Pour faire un gâteau, il faut* du beurre, de la farine, des œufs, du sucre et du lait.
3 *Pour faire du ski,* il faut acheter des lunettes du soleil, une salopette, un blouson et des gants.
4 *Pour écouter de la musique,* il faut des CDs ou un iPod.
5 *Pour aller en France,* il faut acheter un billet de train.
6 *Pour faire un cocktail de fruits,* il faut acheter beaucoup de fruits différents.
7 *Pour avoir assez de vitamines C,* il faut manger beaucoup d'oranges.
8 *Pour jouer au tennis,* il faut une raquette et des balles de tennis.

2

Answers

1
Avez-vous ces gants en rouge?
Non, mais nous avons ceux-ci en rouge et ceux-là en bleu.
J'aime bien ceux-là en rouge.
Lesquels, monsieur?
Ceux-là. Je peux les essayer?
Oui, je les prends.

2
J'ai besoin d'une ceinture.
Alors, regardez, nous avons celle-ci en cuir ou celle-là en métal.
Mmm ... je préfère celle-ci. J'aime cette ceinture aussi.
Laquelle?
Celle-ci. Oui, je la prends.

Contrôle oral: Shopping for clothes

(Student Book pages 80–81)

Topics revised
- Talking about shopping for clothes

Resources
CD5, tracks 13–16

Overview
Read through the yellow box and remind students of how this section works. They will hear a speaking controlled assessment model conversation in three parts and do exercises focused on the language used in it. These exercises, along with the advice/activities on how to improve speaking performance in ResultsPlus, will help them prepare to take part in a conversation of their own on the topic.

1 You will hear a model conversation between Jason and his French friend about going to the Fashion Emporium. Listen to the first part of the conversation and match up the parts of the sentences.

Explain to the students that they will hear a sample of the kind of conversation they are expected to have in the speaking controlled assessment. They listen to the recording and match up the sentence halves.

Audioscript 13

– Qu'est-ce qu'on va faire cet après-midi?
– Tu m'as dit que tu veux acheter des vêtements avant de rentrer en France?
– Oui. Il y a de bons magasins en ville?
– Bien sûr, et voici une annonce dans le journal. Il y a des soldes chez Fashion Emporium en ce moment.
– Le magasin vend quelle sorte de vêtements?
– On peut y acheter des vêtements de mode pour les jeunes de quatorze ans à vingt-cinq ans. L'année dernière, j'ai acheté un pantalon Armani très chic et une belle chemise pour le bal de Noël du collège. Ma petite amie y a acheté une jolie robe et une paire de sandales pour le bal. Le dernier vêtement que j'ai acheté à Fashion Emporium était un jean bleu que j'ai trouvé dans les soldes.
– Le magasin ouvre et ferme à quelle heure?
– Le magasin ouvre à neuf heures du matin et ferme à huit heures du soir. Quand veux-tu y aller?
– On pourrait y aller vendredi, si tu veux.
– Oui. Bonne idée. J'ai vraiment besoin d'un nouveau jean, alors je vais venir avec toi faire les soldes. Peut-être que je trouverai quelque chose qui me va. Et toi, qu'est-ce que tu veux acheter dans les soldes?

Answers
1 g 2 h 3 a 4 c 5 b 6 d 7 e 8 f

2 Listen again and note down some examples of where Jason uses the present tense, the perfect tense and the future tense.

Students listen to the conversation again. They write down examples of where Jason uses the present, perfect and future.

Audioscript 14
As for exercise 1.

Answers

Present
Il y a des soldes chez Fashion Emporium en ce moment.
On peut y acheter des vêtements de mode pour les jeunes de quatorze ans à vingt-cinq ans.
Le magasin ouvre à neuf heures du matin et ferme à huit heures du soir.
Quand veux-tu y aller?
J'ai vraiment besoin d'un nouveau jean, alors je vais venir avec toi faire les soldes.
Peut-être que je trouverai quelque chose qui me va.
Et toi, qu'est-ce que tu veux acheter dans les soldes?

Perfect
Tu m'as dit que tu veux acheter des vêtements avant de rentrer en France?
L'année dernière, j'ai acheté un pantalon Armani très chic et une belle chemise pour le bal de Noël du collège.
Ma petite amie y a acheté une jolie robe et une paire de sandales pour le bal.
Le dernier vêtement que j'ai acheté à Fashion Emporium était un jean bleu que j'ai trouvé dans les soldes.

Future
Oui. Bonne idée. J'ai vraiment besoin d'un nouveau jean, alors je vais venir avec toi faire les soldes. Peut-être que je trouverai quelque chose qui me va.

3 Towards the end of the first part of the conversation, Jason says he might find something that suits him. What phrase does he use to say that?

Students identify how Jason says 'I might find something that suits me' in French.

Answers
Peut-être que je trouverai quelque chose qui me va.

4 Listen to the second part of Jason's conversation and fill in the gaps.

Students now listen to the second part of Jason's conversation and complete the gap-fill version of the transcript.

4 Allons-y! Contrôle oral: Shopping for clothes

With a good class you could ask pupils to read the text and try to work out plausible answers first, then use the recording to check. Discuss whether alternative answers the students came up with could also be correct in the context.

Audioscript 15

– Moi, je voudrais un tee-shirt, un pull et une nouvelle chemise. La mode, est-ce que c'est important pour toi?
– J'aime la mode, mais **à mon avis**, c'est important de **trouver** ton propre style. Je connais **des** jeunes qui s'**habillent** tous comme les autres personnes de leur groupe pour être **acceptés** et il est essentiel pour eux d'avoir, par exemple, les **mêmes** baskets que leurs copains. C'est ridicule, ça!
– Est-ce que tu achètes des vêtements de marque?
– **Quelquefois** j'achète des tee-shirts et des baskets de marque, mais je n'ai pas beaucoup d'argent. J'ai un petit emploi dans un supermarché, mais ce n'est pas très bien payé.
– Qu'est-ce que tu as acheté récemment comme vêtements?
– Le week-end **dernier**, j'ai acheté un pantalon noir et un pull gris. Samedi soir, je **suis** allé à une fête avec ma copine et j'ai porté mes **nouveaux** vêtements avec des chaussures noires.

Answers

Also shown in bold in the audioscript.
1 à mon avis 2 trouver 3 des 4 s'habillent
5 acceptés 6 mêmes 7 Quelquefois 8 dernier
9 suis 10 nouveaux

5 Now listen to the final part of Jason's conversation and answer the questions.

Students listen to the third and final part of Jason's conversation and answer the questions on it. These questions focus on linguistic detail. You may need to play the recording more than once.

Audioscript 16

– Qu'est-ce que tu portes d'habitude?
– D'habitude, je porte un jean bleu, un tee-shirt et des baskets, mais quand je sors le soir, j'aime porter un pantalon noir et une chemise. Quand j'étais plus jeune, je ne m'habillais pas à la mode. Ma mère m'achetait des vêtements démodés. Maintenant que je suis plus grand, je m'habille bien et j'achète souvent des vêtements avec l'argent que je gagne.
– Est-ce que tes parents sont à la mode?
– Non. Question mode, ma mère ne connaît rien! Elle porte toujours une jupe noire et un pull vert, et elle ne porte jamais de jean ou de baskets. Mon père travaille dans un bureau et il porte toujours un costume avec une chemise blanche et une cravate. Le week-end, il porte un jogging.
– Qu'est-ce que tu achèterais si tu avais beaucoup d'argent?
– Si j'avais beaucoup d'argent, j'achèterais un costume Armani et une chemise Lacoste, parce que j'adore les grandes marques et normalement ça coûte trop cher pour moi.

Answers

1 He says he wears blue jeans, a T-shirt and trainers, but when he goes out in the evening, he wears black trousers and a shirt.
He talks about what he used to wear when he was younger.
2 Question mode, ma mère ne connaît rien.
3 He says he would buy an Armani suit and a Lacoste shirt if he had a lot of money.
He includes a reason.

ResultsPlus

The **ResultsPlus** section gives students the support they need to improve their speaking. The support is differentiated, allowing students to identify and work towards their target level (Grade C, Grade B/A, Grade A*). Encourage students to adopt the kind of approach taken in this section in all extended speaking activities.

Read through and discuss the **ResultsPlus** section together.

Also draw students' attention to the **Épate l'examinateur!** feature: this highlights language that students can include to particularly impress the examiner.

6 Now it's your turn! Prepare your answers to the task, then have a conversation with your teacher or partner.

Students participate in a conversation on fashion in the style of a controlled assessment task. They should use all the support supplied, here and elsewhere on the spread:

- the English questions in the yellow box on p. 80
- their answers to exercises 1–5
- Jason's responses, adapted to talk about themselves
- the ResultsPlus advice on the language to include.

Each student takes part in the conversation as the person answering the questions. If they are working with a partner, they will take turns asking and answering.

If possible, record the conversations (or have the students record themselves). They can then swap recordings with a partner, listen to each other's version and offer comments on how it might be improved. A simple marking system is suggested (one/two/three stars for listed categories). Students should then identify two or three areas which they would like to improve next time they do an extended speaking task.

4 Contrôle écrit: Win a fashion makeover! (Student Book pages 82–83)

Topics revised
- Describing what people wear

1 Find the French equivalent of these phrases in the text and copy them out.

Students read the text, then identify and write out the French for the English phrases listed. Some vocabulary is glossed for support.

> **Answers**
> 1 la plupart du temps
> 2 bien habillée
> 3 C'est un désastre!
> 4 Question mode, mon père n'a aucune idée.
> 5 un costume Armani
> 6 trop de bijoux en or
> 7 elle a l'air ridicule
> 8 il faut changer complètement son look
> 9 il s'habille toujours en noir
> 10 je voudrais le voir avec

2 Complete the following sentences. Which member of Julie's family does each statement describe?

Students reread the text in exercise 1 and complete the sentences with the correct member of Julie's family.

NB This activity is in the form of an exercise from the Edexcel Reading exam.

> **Answers**
> 1 her brother 2 Julie 3 her mother 4 Julie
> 5 her father 6 her brother 7 her mother
> 8 her father 9 Julie 10 Julie

3 You might be asked to write about fashion or to describe what you and others wear as a controlled assessment task. Use ResultsPlus to help you prepare.

Students read through the language support material supplied in preparation for doing their own extended writing task in exercise 5.

ResultsPlus

The **ResultsPlus** section gives students the support they need to improve their writing. The support is differentiated, allowing students to identify and work towards their target level (Grade C, Grade B/A, Grade A*). Encourage students to adopt the kind of approach taken in this section in all extended writing activities.

Also draw students' attention to the **Épate l'examinateur!** feature: this highlights a structure that students can include to particularly impress the examiner.

4 Now write a competition entry to win a fashion makeover for you and your family.

Students write their own text in the style of a controlled assessment task – a competition entry like Julie's, to try and win a fashion makeover for their family. As well as the ResultsPlus guidelines on the language to include, they should use all the support supplied here:

- the advice on sourcing ideas and language
- the sample structure for the text
- the list of features to check in their finished text.

Students could swap texts with a partner and check each other's work, offering suggestions for how it might be improved.

4 À toi

(Student Book pages 188–189)

- Self-access reading and writing

1 Lisez la publicité du magasin, puis trouvez l'équivalent français des mots et expressions en anglais.

Reading. Students read the shop advertisement about a sale and find the French for the eight English expressions listed.

Answers
1 soldes d'été 2 prix plancher 3 rabais de 15%
4 ouvert 5 sauf dimanche 6 heures d'ouverture
7 fermé 8 congé annuel

2 Imaginez que vous voulez aller chez Monachat Aimé pour acheter des vêtements pour vos vacances en Espagne. Écrivez un e-mail à un copain/une copine français(e). Mentionnez:

Writing. Students imagine that they want to go to the shop advertised in exercise 2 to buy some clothes for a holiday in Spain. They write an e-mail to a friend covering the points listed (what they are going to do, when they want to go and why, what they are going to buy and how much it will cost). First get them to read the tip box, which summarises useful structures to use.

3 Lisez la publicité. Imaginez que vous allez faire un pique-nique avec quatre ami(e)s. Écrivez une liste de ce que vous allez acheter. Vous avez un budget de 20€!

Reading. Students read the supermarket advert. They then write a list of what they're going to buy, imagining that they are going to have a picnic with four friends and have a budget of 20€.

4 Faites une liste des nouveaux mots utiles dans la publicité ci-dessus et traduisez-les en anglais.

Writing. Students read through the supermarket advertisement in exercise 3 again, this time to make a list of new words. They translate these into English, resorting to a dictionary only if necessary.

5 Regardez l'horaire des trains. Pour chaque phrase ci-dessous, écrivez V (Vrai), F (Faux) ou PM (Pas Mentionné).

Reading. Students look at the train timetable. They then read the eight statements about it and decide whether each is true or false or not mentioned in the text.

Answers
1 V 2 F 3 V 4 PM 5 V 6 F 7 F 8 V

6 Regardez les images qui racontent un voyage désastreux. Trouvez le bon texte pour chaque image. Ensuite, traduisez les 14 mots en bleu. Utilisez un dictionnaire si nécessaire.

Reading. Students look at the pictures, which tell the story of a terrible trip. They find the correct text for each picture, then translate the 14 words/phrases in blue, using a dictionary if necessary.

Answers
A 5 B 3 C 1 D 6 E 4 F 2
A *avion* – plane, *un retard* – a delay, *le vol* – the flight
B *est tombée en panne* – broke down, *l'autoroute* – motorway
C *un pneu crevé* – a flat tyre
D *enfin* – at last, finally
E *l'aéroport* – airport, *une grève* – a strike
F *rond-point* – roundabout, *Une moto roulait trop vite* – A motorbike was going too quickly, *le trottoir* – the pavement, *a heurté un arbre* – hit a tree, *blessé* – injured

Module 5 Le collège (Student Book pages 86–105)

Unit	Main topics and objectives	Grammar
Déjà vu 1 **L'emploi du temps** (pp. 86–87)	Expressions of time Referring to the past, the present and the future	
Déjà vu 2 **L'uniforme scolaire** (pp. 88–89)	Talking about what you wear for school Adjectives of colour	Adjective agreement (colours, singular and plural)
1 La formation (pp. 90–91)	Talking about schools Irregular forms of the third person plural	Present tense (**ils/elles** forms)
2 Ma journée – aujourd'hui et hier (pp. 92–93)	Your school day Reflexive verbs in the present and perfect	Reflexive verbs – present tense – perfect tense
3 Vive la différence! (pp. 94–95)	Comparing schools in England and France Negative expressions	Comparisons Negative expressions
4 Respectez les consignes! (pp. 96–97)	School rules and pressures Using **il faut** and **il est interdit de** + infinitive	**il faut** + infinitive **il est interdit de** + infinitive
5 Que feras-tu? (pp. 98–99)	Talking about your plans Using the future tense	Near future and future tense (formation)
Contrôle oral: **Visiting a school in France** (pp. 100–101)	*Exam speaking practice* Talking about school Talking about future plans	*Revision*
Contrôle écrit: **An article about your school** (pp. 102–103)	*Exam writing practice* Talking about school Talking about a recent school trip or event and future plans	*Revision*
À toi (pp. 190–191)	Self-access reading and writing	

Déjà vu 1: L'emploi du temps

(Student Book pages 86–87)

Main topics and objectives
- Expressions of time
- Referring to the past, the present and the future

Key language
School subjects
Opinions

Resources
CD3, tracks 2–4
Cahier d'exercices, page 43

Starter 1

Aim
To review the vocabulary for school subjects.

Give students working in pairs three minutes to write down all the school subjects they can remember. They need to include the correct form of the article with each one. Each correct subject wins a point; a subject which no other pair has thought of wins two points. Which pair has the highest score?

1 Écoutez. Copiez et complétez l'emploi du temps.

Listening. Students copy out the grid. They listen to someone talking about his school timetable and note the details in the grid.

Audioscript 2

Lundi, je commence à huit heures. J'ai un cours d'espagnol et puis une heure de **maths**. Après la récré, c'est l'anglais et une heure d'étude où je fais mes devoirs. L'après-midi, je commence avec une heure d'histoire-géo, puis continue avec deux heures de **dessin**.

Mardi, c'est l'**anglais**, l'histoire-géo, les maths, le français, les sciences nat, l'**espagnol** et les maths.

Mercredi, je commence avec les sciences physiques. Je continue avec la techno et puis une heure de **musique** (je déteste ça) et une heure d'EPS.

Jeudi, c'est le français, suivi par l'**histoire-géo**, l'anglais, les maths, l'espagnol, le **français** et le latin … Pfui!

Vendredi, la techno et le latin, suivis de l'anglais et le français et l'après-midi, l'**EPS**, les sciences physiques et les **maths**.

Answers
Also highlighted in bold in the audioscript.

	lun	mar	mer	jeu	ven
8h00	espagnol	d anglais	sciences phys	français	technologie
9h00	a maths	histoire-géo	technologie	g histoire-géo	latin
10h00			récré		
10h15	anglais	maths	f musique	anglais	anglais
11h15	étude	français	EPS	maths	français
12h15			déjeuner		
13h30	histoire-géo	SVT		espagnol	i EPS
14h30	b dessin	e espagnol		h français	sciences phys
15h30	c dessin	maths		latin	j maths

2 Quel jour sommes-nous?

Reading. Students read the four speech bubbles and use their completed timetable from exercise 1 to identify which day each speaker is referring to.

Answers
1 jeudi **2** lundi **3** vendredi **4** mercredi

R Students discuss their own timetables using the following model: **Lundi, j'ai un cours de … Mardi, …**

3 Que pensent-ils des différentes matières? Pour chaque personne, mettez le symbole et le numéro de la bonne raison dans la grille. (1–4)

Listening. Students copy out the grid. They listen to four conversations in which people discuss which school subjects they like/dislike and note the details in the grid for each subject mentioned: the opinion expressed (using the symbols in the *Opinions* box) and the reason (from the list of phrases 1–10).

5 Le collège — Déjà vu I: L'emploi du temps

Audioscript 3

1
– Bonjour. Nous faisons un sondage. Je vais te poser quelques questions?
– Volontiers.
– Que penses-tu des maths?
– Euh, moi … ben, c'est difficile. Je n'aime pas ça.
– Et le français?
– C'est intéressant … ce qu'on fait en ce moment … c'est bien.
– Et l'anglais?
– J'aime pas … J'ai trop de contrôles à préparer.
– Les sciences?
– Ben, j'aime bien. Je suis fort en sciences.
– Et le sport?
– Alors ça, c'est ma matière préférée. Il n'y a pas de devoirs!
– Merci!
– De rien.

2
– Quelle est ta matière préférée?
– Les maths.
– Les maths?
– Oui, j'aime les maths, c'est intéressant.
– Et le français?
– C'est nul … Ben … ça dépend du prof et on a toujours trop de devoirs.
– Et l'anglais?
– C'est génial! On lit beaucoup et il y a moins de devoirs!
– Et le sport?
– Ben, non, ben … tu sais, le sport, ce n'est pas mon truc.
– Les sciences?
– Je suis accro à la science-fiction et aux sciences. C'est vraiment intéressant!

3
– Qu'est-ce que tu n'aimes pas comme matières?
– Moi? Ben … le français.
– Pourquoi?
– Ben … c'est ennuyeux et le prof est trop sévère.
– Euh … quelle est ta matière préférée?
– L'anglais.
– L'anglais? Pourquoi?
– Ben il n'y a pas trop de devoirs.
– Bon … et les maths?
– Nu! … Je suis faible en maths. Je n'y comprends rien.
– Les sciences?
– Non, beurk! Le prof est trop sévère.
– Le sport?
– Ben … j'aime le sport, mais pas au collège. Je fais du cyclisme, mais le sport au collège, ce n'est pas mon truc.
– Qu'est-ce que je mets alors? Tu aimes ou tu n'aimes pas?
– Bof, je n'aime pas.

4
– Maintenant, c'est à toi de répondre. Quelle est ta matière préférée?
– La SVT parce que c'est intéressant.
– Et comment trouves-tu les maths?
– Bof. Ça dépend du prof et cette année, on a trop de devoirs.
– Et le sport?
– Ah non, le prof est trop sévère.
– Et l'anglais?
– Non plus. Je suis faible en langues. Et je ne comprends pas ce que dit le prof.
– Et finalement, le français?
– Ben, c'est nul. Je déteste le français parce que je suis ni fort en grammaire ni en orthographe. J'aime lire, mais je n'aime pas discuter!
– Merci …

Answers

	maths	français	anglais	sciences	sport
1	✗ 5	✓ 6	✗ 1	✓ 8	✓✓ 2
2	✓✓ 6	✗ 3	✓ 2	✓✓ 6	✗ 7
3	✗ 9	✗ 10, 4	✓✓ 2	✗ 4	✗ 7
4	– 3	✗ 9	✗ 9	✓✓ 6	✗ 4

Starter 2

Aim
To practise giving and justifying opinions.

Go round the class. Each student makes a statement about a subject he/she studies, giving and justifying an opinion (e.g. **Je n'aime pas le dessin. C'est trop difficile.**). The class signifies if it agrees/disagrees with the statement by using a thumbs up/thumbs down gesture. Encourage students to use as wide a range of expressions in giving and justifying their opinions as possible.

4 À deux. Posez et répondez aux questions.

Speaking. In pairs: students take it in turn to ask the questions supplied and to respond to them. Before they start, draw student's attention to the tip box, which reminds them to use the definite article with school subjects and also to include intensifiers when expressing and justifying opinions.

5 Utilisez ce que vous avez fait dans l'exercice 4 pour écrire un petit discours sur vos matières.

Writing. Students use their responses from exercise 4 to write a short text about their school subjects.

6 Quelle heure est-il? Choisissez la bonne horloge. (1–8)

Listening. Students listen to the eight conversations and note the time mentioned in each using the clocks pictured (a–h).

5 Le collège — Déjà vu 1: L'emploi du temps

Audioscript 4

1. – Pardon, monsieur, avez-vous l'heure, s'il vous plaît?
   – Oui, il est onze heures moins le quart.
2. – Excusez-moi, quelle heure est-il, s'il vous plaît?
   – Il est dix heures vingt-cinq.
3. – Bonjour. Excusez-moi, avez-vous l'heure, s'il vous plaît?
   – Oui, euh … il est onze heures cinquante-cinq.
4. – Salut … Quelle heure est-il?
   – Ben … il est midi et quart, on va déjeuner.
5. – Bon … euh … je dois m'en aller. Il est quelle heure?
   – Il est quatorze heures dix.
6. – Vite! Il faut aller en classe … Il est déjà dix heures quinze.
7. – On se revoit à quelle heure?
   – Ben, vers dix-huit heures … disons, six heures moins cinq.
8. – À quelle heure sortons-nous ce soir?
   – Le film commence à vingt heures dix.

Answers

1 c   2 e   3 a   4 f   5 d   6 b   7 h   8 g

7 On est quel jour aujourd'hui? Regardez l'emploi du temps dans l'exercice 1.

Reading. Students read the five speech bubbles and use their completed timetable from exercise 1 to identify which day each speaker is referring to. This time the texts include a range of tenses (plus the appropriate time phrases) and it is more than a question of simply identifying the subjects mentioned.

Answers

1 mardi   2 lundi   3 mercredi   4 jeudi   5 mardi

8 Qu'as-tu fait hier, que fais-tu aujourd'hui et qu'est-ce que tu vas faire demain?

Writing. Students write a short text about their school timetable, saying what they did yesterday, are doing today and are going to do tomorrow. Sentence openings are supplied for support.

Plenary

Ask students to recap on the language points covered in this unit, giving you examples.

Which of these were easy? Which areas did they find more difficult? Ask students how they might help themselves to improve in areas of difficulty. Get each student to identify two areas for improvement and to target these over the next week. Note the most common ones to come back to in a later lesson.

Cahier d'exercices, page 43

1

Answers

1 F   2 C   3 A   4 D   5 B   6 E

2

Answers

Alexis:
Passé: Dad told me to do my homework in my bedroom; was not happy
Présent: Favourite subject is history/geography. Prefer to do my homework in the living room
Futur: Tomorrow have history/geography after lunch

Anaïs:
Passé: Yesterday, got German homework
Présent: Like German but too many tests to work for.
Futur: Tomorrow have a German test

3

Answers

Pupil's own answers

5 Déjà vu 2: L'uniforme scolaire

(Student Book pages 88–89)

Main topics and objectives
- Talking about what you wear for school
- Adjectives of colour

Grammar
- Adjective agreement (colours, singular and plural)

Key language
Clothes
Colours

Resources
CD3, track 5
Cahier d'exercices, page 44
Grammaire p. 206

Starter 1

Aim
To revise the vocabulary for clothes.

Bring in and/or ask students to bring in some photographs of celebrities or themselves and get them to discuss in pairs what the people pictured are wearing. Alternatively, you could use the pictures in exercise 1 on p. 88 as the prompts. Encourage students to include as much detail in their descriptions as possible.

1 Que portent-ils? (1–4)

Listening. Students listen to four people describing what they wear to school and note the appropriate pictures (from **a–n**).

Audioscript 5

1 *J'habite en Grande-Bretagne parce que mes parents travaillent ici. Pour aller au collège ici je porte un pantalon noir, une chemise blanche, une cravate à rayures rouges et noires, un pull noir et une veste noire. J'aurais préféré porter un jean et un sweat.*

2 *Pour aller au collège je porte un jean bleu, un tee-shirt ou un polo blanc et un sweat bleu marine.*

3 *Moi, aujourd'hui, pour aller au collège, je porte un pantalon ou un jean, un polo bleu et un grand pull que ma grand-mère m'a tricoté. Je le déteste, mais pour aller au collège, ça peut aller!*

4 *Mon père travaille en Grande-Bretagne et pour aller au collège ici, je porte un pantalon noir, une chemise grise, un pull bordeaux et une veste bordeaux. Ma cravate est à rayures bordeaux et jaunes. Je déteste la couleur bordeaux!*

Answers
1 a, c, e, g, n
2 b, j, k, i
3 a, b, l, h
4 a, d, h, m, f

2 Lisez et trouvez qui écrit.

Reading. Students read the two speech bubbles and identify the correct picture for each.

Answers
1 a   2 c

Starter 2

Aim
To revise adjective agreement.

In pairs: give students three minutes to come up with as many different sentences about wearing clothes in particular situations as they can. Write up a couple as models. Encourage them to be imaginative and to use the **Vocabulaire** section/a dictionary as necessary.

Quand on va au collège, on porte une jupe, une chemise et une cravate.

Quand il fait chaud, on porte un short et un tee-shirt.

Which pair came up with the most inventive situation/clothes?

Expo-langue: Adjective agreement (colours, singular and plural)

Use this grammar box to review agreement of colours (in the singular and plural) and to cover invariable colours. Ask students to think carefully about pronunciation of feminine and plural forms when doing exercise 3. There is more information on p. 206 of the Student Book.

5 Le collège — Déjà vu 2: L'uniforme scolaire

3 À deux. Décrivez: (a) ce que vous portez au collège, (b) ce que vous portez d'habitude le week-end, (c) ce que vous portez pour le sport.

Speaking. In pairs: students take it in turn to describe (a) what they wear to school, (b) what they usually wear at the weekend and (c) what they wear when doing sports. Encourage them to include colours.

4 Décrivez votre uniforme.

Writing. Students write a description of the uniform for boys and for girls at their school. Sentence openings are supplied for support.

Ask students to research on the Internet in which countries students wear school uniform and to describe the uniforms in two countries other than Britain.

5 À deux. Regardez les images et décrivez ce qu'ils portent.

Speaking. In pairs: students look at the picture of the four French teenagers and take it in turn to describe what they are wearing. Encourage them to give as much detail as possible: a box listing useful phrases they can use in addition to colours is supplied for support.

6 Décrivez un nouvel uniforme pour votre collège.

Writing. Students write a description of an alternative uniform for boys and girls at their school. Sample sentence openings are supplied for support. Draw students' attention to the fact that they will need to give reasons for their choices.

Plenary

Remind students that when they completed the first **Déjà vu** section in this module, they identified areas they felt they could improve in. Ask them to remind you of what these were. What have they done to address weaknesses?

Suggest students keep an ongoing list of problem areas and set themselves targets for improving by each one (ideas on how to do it and a schedule).

Cahier d'exercices, page 44

1

Answers
1 Amandine, Florian
2 Kévin

2

Answers
1 Choice of clothes reflect a part of this personality …
2 students become aware of their individuality …
3 When all pupils dress in the same way …
4 … manage to learn better.
5 everyone is equal; …
6 it avoids people making fun or people provoking each other …
7 it creates divisions …
8 more money is spent on more important things

3

Answers
Pupil's own answers

5 1 La formation

(Student Book pages 90–91)

Main topics and objectives
- Talking about schools
- Irregular forms of the third person plural

Grammar
- Present tense (**ils/elles** forms)

Key language
Ils vont à l'école primaire.
Ils vont au lycée à l'âge de …
Notre collège s'appelle …
C'est un collège mixte.
Il y a environ … élèves.
Les cours débutent à …
Les collèges prennent le nom …
l'instituteur/institutrice
le/la professeur
le directeur/la directrice
le comportement
la discipline
les devoirs
la récré

Resources
CD3, track 6
Cahier d'exercices, page 45
Grammaire p. 200

Starter 1

Aim
To review the third person form in the present tense.

Give students three minutes to write down as many verbs in the third person form (**ils/elles**) of the present tense as they can. When the time is up, they swap with a partner and check each other's answers. Who came up with the most (correctly spelled) forms?

1 La formation à la française. Lisez le texte et répondez aux questions en français.

Reading. Students read the text on the education system in France and reply to the seven comprehension questions in French.

Answers
1 3 ans   2 10 ans   3 15 ou 16 ans   4 16 ans
5 entre 17 et 19 ans   6 le lycée technique ou le lycée général   7 Ils lisent et ils fonts des exercices de compréhension et des calculs.

Expo-langue: the present tense (*ils/elles* forms)

Use this grammar box to focus on the third person plural in the present tense before students do exercise 2.

Encourage students to look for patterns like the ones listed here as ways of helping them to remember vocabulary/verb forms.

2 Écoutez et remplissez les blancs.

Listening. Students listen to the recording and note the words missing in the gap-fill version of the text.

Audioscript 6

*Mes frères jumeaux **ont** cinq ans. Ils **vont** en maternelle. Quand ils **arrivent**, ils **disent** bonjour à l'institutrice, ils **posent** leur sac par terre et **mettent** leurs pantoufles.*

*En classe, ils **écoutent** l'institutrice, **regardent** des livres et **lisent** des mots simples. Ils **font** des puzzles, **chantent** des chansons et **apprennent** des poésies par cœur.*

*À midi, ils **mangent** à la cantine où ils **choisissent** un plat et un dessert et **boivent** de l'eau.*

Answers
Also in bold in the transcript
1 ont   2 vont   3 arrivent   4 disent   5 posent
6 mettent   7 écoutent   8 regardent   9 lisent
10 font   11 chantent   12 apprennent   13 mangent
14 choisissent   15 boivent

Starter 2

Aim
To review question words.

Write up the following. Give students two minutes to translate them into English.

où?
quel?
qu'est-ce que … ?
combien?
qui?
quand?
comment?
pourquoi?

After checking answers, ask students to give you some examples of questions using these words.

3 À deux. Posez des questions sur le texte de l'exercice 2 et répondez-y.

Speaking. In pairs: students take it in turn to ask questions about the text in exercise 2 and to respond. Some useful question words are supplied for support.

5 Le collège / La formation

4 Faites la comparaison.

Writing. Students write a paragraph outlining the differences between the French education system (as detailed in exercises 1 and 2) and the education system in their own country.

5 Le collège Louis Pasteur. Lisez et répondez aux questions.

Reading. Students read the text about a French school. They then read the six sentences and choose the correct ending for each from the three options given (**a**, **b** or **c**).

Answers
1 c   2 a   3 c   4 c   5 a   6 b

6 À deux. Discutez.

Speaking. In pairs: students discuss the differences between schools in France and those in their own country, using the information in exercise 5 to make comparisons. Some sentence openings are supplied for support.

7 Faites un exposé: *Mon collège*.

Writing. Students write a description of their school. Some support is given in the form of sentence openings. Remind students that they should look back over all the exercises in this unit to find useful material for this activity.

8 Vidéoconférence. Préparez une présentation de votre collège.

Speaking. Students imagine that they are going to have a videoconference with students at a French school. They prepare a presentation on their own school. They should use their work in exercise 7 to create a cue card.

If possible, allow students to record their presentations. Get them to swap recordings and comment on a partner's work.

⭐ Encourage students to keep recorded versions of their work. Point out that it is helpful to listen to these later on to revise a topic. Students can also use them as a starting point in putting together improved versions in preparation for the speaking part of the exam.

Plenary

Write up the following. Remind students that all these verbs have irregular 3rd person plural forms in the present tense.

vouloir, prendre, finir, connaître, tenir, boire, pouvoir, écrire

Ask students to group the infinitives in pairs by identifying the 3rd person plural forms which have the same pattern.

Check answers and ask students to summarise the pattern in each case (e.g. **boire** (boi**v**ent) + **écrire** (écri**v**ent): –v– added).

Cahier d'exercices, page 45

1

Answers
a 3 The number of years of study in a lycée.
b 45% of pupils under 15 think that school is there for you to learn things.
c At secondary school pupils have at least 30 hours of lessons per week.
d School is compulsory from the age of 6.
e 38% think that school helps you get a job.
f 63% of pupils get A levels (the Bac).
g There are about 26 pupils in each class at nursery school.
h There are about 23 pupils in each class in primary school.
i 12% think school is a place to make friends.
j At secondary school, there are 4 years of study.
k 24% of pupils go to a private school.

2

Answers
Pupil's own answers

2 Ma journée – aujourd'hui et hier

(Student Book pages 92–93)

Main topics and objectives
- Your school day
- Reflexive verbs in the present and perfect

Grammar
- Reflexive verbs
  - present tense
  - perfect tense

Key language
Je me réveille à 7 heures.
Je me lève tout de suite.
Je me douche et je m'habille.
Je me couche vers 10 heures.
Hier, je me suis réveillé(e) ...
je me suis levé(e)
je me suis douché(e)
je me suis habillé(e)
je me suis couché(e)
Au petit déjeuner, j'ai mangé du pain.
J'ai bu du chocolat chaud.
Je suis sorti(e) à 8h15.
Je suis allé(e) au collège en car.
Je suis rentré(e) à 16h30.

Resources
CD3, tracks 7–8
Cahier d'exercices, page 46
Grammaire p. 200, p. 210

Starter 1

Aim
To review the vocabulary for daily routines. To revise times.

Ask students in pairs to choose five specific times of the day (e.g. **7h30**) and to write five sentences saying what they usually do at each time (e.g. **Je me lève à 7h30.**).

Get students to read their sentences aloud, with the rest of the class giving feedback as necessary on their accuracy.

1 Une journée scolaire. Lisez et écrivez V (Vrai), F (Faux) ou ? (pas mentionné) à côté de chaque phrase.

Reading. Students read Amélie's text about her typical school day. They then read the eight statements on the text and decide whether each is true or false or not mentioned in the text.

Answers
1 V 2 V 3 F 4 V 5 F 6 V 7 V 8 ?

Expo-langue: reflexive verbs (present tense)

Use this grammar box to review the present tense of reflexive verbs before students do exercise 2. There is more information on p. 200 of the Student Book.

R Ask students to choose another reflexive verb and to write out all the parts.

2 La journée scolaire. Écoutez et notez les réponses de Mélinda et Romain.

Listening. Students listen to Mélinda and then Romain being interviewed about their typical school day and answer for each of them the eight comprehension questions in French.

Audioscript 7

– Bonjour, Mélinda. Je peux te poser quelques questions?
– Volontiers.
– À quelle heure te réveilles-tu?
– Ben, vers six heures et demie.
– Et tu te lèves à quelle heure?
– Je me lève tout de suite ... à six heures et demie.
– Que manges-tu au petit déj'?
– Euh ... des céréales et un yaourt.
– Que bois-tu?
– Du chocolat chaud.
– À quelle heure sors-tu de la maison?
– À sept heures vingt.
– Comment vas-tu au collège?
– En car.
– À quelle heure rentres-tu?
– Vers 16h30 d'habitude.
– À quelle heure te couches-tu?
– Ben, disons 22h00.
– Merci.
– C'est tout?
– Oui, merci.

– Bonjour, Romain. Je peux te poser quelques questions?
– Ben ... pourquoi pas?
– À quelle heure te réveilles-tu?
– Euh ... ça dépend de mes parents, mais normalement à sept heures moins le quart.
– Et tu te lèves tout de suite?
– Non, je reste encore cinq minutes au lit.
– Que manges-tu au petit déj'?
– Ben, des céréales, du pain, des toasts ... un yaourt ... un fruit.
– Que bois-tu?
– Du lait.
– À quelle heure sors-tu de la maison?

5 Le collège — 2 Ma journée – aujourd'hui et hier

– Sept heures et demie.
– Comment vas-tu au collège?
– J'y vais à pied.
– À quelle heure rentres-tu à la maison?
– 16h20.
– Tu te couches à quelle heure?
– Ça dépend de mes parents, mais disons que s'il faut aller au collège le lendemain, je dois me coucher avant 21h30.

Answers

Mélinda
1 vers 6h30   **2** à 6h30   **3** des céréales et un yaourt
4 du chocolat chaud   **5** à 7h20   **6** en car de ramassage
7 vers 16h30   **8** vers 22h00

Romain
1 à 6h45   **2** à 6h50   **3** des céréales, du pain, des toasts, un yaourt, un fruit   **4** du lait   **5** à 7h30   **6** à pied
7 à 16h20   **8** avant 21h30

3 À deux. Comparez la journée de Mélinda et Romain.

Speaking. In pairs: using their answers to exercise 2, students take it in turn to compare an aspect of Mélinda's day and Romain's day. A sample opening is given.

4 Ma journée. Que faites-vous d'habitude quand vous avez cours? Décrivez une journée scolaire typique.

Writing. Students write an account of their own typical school day.

Starter 2

Aim
To revise reflexive verbs in the perfect tense.

Write up:

Je me réveille à sept heures. Je me lève tout de suite, je me douche et je m'habille.

Ask students to adapt this text in pairs, writing it out in the perfect tense as though they were describing the actions of (**1**) Mathilde (**elle …**) and (**2**) themselves and a sister/brother (**nous …**).

Each pair swaps with another and checks the text for accuracy.

5 Lisez et remplissez les blancs.

Reading. Students read the text. They then copy and complete the six gap-fill sentences using information from the text.

Answers
1 Hier   **2** a   **3** fait   **4** petit déjeuner   **5** pull
6 moqués

Expo-langue: reflexive verbs (perfect tense)

Use this grammar box to cover reflexive verbs in the perfect tense, reminding students that these take **être**. Ask students to give you examples from the text in exercise 5.

There is more information on p. 210 of the Student Book.

6 Écoutez et choisissez les bonnes images pour Vincent et Pascaline. (1–2)

Listening. Students listen to Vincent and Pascaline talking about what they did yesterday. For each of them they choose the correct five pictures, choosing from the three options given in each case (**a**, **b** or **c**).

Audioscript 8

– Qu'est-ce que tu as fait hier, Vincent?
– Hier, je me suis réveillé en retard à six heures trente. Je n'avais pas le temps de prendre une douche. J'ai mangé des céréales et j'ai bu un jus d'orange. Et comme j'avais raté le bus, j'ai dû aller au collège en vélo.
– Et toi, Pascaline? Qu'est-ce que tu as fait hier?
– Moi, je me suis réveillée à sept heures moins le quart. Ben … j'ai dû me dépêcher … Je n'avais pas le temps de sécher mes cheveux. J'ai mangé un toast et j'ai pris un yaourt liquide pour boire dans le bus, mais j'ai raté le car de ramassage et j'ai dû aller au collège à pied. Heureusement ce n'est pas loin.

Answers
Vincent: **1** b   **2** b   **3** a   **4** a   **5** b
Pascaline: **1** c   **2** c   **3** b   **4** c   **5** c

7 Choisissez Vincent ou Pascaline et comparez ce que vous avez fait hier.

Writing. Using the details they worked out in exercise 6 for either Vincent or Pascaline, students write a comparison of Vincent's or Pascaline's day and their own day yesterday. Sample sentence openings are supplied for support.

8 À deux. Posez et répondez aux questions.

Speaking. In pairs: students take it in turn to ask and to respond on what they did yesterday. The questions are supplied.

Students could keep a journal for a week, listing three different things they have done each day in French. Encourage them to aim to use the language they already know for two of the things and to look up the French for one new thing each day.

5 Le collège 2 Ma journée – aujourd'hui et hier

9 Vidéoconférence. Hier. Préparez cinq questions à poser et vos réponses par écrit.

Writing. Students imagine that they are going to have a videoconference with students at a French school. This will take the form of a discussion about what they did yesterday. They prepare five questions to ask and their own responses to those questions. A sample question and response opening is supplied for support.

Plenary

Ask students to summarise how the perfect tense of reflexive verbs is formed, giving you some examples.

Then go round the class with each person telling you something they/someone else did yesterday using a reflexive verb. Encourage them to try and use the full range of subject pronouns.

Cahier d'exercices, page 46

1

Answers

Pascal: D'habitude, en semaine, je me réveille à six heures et demie, mais hier, je me suis réveillé à sept heures et quart! Je ne me suis pas douché; je me suis vite habillé et je suis parti en courant. Il n'y avait pas d'autres élèves à l'arrêt d'autobus et je me suis dit:
'Zut! J'ai raté le bus!' Alors, j'ai pris mon vélo et je suis reparti à toute vitesse. Mais, quand je suis arrivé au collège, il n'y avait personne dans la cour. C'est à ce moment-là que je me suis rendu compte qu'on était dimanche!

Freddy: Normalement, le dimanche, je me lève tard, vers huit heures et demie. Je prends mon petit déjeuner puis je m'habille. Un jour, j'étais dans la cuisine, en pyjama, une tartine à la main, quand ma mère est entrée. Elle m'a dit: 'Mais, pourquoi n'es-tu pas au collège? Il est déjà neuf heures!' On n'était pas dimanche, on était lundi! Alors, j'ai vite mis mes baskets et je suis parti. Je suis arrivé une heure en retard et quand je suis entré dans le cours de sciences physiques, tout le monde s'est moqué de moi: j'étais toujours en pyjama!

2

Answers

Pupil's own answers

3

Answers

Example:
Normalement, je me lève à sept heures moins le quart puis je me douche et je prends mon petit déjeuner. Généralement, je bois du chocolat chaud et je mange des tartines avec de la confiture.
Hier, je me suis levée à sept heures et demie. Je ne me suis pas douchée et je n'avais pas le temps de prendre mon petit déjeuner. Je suis allée au collège en vélo très vite! Mais quand je suis arrivée au collège, je me suis rendu compte que c'était les vacances! Zut!!

5 3 Vive la différence!

(Student Book pages 94–95)

Listening and reading skills focus

Main topics and objectives
- Comparing schools in England and France
- Negative expressions

Grammar
- Comparisons
- Negative expressions

Listening and reading skills focus
- Predicting content before listening
- Reviewing vocabulary areas before listening
- Listening for detail
- Listening strategies (tone of voice, listening for specific vocabulary groups)
- Reading for detail
- Close reading (negatives)

Key language
à mon avis
selon moi
je trouve que
je pense que
pour
contre
C'est plus grand.
C'est moins grand.
C'est mieux.
C'est pire.
ne ... pas
ne ... guère
ne ... plus
ne ... que
ne ... jamais
ne ... rien
personne ne ...
ne ... ni ... ni ...

Resources
CD3, tracks 9–11
Cahier d'exercices, page 47
Grammaire p. 216, p. 218

Starter 1

Aim
To practise looking at words in detail; to revise some school vocabulary

Write up the following. Give students two minutes to identify and translate into English the six words which relate to school (shown in italic here for reference).

chômage
chemise
élevé
courses
univers
cours
élève
uniforme
cravate
crêpe
court
veste

Check answers, then ask pupils to translate the other six words into English too.

1 Quels sont les avantages et quels sont les inconvénients? Choisissez la bonne réponse: a, b ou c.

Listening. Students listen to a French student being interviewed about his exchange visit to a school in England. They note his comments on the advantages and disadvantages of English schools by completing the multiple-choice sentences in English.

Audioscript 9

– Tu as passé une semaine dans un collège en Angleterre. C'était comment? Quels sont les avantages et les inconvénients?
– Ben, le collège en Angleterre était nettement plus grand qu'ici. Ici je connais presque tout le monde, là-bas mon correspondant ne connaissait que les autres élèves de sa classe, c'est-à-dire qu'il n'avait pas d'ami hors de sa classe. Je n'aurais pas aimé ça.
– L'école commence à quelle heure en Angleterre?
– Ça commence à neuf heures au lieu de huit heures. Ça permet de rester un peu plus longtemps au lit. Moi, j'ai préféré ça parce que je n'aime pas me lever tôt!
– La journée est plus longue ou moins longue?
– La journée est moins longue et les cours aussi sont moins longs, mais il faut aller au collège le mercredi et ils ont moins de vacances. Je préfère une journée plus longue et plus de vacances.
– Les élèves portent-ils un uniforme?
– Oui, ils portent une chemise grise, un pantalon noir, une cravate et un sweat ou une veste bordeaux.
– Qu'en penses-tu?
– Les couleurs sont déprimantes et je pense qu'il faut être à l'aise pour apprendre. On ne peut pas se sentir bien quand on porte une chemise grise, une veste et une cravate à rayures!

⭐ Before they begin, read together through the tip box on pre-listening strategies.

Answers
1 a b **2** c **3** c

5 Le collège — 3 Vive la différence!

2 Porter un uniforme, pour ou contre? Qui est pour (P) et qui est contre (C)? (1–6)

Listening. Students listen to six people giving their opinion on school uniform and note whether each is for it (**P**) or against it (**C**).

⭐ Before they begin, read together through the tip box on listening strategies.

Audioscript 10

– Bon, dans certains pays les élèves portent un uniforme. Qu'en pensez-vous? Matthieu, tu es pour ou tu es contre?
– Moi? Je crois que c'est bien car on sait toujours ce qu'on va mettre le matin. Moi, je ne sais jamais quoi mettre.
– Thomas?
– Tu sais, mon correspondant doit porter une chemise et une cravate au collège. Tu imagines! Je trouve ça stupide. Quel est l'intérêt? Je n'ai jamais porté de cravate. Mon père n'en porte pas non plus! Selon moi, c'est ridicule! Et moche!
– Sophie?
– Je pense que … c'est une bonne idée parce qu'on ne voit pas de différence entre un élève riche et un élève pauvre. À mon avis, c'est génial.
– Chloé?
– Selon moi, c'est cool. Ça dépend de l'uniforme, mais je trouve que porter une cravate, c'est chic.
– Sabine?
– Beurk … Une cravate ce n'est pas chic. C'est stupide. Si je devais porter un uniforme, je n'irais pas au collège.
– Nicolas?
– Ça m'est égal de porter un uniforme. Je porte un uniforme, un jean et un sweat. Je les porte tous les jours.
– Oui, on le sait!
– Mais un uniforme, chemise, cravate et tout ça, ça coûte cher. C'est un gaspillage d'argent, acheter des vêtements seulement pour les porter au collège.

Answers
1 Matthieu P 2 Thomas C 3 Sophie P 4 Chloé P
5 Sabine C 6 Nicolas C

3 Réécoutez. Qui dit chaque phrase? Écrivez le bon nom.

Listening. Students listen to the recording again and decide who says which English statement.

Audioscript 11

As for exercise 2.

Answers
1 Sabine 2 Thomas 3 Nicolas 4 Chloé 5 Sophie
6 Matthieu

Expo-langue: comparing two things or people

Use this grammar box to focus on comparisons of two things or people using **plus/moins/mieux/pire**. There is more information on p. 218 of the Student Book.

Starter 2

Aim
To revise the comparative

Give students three minutes working in pairs to come up with as many comparatives as they can in French. Put up an example in English as a guide: It's better/more difficult/less useful, etc.

Expo-langue: negatives

Use this grammar box to focus on negative structures. There is more information on p. 216 of the Student Book.

4 Lisez et trouvez les expressions négatives.

Reading. Students read the text and identify the negative expressions used. A tip box on negatives is supplied for support.

Answers
ce n'était **pas** facile
je **ne** pouvais **guère** comprendre
il **n'**y a **que** 800 élèves
il **n'**y a **rien** de vraiment nouveau
ni les maths **ni** les sciences physiques **ne** sont difficiles
je **n'**ai **jamais** fait de théâtre
les cours **ne** commencent **qu'**à neuf heures
il **ne** faut **pas** se lever aussi tôt
il **n'**y a **jamais** de cours le samedi
je **ne** mange **pas** à la cantine
personne ne se moque de moi
on **n'**y fait **pas** attention
ils **ne** le font **plus**
on **n'**a **jamais** essayé

5 Le collège — 3 Vive la différence!

R Give students 1 minute to memorise the eight negative structures, then challenge them individually to recall and translate them.

+ Students write eight sentences, each featuring a different negative.

5 Lisez le texte encore une fois et choisissez les quatre phrases qui sont vraies.

Reading. Students reread the text and identify the four correct statements in English about it.

Answers
2, 5, 7, 8

Plenary

Ask students to give you as many ways of introducing opinions as they can, prompting as necessary to cover **à mon avis, selon moi, je trouve que, je pense que**.

Ask them to recall all eight of the negative structures covered in the unit.

Students then take it in turn to say why they prefer school in France or in England. Their reason should include either a comparison or a negative, and feature one of the opinion phrases (**à mon avis**, etc.).

Cahier d'exercices, page 47

1

Answers
1 George
2 Camille
3 George
4 George
5 Camille
6 Camille
7 Camille
8 George

2

Answers
Camille
ne se sent plus; n'est pas; il n'y a que; n'ont pas de limites; ne s'intéressent pas à eux; personne ne sait
George
n'a ni de règles strictes ni; ne les voient jamais; Personne ne semble se préoccuper; ne voulait pas; on n'a rien
(possible answers)
1 Leurs parents ne s'intéressent pas à eux. Their parents aren't interested in them.
2 On ne se sent plus en sécurité au collège. We no longer feel safe at school.
3 Personne ne sait où ils sont ou ce qu'ils font. No-one knows where they are or what they're doing.
4 Les profs ne les voient jamais. The teachers never see them.
5 On n'a ni de règles strictes ni de punition efficace. We have neither strict rules nor punishments which work.
6 On n'a rien vu. Nobody saw anything.
7 Il n'y a que notre école … There is only our school …

4 Respectez les consignes!

(Student Book pages 96–97)

Main topics and objectives
- School rules and pressures
- Using *il faut* and *il est interdit de* + infinitive

Grammar
- *il faut* + infinitive
- *il est interdit de* + infinitive

Key language
Il faut …
Il ne faut pas …
Il est interdit de/d' …
un avertissement
une convocation
une retenue
une colle
Je crois que la règle la plus importante c'est …
être racketté(e)
se sentir surchargé(e)
redoubler
la règle

Resources
CD3, tracks 12–14
Cahier d'exercices, page 48
Grammaire p. 214

Starter 1

Aim
To introduce the vocabulary for the unit; to practise using reading strategies

Make sure Student Books are closed. Write up two column headings: **You must …** and **You must not …** , followed by phrases below, jumbling the order. Give students three minutes to work out which column each phrase goes into and to translate the phrases into English.

être à l'heure
apporter son matériel
bien se tenir en classe
faire ses devoirs
apprendre ses leçons
cacher ses tatouages
porter des bijoux, des piercings et du maquillage
utiliser son portable en classe
faire l'imbécile en classe
mâcher du chewing-gum
dire des gros mots
fumer

1 Écoutez et lisez.

Listening. Students listen to the list of school rules, following the text at the same time.

When the recording has finished, read together through the box on what happens if you break the rules. Some vocabulary is glossed for support.

Audioscript 12

Il faut …
1 être à l'heure
2 apporter son matériel
3 bien se tenir en classe
4 faire ses devoirs
5 apprendre ses leçons
6 cacher ses tatouages

Il est interdit de/d'…
7 porter des bijoux, des piercings et du maquillage
8 utiliser son portable en classe
9 faire l'imbécile en classe
10 mâcher du chewing-gum ou du bubble-gum
11 dire des gros mots
12 fumer

Expo-langue: il faut/il est interdit de + infinitive

Use this grammar box to focus on the structures **il faut/il est interdit de** + infinitive. There is more information on p. 214 of the Student Book.

2 Écoutez. Ils ont transgressé quelle règle? (1–5)

Listening. Students listen to five conversations and identify which school rule has been broken in each one (from 1–12 in exercise 1).

Audioscript 13

1 – Ils vont convoquer mes parents.
 – Pourquoi?
 – J'ai envoyé un texto à Marc pendant le contrôle de maths.
 – T'es stupide ou quoi?
 – Ben oui, c'était stupide, Marc ne connaissait pas la réponse non plus!
2 – Tu as une colle?
 – Oui, j'ai fumé dans la cour.
 – Tant pis.
3 – C'est pas juste, Maxine a une retenue.
 – Pourquoi? Qu'est-ce qu'elle a fait?
 – Elle avait du chewing-gum.
 – Une retenue pour ça?
 – Oui.
4 – Jérémie doit écrire une lettre d'excuses.
 – Pourquoi?
 – Il a fait l'imbécile en classe – comme toujours!
 – Ah, ça c'était stupide alors.
5 – On a renvoyé Sarah à la maison.
 – Pourquoi?
 – Parce qu'elle portait de grandes boucles d'oreilles et qu'elle refusait de les enlever.
 – Plus imbécile qu'elle …

5 Le collège — 4 Respectez les consignes!

Answers
1 8   2 12   3 10   4 9   5 7

3 Choisissez ensemble les cinq règles les plus importantes selon vous.

Speaking. Students discuss the rules featured in exercise 1 to identify which are the five most important to the class. Sample structures to use are supplied for support.

Starter 2

Aim
To revise the structures **il faut/il est interdit de**

Write up the following statements from French pupils. Give students three minutes to write out an appropriate rule in response for each one, using either **il faut** + infinitive or **il est interdit de** + infinitive. Do the first one as an example.

1 «Zut! Je suis en retard.»
2 «J'adore les boucles d'oreilles. Je suis jolie, n'est-ce pas?»
3 «**** !!! *****!!»
4 «J'ai des tatouages. Tu veux les voir?»
5 «Salut, maman! … En ce moment? Rien de spécial. … Oui, oui … D'accord. À bientôt!»
6 «Liam, regarde-moi! Je suis un Dalek français! Exterminez!»

(*Answers:*
1 Il faut être à l'heure.
2 Il est interdit de porter des bijoux.
3 Il est interdit de dire des gros mots.
4 Il faut cacher ses tatouages.
5 Il est interdit d'utiliser son portable en classe.
6 Il est interdit de faire l'imbécile en classe./ Il faut bien se tenir en classe.)

4 Faites une liste de dix règles pour votre collège.

Writing. Students write a list of ten rules for their own school, using **Il faut/Il est interdit de**. Encourage them to try and include some different ones from those covered in the unit.

5 Lisez et écrivez V (Vrai), F (Faux) ou ? (pas mentionné) à côté de chaque phrase.

Reading. Students read the text and the sentences in English on it and decide whether each sentence is true (**V**) or false (**F**) or refers to details not mentioned in the text (**?**).

Answers
1 V   2 F   3 ?   4 V   5 F   6 V   7 V   8 F

6 Écoutez. Que font-ils? (1–4) Copiez la grille et mettez ✔ (bien), – (bof) ou ✗ (pas assez bien).

Listening. Students copy out the grid. They then listen to four people discussing their lifestyles and complete the grid with details of how these people eat, sleep, exercise and revise school work, using ✓ (well), – (OK) or ✗ (not well enough).

Audioscript 14

1 – Yanis, manges-tu bien?
 – Ben, oui, à mon avis, je mange bien.
 – Tu te couches tôt?
 – Euh … alors, ça dépend, normalement je dirais non.
 – Fais-tu du sport?
 – Bof, un peu mais pas régulièrement. Je ne suis pas sportif.
 – Révises-tu régulièrement ou bien à la dernière minute?
 – Je fais mes révisions à la dernière minute!

2 – Et toi, Gabriel? Tu manges bien?
 – Euh … non, j'aime les burgers et les frites, je ne mange pas de légumes et je déteste la salade …
 – Tu te couches de bonne heure?
 – Euh, non.
 – Fais-tu de l'exercice?
 – Oui, je fais beaucoup de sport.
 – Révises-tu régulièrement ou bien à la dernière minute?
 – À la dernière minute!

3 – Et toi, Lena? As-tu une formule pour bien manger?
 – Oui, je mange bien. Je mange beaucoup de fruits et de légumes.
 – Tu te couches de bonne heure?
 – Je me couche tôt parce que je dois me lever tôt.
 – Tu dors bien?
 – Comme une souche!
 – Fais-tu de l'exercice?
 – Oui, j'en fais. Je fais du jogging et du judo.
 – Révises-tu régulièrement ou bien à la dernière minute?
 – Euh, je fais des efforts … mais bof.

4 – Et toi, Camille? Manges-tu beaucoup de fruits et légumes?
 – Ben non. J'ai un faible pour les choses sucrées, les barres au chocolat et les bonbons.
 – Tu te couches de bonne heure?
 – D'habitude, oui, je me couche assez tôt.
 – Fais-tu du sport?
 – Non, j'ai horreur du sport.
 – Révises-tu régulièrement ou bien à la dernière minute?
 – Je révise tout le temps parce que je n'aime pas tout faire au dernier moment!

5 Le collège 4 Respectez les consignes!

Answers

name	eat	sleep	exercise	revise regularly
1 Yanis	✓	✗	–	✗
2 Gabriel	✗	✗	✓	✗
3 Lena	✓	✓	✓	–
4 Camille	✗	✓	✗	✓

7 Discutez à deux: que faites-vous pour bien apprendre?

Speaking. In pairs: students discuss how they manage their lifestyle to make sure they learn effectively. The questions to use and openings for the answers are supplied for support.

8 Écrivez des conseils à Toby.

Writing. Students write a reply to Toby's letter in exercise 5, giving him advice on how he could manage his lifestyle in order to avoid feeling stressed by exams. They should use the structures **Il faut/Il ne faut pas**.

Plenary

Ask students to summarise how and where the structures **il faut** and **il est interdit de** are used.

Ask them to come up with examples of odd rules: ones that are either illogical (e.g. **Il faut manger des chaussures.**) or would be good replacements for the rules at your school (e.g. **Il est interdit d'arriver avant midi.**) Encourage them to use **il ne faut pas** as well as **il faut** and **il est interdit de**.

Cahier d'exercices, page 48

1

Answers

(crossword/word grid with the following entries crossing on a central vertical word)

- utiliser
- l'heure
- chewing-gum
- gros
- tatouages
- imbécile
- se tenir
- porter
- fumer
- devoirs
- apprendre
- maquillage
- apporter

2

Answers

a Si tu as un chewing-gum, il faut le mettre à la poubelle.
b Si tu arrives en retard, il faut t'excuser.
c Si tu n'as pas ton matériel, il faut demander un crayon et du papier au prof.
d Si tu ne fais pas tes devoirs, tu vas recevoir un avertissement.
e Si tu dis des gros mots, tu vas avoir une colle.
f Si tu as un portable, il ne faut pas l'allumer.
g Si tu portes du maquillage, il faut te démaquiller.

5 Que feras-tu?

(Student Book pages 98–99)

Main topics and objectives
- Talking about your plans
- Using the future tense

Grammar
- Future tense (formation)

Key language
Si j'ai de bonnes notes …
J'irai au lycée/à l'université.
Je ferai une licence de commerce.
Je ferai un apprentissage chez Citroën.
Je travaillerai à l'étranger.
Je ferai du bénévolat.
J'aurai ma propre entreprise.
Je serai très riche.
J'habiterai aux États-Unis.
Je continuerai mes études.
Je rencontrerai le/la partenaire de mes rêves.
Je ne sais pas exactement ce que je ferai quand je quitterai le collège.
Je m'intéresse beaucoup à …

Resources
CD3, tracks 15–16
Cahier d'exercices, pages 49–50
Grammaire p. 224

Starter 1

Aim
To use strategies and context to work out new vocabulary.

Write up the following and give students three minutes to translate the sentences into English.

1 Si j'ai de bonnes notes, j'irai à l'université où je ferai une licence de commerce.
2 Quand je quitterai le collège, je ferai un apprentissage chez Microsoft.
3 Si c'est possible, je ferai du bénévolat en Afrique.
4 J'espère que je rencontrerai la femme de mes rêves.

When checking answers, ask students how they worked out words they didn't know and how they knew which tense the verbs were in.

1 Écoutez et lisez le texte. Trouvez les 22 verbes au futur.

Listening. Students listen to Raoul and Marine talking about what they intend to do when they leave school, following the text in the book at the same time. They then find in the texts 22 verbs in the future tense.

Audioscript 15

– *Que **feras**-tu quand tu **quitteras** le collège, Raoul?*
– *Si j'ai de bonnes notes, j'**irai** au lycée où je **continuerai** mes études. Puis quand je **quitterai** le lycée, j'**irai** à l'université où je **ferai** une licence de commerce.*
– *Et toi, Marine?*
– *Moi, je **quitterai** le collège à seize ans et je **ferai** un apprentissage chez Macintosh. J'**apprendrai** à réparer les ordinateurs parce que je m'intéresse beaucoup à l'informatique.*
– *Raoul, que **feras**-tu plus tard dans la vie?*
– *Je ne sais pas exactement ce que je **ferai** quand je **quitterai** la fac, mais si c'est possible, je **travaillerai** à l'étranger – aux États-Unis par exemple – ou bien je **ferai** du bénévolat en Afrique.*
– *Et toi, Marine?*
– *Si mes rêves se réalisent, j'**aurai** ma propre entreprise à trente ans! Ce **sera** un magasin d'informatique ou un service de réparation d'ordinateurs par exemple.*
– *Comment **sera** ta vie personnelle, Raoul?*
– *J'espère que je **rencontrerai** la femme de mes rêves et qu'on **aura** deux ou trois enfants!*
– *Et Marine?*
– *Je **serai** très riche et très heureuse, bien sûr! Et j'**habiterai** à la campagne ou au bord de la mer, je crois.*

Answers
Also shown in bold in the script.
feras, quitteras
irai, continuerai, quitterai, irai, ferai
quitterai, ferai, apprendrai
feras
ferai, quitterai, travaillerai, ferai
aurai, sera
sera
rencontrerai, aura
serai, habiterai

R Looking just at their answers to exercise 1 (not the text in the Student Book), ask students to translate each of the verbs into English, including the correct subject pronoun.

Expo-langue: the future tense

Use this grammar box to cover the future tense in detail before students do exercise 2. There is more information on p. 224 of the Student Book.

2 Relisez le texte et écrivez V (Vrai), F (Faux) ou ? (pas mentionné) à côté de chaque phrase.

Reading. Students reread the text in exercise 1. They then read the ten statements on the text and decide whether each is true or false or not mentioned in the text.

121

5 Le collège 5 Que feras-tu?

Answers
1 V 2 F 3 V 4 ? 5 F 6 F 7 ? 8 V 9 V 10 F

Starter 2

Aim
To practise forming the future tense.

Write up the following and ask students to supply the correct form of the future tense using the pronouns supplied (e.g. **il travaillera**, etc.).

travailler – il
aller – nous
finir – tu
quitter – elles
être – elle
écrire – je
avoir – vous
faire – on
apprendre – ils

3 Copiez et complétez le texte.

Writing. Students copy out and complete the gap-fill text with verbs in the future tense.

Answers
Quand je (**1**) **quitterai** le collège à seize ans, j'(**2**) **irai** au lycée, où je (**3**) **continuerai** mes études. Après, j'(**4**) **irai** en faculté, où je (**5**) **ferai** une licence de marketing. Mais mon copain, Thomas, n'(**6**) **ira** pas au lycée. Il (**7**) **fera** un apprentissage chez Citroën, où il (**8**) **apprendra** à réparer les voitures. Plus tard dans la vie, je (**9**) **travaillerai** dans le marketing et j'(**10**) **habiterai** à la campagne, mais Thomas espère qu'il (**11**) **aura** son propre garage. J'espère qu'on (**12**) **sera** tous les deux riches et heureux!

➕ Using the future tense, students come up with six statements about what they will do in the future.

👄 This covers liaison with **s**, **t** and **x** (although normally silent at the end of a word, they are pronounced if the next word begins with a vowel sound). Read through this before students do exercise 4.

4 Prononcez les paires de phrases. Attention aux lettres en gras!

Speaking. Students practise saying the pairs of phrases, paying particular attention to the letters in bold: pronounced or silent?

5 Écoutez et vérifiez.

Listening. Students listen to the recorded version of the phrases in exercise 4 to check their pronunciation.

Audioscript 16

– J'irai aux magasins.
– J'irai aux États-Unis.
– Ils sont amis.
– Ils sont frères.
– Je continuerai me**s** études.
– Je continuerai mes devoirs.

6 À deux. Répondez aux trois questions de l'exercice 1. Parlez de vous-même ou utilisez les détails ci-dessous.

Speaking. In pairs: students take it in turn to ask and answer the three questions asked in exercise 1. They can either respond for themselves or use the details supplied.

7 Imaginez que vous êtes Bart ou Lisa Simpson, ou un(e) autre enfant célèbre. Écrivez un paragraphe sur votre avenir. Utilisez votre imagination!

Writing. Students imagine they are Bart or Lisa Simpson or another famous child/teenager and write a paragraph on their future. Encourage them to use their imagination. They should use the list of points supplied to structure their text.

Plenary

Ask students to summarise how the future tense is formed and used. Test them quickly on useful verbs which have irregular stems in the future (**j'aurai, je ferai, j'irai, je serai**).

Then go round the class, with each student giving a sentence about what they will be/do/have, etc., in the future. Encourage them to be as imaginative as possible.

Cahier d'exercices, page 49

1

Answers
1 quitterai le collège en juin
2 je continuerai mes études
3 Je ferai
4 si j'ai de bons résultats, j'irai à l'université
5 j'irai en Angleterre
6 j'aiderai les élèves à apprendre le français
7 je ne travaillerai pas tout de suite en France
8 je travaillerai à l'étranger
9 je serai prof d'anglais dans un lycée
10 je rencontrerai un homme qui sera beau et très riche
11 je serai riche, j'habiterai une grande maison et j'aurai trois enfants parfaits et deux chiens

2

Answers
Pupil's own answers

5 Le collège 5 Que feras-tu?

Cahier d'exercices, Grammaire, page 50

1

Answers

1 (ils viennent) *The last one as the first two come from the –ir family and double the 's'.*
2 elles connaissent as the other two are modal verbs
3 ils doivent as the other two double the 'n'
4 elles disent as the other two are regular –er verbs
5 ils écrivent as the other two take an 's' in the 3rd person plural

2

Answers

Le matin, je me réveille à six heures et demie. Je me lève dix minutes plus tard, puis je me douche tout de suite et je m'habille dans ma chambre. Ma sœur se douche après moi parce qu'elle reste longtemps dans la salle de bains!

Je partage la chambre avec elle et on se dispute tout le temps. Cependant, je m'entends bien avec mon petit frère.

Généralement, je me dépêche parce que je dois prendre le bus à sept heures et quart.

Le soir, je me couche vers dix heures et ma sœur et mon frère se couchent vers huit heures et demie. Super!

3

Answers

Ce matin, je me suis réveillée à six heures et demie. Je me suis levée dix minutes plus tard, puis je me suis douchée tout de suite et je me suis habillée dans ma chambre. Ma sœur s'est douchée après moi parce qu'elle reste longtemps dans la salle de bains!

Je partage la chambre avec elle et hier on s'est disputées.

Ce matin, je me suis dépêchée parce que j'ai dû prendre le bus à sept heures et quart.

Le soir, je me suis couchée vers dix heures et ma sœur et mon frère se sont couchés vers huit heures et demie.

5 Contrôle oral: Visiting a school in France (Student Book pages 100–101)

Topics revised
- Talking about school
- Talking about future plans

Resources
CD5, tracks 17–20

Overview
Read through the yellow box and remind students of how this section works. They will hear a Speaking controlled assessment model conversation in 3 parts and do exercises focused on the language used in it. These exercises, along with the advice/activities on how to improve speaking performance in ResultsPlus, will help them prepare to take part in a conversation of their own on the topic.

1 You will hear a model conversation. Below are some of the sentences, split in half, which Kevin uses to address the first two questions in the assessment task above. Predict how the sentence halves will match up, then listen to check.

Explain to the students that they will hear a sample of the kind of conversation they are expected to have in the Speaking controlled assessment. First they will do a preparatory exercise: they need to match the sentence halves to make complete sentences. Students then listen to check their answers.

Audioscript 17

– *Parle-nous un peu de ton collège.*
– *Notre collège s'appelle Newtown High School. C'est un collège mixte, le bâtiment est neuf et les locaux sont très grands. On peut facilement se perdre. D'habitude, chez nous, on va au collège à l'âge de onze ans, comme en France, et on peut rester dans le même établissement jusqu'à dix-huit ans. Il n'est pas nécessaire de changer d'école.*
– *Quelle est, selon toi, la différence la plus frappante entre votre collège et notre collège?*
– *Euh … Notre collège est nettement plus grand qu'ici. Il y a à peu près mille cinq cents élèves. Je ne connais que les élèves de ma classe et nos profs. Ici, en revanche, il y a seulement huit cents élèves. Tout le monde se connaît et se dit «bonjour» le matin en arrivant au collège et souvent on se fait la bise. Même les profs disent «bonjour» aux élèves. C'est moins formel. J'aime bien ça.*

Answers
1 d 2 f 3 a 4 c 5 e 6 b

2 Listen again and note down the French words and phrases that Kevin uses to say the following.

Students listen to the conversation again. They write down the French versions of the English phrases listed.

Audioscript 18

As for exercise 1.

Answers
1 facilement
2 d'habitude
3 comme
4 jusqu'à
5 nettement plus grand
6 en revanche
7 seulement
8 tout le monde
9 souvent

3 Listen to the second part of Kevin's conversation and fill in the gaps.

Students now listen to the second part of Kevin's conversation and complete the gap-fill version of the transcript.

With a good class you could ask pupils to read the text and try to work out plausible answers first, then use the recording to check. Discuss whether alternative answers the students came up with could also be correct in the context.

Audioscript 19

– *Est-ce que c'est vrai que vous devez porter un uniforme?*
– *Oui, **chez nous** c'est normal. **Chaque** collège a un uniforme différent. Nous, nous **portons** un pantalon gris, une chemise grise, un sweat rouge et une veste noire. Les filles portent une chemise blanche et il est interdit de mettre du maquillage, mais elles en mettent quand même. **À mon avis**, l'avantage c'est qu'on sait toujours quoi porter, mais **l'inconvénient** c'est simplement que je déteste notre uniforme! Je préfère porter un jean et un sweat comme ici, c'est beaucoup plus confortable.*
– *Quelles différences y a-t-il en ce qui concerne la journée scolaire?*
– *Alors … d'abord chez nous les cours **commencent** à neuf heures, pas à huit heures! Et ils **finissent** toujours à quatre heures. Quand nous n'avons pas de cours, nous **devons** rester au collège. Nous n'avons **jamais** cours le samedi. Ici, la journée est plus longue, mais **en revanche** on a beaucoup de jours de congés et les vacances sont beaucoup plus longues! Je préfère ça!*

5 Le collège — Contrôle oral: Visiting a school in France

Answers

Also shown in bold in the audioscript.
1 chez nous 2 Chaque 3 portons 4 À mon avis
5 l'inconvénient 6 commencent 7 finissent
8 devons 9 jamais 10 en revanche

4 Now listen to the final part of Kevin's conversation and answer the questions.

Students listen to the third and final part of Kevin's conversation and answer the questions on it. These questions focus on linguistic detail. You may need to play the recording more than once.

Audioscript 20

– Quelles autres différences y a-t-il?
– Après les cours, nous avons plusieurs clubs – clubs de sport, club de théâtre, club de musique, orchestre et cetera – qui sont organisés par nos profs. **Par exemple**, j'aime la musique. L'année dernière, **j'ai joué** de la batterie, mais l'année prochaine, **je vais apprendre** à jouer de la guitare aussi. Nous écrivons nos propres chansons et nous allons enregistrer un CD.
– Qu'est-ce que tu vas faire l'année prochaine?
– **Ça dépend**. Si je réussis mes examens, **je ferai** du dessin et de la technologie … parce que **je voudrais** être graphiste, mais si je ne réussis pas, je referai les matières que j'ai ratées.
– À ton avis, quelles sont les consignes les plus bizarres chez vous?
– **Il y en a plusieurs**. Par exemple, il faut porter des chaussures noires, il est interdit de porter des boucles d'oreilles … et on peut avoir un portable, mais on ne doit pas l'utiliser.
– **C'est permis d'avoir un portable en classe chez vous?**
– Oui, mais il faut l'éteindre.
– Ici ce n'est pas permis!

Answers

1 par exemple
2 *perfect* – j'ai joué, *near future* – je vais apprendre
3 ça dépend
4 *future* – je ferai, *conditional* je voudrais
5 Are you allowed to have a mobile phone in class at your school?/ C'est permis d'avoir un portable en classe chez vous?
6 Il y en a plusieurs.

ResultsPlus

The **ResultsPlus** section gives students the support they need to improve their speaking. The support is differentiated, allowing students to identify and work towards their target level (Grade C, Grade B/A, Grade A*). Encourage students to adopt the kind of approach taken in this section in all extended speaking activities.

Read through and discuss the **ResultsPlus** section together.

Also draw students' attention to the **Épate l'examinateur!** feature: this highlights language that students can include to particularly impress the examiner.

5 Now it's your turn! Prepare your answers to the task and then have a conversation with your teacher or partner.

Students participate in a conversation about their own school in the style of a controlled assessment task. They should use all the support supplied, here and elsewhere on the spread:

- the English questions in the yellow box on p. 100
- their answers to exercises 1–4
- Kevin's responses, adapted to talk about themselves
- the ResultsPlus advice on the language to include.

Each student takes part in a conversation as the person answering the questions. If they are working with a partner, they will take turns asking and answering.

If possible, record the conversations (or have the students record themselves). They can then swap recordings with a partner, listen to each other's version and offer comments on how it might be improved. A simple marking system is suggested (one/two/three stars for listed categories). Students should then identify two or three areas which they would like to improve next time they do an extended speaking task.

125

Contrôle écrit: An article about your school (Student Book pages 102–103)

Topics revised
- Talking about school
- Talking about a recent school trip or event and future plans

1 Find the French equivalent of these phrases in the text and copy them out.

Students read the text, then identify and write out the French for the English phrases listed. Some vocabulary is glossed for support.

Answers
1. a été fondé en
2. ont besoin d'être modernisés
3. en revanche
4. nous avons cours le mercredi matin
5. la retenue
6. pour moi, ce qu'il y a de mieux
7. ce sera trop tard pour moi
8. je serai

2 This is mainly about 'advertising' your school, not about what you do, so a lot of the verbs are in the third person plural, i.e. the *ils* form.

Students reread the text to identify **ils** verb forms in the present, perfect and future tenses.

Answers
1. *present – any five of:* les locaux sont, ils s'étendent, ils ne sont pas, Les vestiaires ont besoin, les cours débutent, les cours finissent, mes matières préférées sont
2. *perfect* – nos élèves sont allés; *future* – nos élèves iront

3 Answer the questions in English.

Students read the questions on the text and answer them in English.

NB This activity in the form of an exercise from the Edexcel Reading exam.

Answers
1. the cloakrooms
2. It was built for 800 students, but now has around 1200.
3. if they had detention
4. rock climbing and fencing
5. the USA
6. a new sports centre

4 You might be asked to write an article or a brochure about your school as a controlled assessment task. Use ResultsPlus to help you prepare.

Students read through the language support material supplied in preparation for doing their own extended writing task in exercise 5.

ResultsPlus

The **ResultsPlus** section gives students the support they need to improve their writing. The support is differentiated, allowing students to identify and work towards their target level (Grade C, Grade B/A, Grade A*). Encourage students to adopt the kind of approach taken in this section in all extended writing activities.

Also draw students' attention to the **Épate l'examinateur!** feature: this highlights a structure that students can include to particularly impress the examiner.

5 Now write a description of your own school.

Students write a text in the style of a controlled assessment task – a description of their own school. As well as the ResultsPlus guidelines on the language to include, they should use all the support supplied here:

- the advice on sourcing ideas and language
- the sample structure for the text
- the list of features to check in their finished text.

Students could swap texts with a partner and check each other's work, offering suggestions for how it might be improved.

5 À toi

(Student Book pages 190–191)

- Self-access reading and writing

1 Lisez le texte sur les droits (*rights*) et les devoirs (*duties*) des élèves dans une école. Ils ont transgressé quel article?

Reading. Students read the text on the rights and duties of students in a school and identify which article each of the eight people described has broken. Draw students' attention to the tip box on reading for information.

Answers
1 Article 5   2 Article 4   3 Article 1   4 Article 3
5 Article 6   6 Article 2   7 Article 1   7 Article 4

2 Que dit le professeur à chaque personne de l'exercice 1? Utilisez *il faut* ou *il ne faut pas*.

Writing. Students write out a statement from a teacher to each of the people in exercise 1.

Answers
1 *Chloé, il faut aider les autres.*
2 Medhi, il ne faut pas utiliser ton portable en classe.
3 Louis, il faut respecter les autres/il ne faut pas insulter les autres.
4 Alexandra, il faut être à l'heure/il ne faut pas être en retard.
5 Sébastien, il ne faut pas apporter de couteau/d'objets dangereux à l'école.
6 Yasmina, il faut prendre soin de tes affaires.
7 Blanche, il ne faut pas te moquer des autres.
8 Karim, il faut laisser travailler la classe/il ne faut pas chuchoter avec ton voisin (etc.).

3 Écrivez une liste des droits et des devoirs dans votre collège.

Writing. Students write a list of the rights and duties that apply in their own school. Draw their attention to the tip box, which highlights the structures to use.

4 Trouvez la bonne définition.

Reading. Students read Alizée's text about what she does at school and match the seven French words to the appropriate French definition (from **a–g**).

Answers
1 g   2 f   3 d   4 e   5 b   6 c   7 a

5 Relisez et répondez en anglais.

Reading. Students reread the text in exercise 4 and answer the six comprehension questions in English.

Answers
1 15 or 16
2 painting/sculpture
3 Monday
4 she lives in (so can sleep later), everyone in her class likes the course
5 Apart from painting/sculpture, she doesn't find them very interesting.
6 chatty (j'ai de la chance, mais déjà midi sonne, Le pire menu? Les épinards!, tout le monde aime les frites!, n'est-ce pas?, etc.)

6 Relisez et trouvez les mots.

Reading. Students reread the text and make a list of the opening words/phrases in each sentence. They then translate these into English, using the Vocabulaire section or a dictionary as necessary.

7 Écrivez un paragraphe.

Writing. Using the text in exercise 4, students write a short paragraph about their own school. They should try to incorporate at least four of the opening words/phrases used by Alizée.

Module 6 Il faut bosser! (Student Book pages 106–123)

Unit	Main topics and objectives	Grammar
Déjà vu **L'argent, l'argent** (pp. 106–107)	Discussing jobs and money Indirect object pronouns	Indirect object pronouns **du/de la/de l'/des**
1 Avez-vous un job? (pp. 108–109)	Talking about part-time jobs Looking for detailed meaning in a text	–
2 Au boulot! (pp. 110–111)	Discussing different jobs Forming questions	Questions
3 C'est de la part de qui? (pp. 112–113)	Applying for jobs Using formal language	Formal language
4 Ce n'est pas juste! (pp. 114–115)	Discussing problems at work Using **qui** and **que**	Relative pronouns **qui** and **que**
5 Les stages – pour ou contre? (pp. 116–117)	Talking about work experience Contrasting the perfect and imperfect tenses	The perfect and imperfect: when to use
Contrôle oral: **An interview for a job in France** (pp. 118–119)	*Exam speaking practice* Talking about free time activities Talking about a part-time job Talking about work experience Talking about plans for the future	*Revision*
Contrôle écrit: **Writing about your work experience** (pp. 120–121)	*Exam writing practice* Talking about work experience	*Revision*
À toi (pp. 192–193)	Self-access reading and writing	

6 Déjà vu: L'argent, l'argent

(Student Book pages 106–107)

Main topics and objectives
- Discussing jobs and money
- Indirect object pronouns

Grammar
- Indirect object pronouns
- du/de la/de l'/des

Key language
Household chores
Pocket money

Resources
CD3, tracks 17–18
Cahier d'exercices, page 53
Grammaire p. 220

Starter 1

Aim
To revise indirect object pronouns.

Write up the following and ask students working in pairs to translate the sentences:

1 Je te téléphonerai ce soir.
2 Ils ne me donnent rien.
3 Ses parents lui disent qu'il est encore trop jeune.
4 Est-ce qu'on te donne de l'argent de poche?
5 Je lui ai envoyé un texto.

When checking the answers, ask students to explain the function of **te**, **me**, **lui** in each example. Can they come up with a rule on where indirect object pronouns go in a sentence?

1 Reliez les images et les phrases.

Reading. Students find the correct phrase for each picture.

Answers
a garder ma petite sœur
b mettre la table
c passer l'aspirateur
d promener le chien
e faire la vaisselle
f vider le lave-vaisselle
g ranger ma chambre
h laver la voiture
i sortir la poubelle

2 On parle de l'argent de poche et du travail à la maison. Écoutez et complétez la grille. Utilisez les lettres des images de l'exercice 1. (1–5)

Listening. Students copy out the grid. They listen to five people talking about their pocket money and the household chores they do and complete the grid with the details. For the chores, they should use the letters of the pictures in exercise 1.

There is a lot of detail to note in this activity. You may want to suggest students concentrate on identifying specific details on the first listening and the rest of the information on a second listening.

Audioscript 17

1 Mes parents me donnent dix euros par semaine comme argent de poche. Pour ça, je dois aider beaucoup à la maison. Je dois ranger ma chambre deux fois par semaine et faire la vaisselle tous les soirs après le dîner. C'est affreux. Je trouve ça un peu dur parce que j'ai beaucoup de devoirs à faire aussi.

2 Mes parents sont divorcés et j'habite chez ma mère. Elle n'a pas beaucoup d'argent, donc elle ne me donne pas d'argent de poche, mais mon père me donne cinq euros si je lave sa voiture le week-end et mes grands-parents me donnent quinze euros par mois, donc ça va.

3 Chez moi, je ne dois pas aider mes parents parce que j'ai des examens cette année, donc j'ai beaucoup de travail scolaire à faire. Mais mon frère cadet doit passer l'aspirateur une fois par semaine et sortir la poubelle. Pour ça, ma mère lui donne huit euros par semaine comme argent de poche. C'est un peu injuste parce qu'on ne m'en donne pas. J'ai quand même besoin d'argent!

4 Mes parents me disent tout le temps «Si tu fais ça, on te donnera de l'argent de poche.» Par exemple, quelquefois je dois promener le chien ou garder ma petite sœur quand mes parents veulent sortir. Mais ils sont assez généreux quand même. Ils me donnent vingt-cinq euros par mois, donc c'est bien.

5 Moi, je dois mettre la table tous les soirs avant le dîner et vider le lave-vaisselle le matin. C'est dur, hein? Et mes parents refusent de me donner de l'argent de poche! Ils paient mes affaires scolaires et mes vêtements, donc ils disent que je n'ai pas besoin d'argent de poche. Ce n'est pas juste!

129

6 Il faut bosser! Déjà vu: L'argent, l'argent

Answers

	argent de poche	travail à la maison	content(e) ☺ ou pas content(e)? ☹
1	10€ par semaine	g (2 x par sem.) … e (tous les soirs)	☹
2	35€ par mois	h (le week-end)	☺
3	–	–	☹
4	25€ par mois	d (quelquefois) a (quelquefois)	☺
5	–	b (tous les soirs) f (tous les matins)	☹

Expo-langue: indirect object pronouns

Use this grammar box to cover the indirect object pronouns **me**, **te** and **lui** before students do exercise 3. There is more information on p. 220 of the Student Book.

3 À deux. Choisissez deux personnes de l'exercice 2 et faites un dialogue en utilisant les questions ci-dessous.

Speaking. In pairs: students each choose a person from exercise 2 and take part in a dialogue about what household chores they do, their pocket money and whether they're happy with the situation. The questions are supplied. They could repeat the dialogue with two different characters if there is time.

4 Écrivez un paragraphe sur deux des personnes de l'exercice 2.

Writing. Students write a paragraph on two of the people in exercise 2. Sentence openings are supplied for support.

Starter 2

Aim
To revise the partitive.

Write up the following and ask students to fill in the gaps with the appropriate form of **de**:

1 ___ bonbons
2 ___ bière
3 une tranche ___ jambon
4 ___ baskets
5 beaucoup ___ magazines
6 ___ matériel scolaire
7 un litre ___ eau minérale
8 ___ DVD
9 100g ___ raisins
10 ___ confiture

5 Écoutez ce qu'ils achètent avec leur argent de poche. Combien de fois est-ce qu'on mentionne chaque chose?

Listening. Students listen to an interview with three teenagers, Mélanie, Luc and Nabila about what they spend their pocket money on and note how many times the items pictured (**a–h**) are mentioned.

Audioscript 18

– Ce soir, on demande aux jeunes ce qu'ils achètent avec leur argent de poche. J'ai avec moi Mélanie, Luc et Nabila. Commençons avec toi, Nabila. Est-ce que tu reçois de l'argent de poche?
– Oui, mes parents me donnent environ douze euros par semaine.
– Et tu le dépenses comment?
– Bof … D'abord, je dois acheter tout mon matériel scolaire – des stylos, des cahiers, des classeurs, etc. Puis avec l'argent qui me reste, j'achète des magazines de musique pop, des bonbons … et parfois du maquillage.
– Tu fais des économies aussi?
– C'est pas évident d'économiser avec douze euros par semaine, mais si je peux, je mets un peu d'argent de côté pour m'acheter des DVD ou des CD.
– Bon, merci. Et toi, Luc, qu'est-ce que tu fais de ton argent?
– Ben, je reçois un peu moins que Nabila. J'ai dix euros par semaine de la part de ma mère, mais j'achète un peu les mêmes choses que Nabila, c'est-à-dire des bonbons ou des chocolats, des magazines de jeux d'ordinateur – et du matériel scolaire. Mais j'économise toujours trois ou quatre euros par semaine pour acheter des jeux de console parce que jouer à l'ordinateur, c'est une de mes distractions préférées. Mais les jeux coûtent assez cher, alors je n'en achète qu'un tous les deux ou trois mois.
– D'accord, merci, Luc. Et finalement, Mélanie. Tu peux nous parler un peu de tout ça, toi aussi?
– Euh, je dois dire que j'ai de la chance, moi, parce que mes parents paient tout mon matériel scolaire, donc avec les vingt euros par mois qu'ils me donnent, je peux acheter les choses qui sont importantes pour moi. Par exemple, moi aussi, je suis fan des jeux de console, donc j'en achète pas mal. À part ça, j'achète des CD et des DVD, bien sûr, des magazines … et quelquefois je dois acheter des cadeaux d'anniversaire aussi. La chose que je trouve très chère, c'est les baskets, surtout parce que je préfère les marques comme Nike ou Fila. Donc, j'essaie de mettre de côté un peu d'argent tous les mois pour une nouvelle paire.
– Merci, Mélanie, et au revoir à tout le monde.

Answers

a 2 fois *b* 2 fois *c* 1 fois *d* 1 fois *e* 3 fois *f* 2 fois
g 2 fois *h* 1 fois

6 Il faut bosser! *Déjà vu: L'argent, l'argent*

Expo-langue: *du/de la/de l'/des*

Use this grammar box to remind students that the partitive (**du/de la/de l'/des**) is always used when talking about what you buy, even when you might omit 'some' in the English translation.

R In pairs: students take it in turn to prompt with an item in English (from this unit or earlier Modules) (e.g. sweets) and to respond in French using the partitive (e.g. **des bonbons**).

6 Vidéoconférence. Répondez aux questions en utilisant les phrases ci-dessous. Utilisez un dictionnaire si nécessaire.

Speaking. Students imagine that they are going to have a videoconference with students at a French school. They are going to talk about what they buy with their pocket money and what they save for. The questions are supplied, along with a box of useful language to use.

Encourage them to use a dictionary for any items not covered in the book. Before they start, draw their attention to the tip box, which gives advice on how to use a dictionary effectively.

If possible, allow students to record their presentations. Ask them to take a partner's recording home to listen to it and to come up with two suggestions for improvement.

7 Écrivez un paragraphe sur ce que vous achetez avec votre argent. Mentionnez aussi si vous mettez de l'argent de côté et si oui, pourquoi. Essayez d'utiliser ces mots et expressions:

Writing. Students write a paragraph on what they buy with their pocket money. They should include details of any money they save and what they are saving for. Encourage them to use the list of expressions supplied.

Plenary

Write up:

Ses parents *lui* donnent de l'argent de poche.

Ask students to translate the sentence and then to explain what kind of word **lui** is, what it replaces and where it goes in a sentence.

Then write up:

Je *la* donne à mon frère.

Ask students what **la** is doing in this sentence. Get them to summarise the difference between direct and indirect object pronouns.

Cahier d'exercices, page 53

1a

Answers

1 Amandine
2 Jérémie
3 Nicolas

1b

Answers

1 Jérémie
2 Amandine
3 Nicolas
4 Nicolas
5 Amandine
6 Jérémie
7 Jérémie
8 Jérémie

2

Answers

Example:
Ma mère me donne 40€ par mois comme argent de poche. Pour ça, je dois sortir la poubelle et faire la vaisselle chaque soir. Je trouve ça un peu dur. Avec mes 40€, je dois acheter du matériel scolaire et des vêtements de mode. Je mets de côté l'argent qui me reste pour acheter des cadeaux pour mes copains. J'aimerais en avoir un peu plus!

6 Il faut bosser!

1 Avez-vous un job?

(Student Book pages 108–109)

Main topics and objectives
- Talking about part-time jobs
- Looking for detailed meaning in a text

Key language
Je travaille dans …
un centre de loisirs
un fast-food
un salon de coiffure
un supermarché
Je fais du baby-sitting.
Je livre des journaux.
Je travaille de (9h00) à (17h30).
Je gagne (5€) par heure.
Je fais le café pour les clients.
Je travaille à la caisse.
Je fais des livraisons.
Je sers les clients.
Je range l'équipement sportif.
Je remplis les rayons.

Resources
CD3, tracks 19–20
Cahier d'exercices, page 54

Starter 1

Aim
To introduce some vocabulary for part-time jobs.
To revise **devoir** + the infinitive.

Write up:

1 Je ____ ____ l'aspirateur.
2 Il ____ ____ le café pour les clients.
3 Nous ____ ____ des journaux.
4 On ____ ____ à manger aux animaux.
5 Ils ____ ____ l'équipement sportif.

devoir +
donner, livrer, faire, ranger, passer

Ask students to complete the sentences with the correct form of **devoir** plus one of the verbs listed and then to translate the sentences.

1 Qui fait quel job? Écoutez et trouvez les bonnes images. (1–8)

Listening. Students listen to eight people talking about the job they do and identify the correct picture for each (from **a–h**).

Audioscript 19

1 J'ai un petit job dans un fast-food. Je fais ça tous les samedis de treize heures à dix-huit heures et je gagne trente-deux euros cinquante.
2 Je travaille quatre soirs par semaine dans un centre de loisirs. Je gagne sept euros par heure et je fais douze heures par semaine.
3 Mon petit boulot, c'est dans un supermarché. Je commence à neuf heures et demie le dimanche et je finis à midi. Pour ça, je gagne dix-huit euros.
4 Je fais du baby-sitting deux fois par semaine pour mes voisins. D'habitude, je fais ça entre vingt heures et vingt-trois heures et je reçois vingt euros par semaine.
5 J'ai un job tous les week-ends dans une ferme. On me paie vingt-cinq euros et je travaille quatre heures en tout.
6 Moi, je livre des journaux aux maisons près de chez moi. Je fais ça tous les jours sauf le dimanche de sept heures à huit heures. Le salaire, c'est vingt-quatre euros par semaine.
7 J'ai un petit boulot dans un salon de coiffure le samedi matin. Je fais trois heures de travail et je gagne treize euros cinquante.
8 Mon travail, c'est le lundi et le mercredi soir dans l'épicerie de mon oncle. Je commence à seize heures et je finis à dix-huit heures trente. Il me paie vingt-sept euros cinquante par semaine.

Answers
1 d **2** g **3** b **4** a **5** h **6** c **7** f **8** e

2 Écoutez encore une fois. Copiez et complétez la grille en français. (1–8)

Listening. Students copy out the grid. They listen to the recording again and complete the grid with the details in French. Warn students that some people give details of the pay as an hourly rate, so they will need to work out the total pay for the answer.

Audioscript 20

As for exercise 1.

Answers

	jour(s)/fréquence	horaires	salaire
1	tous les samedis	de 13h à 18h	32,50€
2	quatre jours par semaine	douze heures par semaine	84€
3	le dimanche	de 9h30 à 12h	18€
4	deux fois par semaine	de 20h à 23h	20€
5	tous les week-ends	quatre heures	25€
6	tous les jours sauf le dimanche	de 7h à 8h	24€
7	le samedi matin	trois heures	13,50€
8	le lundi et le mercredi	de 16h à 18h30	27,50€

3 Trouvez les paires de phrases pour les images de l'exercice 1.

Reading. Students read the 16 sentences. For each of the pictures in exercise 1 (**a–h**), they identify the two correct sentences.

6 Il faut bosser! / Avez-vous un job?

> **Answers**
> a *13*, 16 b 1, 5 c 6, 8 d 3, 10 e 7, 15 f 2, 11
> g 12, 14 h 4, 9

4 À deux. Imaginez que vous êtes une des personnes de l'exercice 1. Faites un dialogue en utilisant ces questions:

Speaking. In pairs: students use the questions supplied to have a dialogue. They take it in turn to imagine that they are one of the people in exercise 1 and to respond accordingly.

Starter 2

Aim
To recognise key words and phrases which affect meaning in a text.

Write up the following in two columns, jumbling the order of the second column. Ask students to match the French and English versions.

trop	too
sauf	except
parfois	sometimes
mais d'habitude	but usually
ne … que	only
par contre	on the other hand
même si	even if
malgré cela	in spite of that

5 Lisez les textes. Puis regardez les phrases en dessous. Pour chaque personne, écrivez P (Positive), N (Négative) ou P/N (Positive/Négative).

Reading. Students read the four texts. They then read the question on each text and decide whether the writer's opinion on each of the points listed is positive (P), negative (N) or a mixture of the two (P/N).

⭐ Before starting, students should read through the tip box, which highlights a key pitfall when tackling reading texts in an exam. It advises students on looking out for small but important words that can easily be overlooked but which can completely change the meaning of a sentence.

> **Answers**
> 1 a N b P/N c P   3 a P b N
> 2 a N b N c P   4 a P b P/N

6 Préparez une présentation d'une minute sur votre job. Si vous n'avez pas de job, utilisez les détails ci-dessous. Mentionnez:

Speaking. Students prepare a one-minute presentation on their job, using details of a job they actually do or the prompts supplied. They should use the list of points to be covered to structure their presentation.

7 Écrivez un paragraphe sur votre job, réel ou imaginaire. Adaptez les textes de l'exercice 5, si vous voulez.

Writing. Students write a paragraph on a real or imaginary job that they do. Remind them they can adapt the texts in exercise 5 or simply use them for ideas.

Plenary

⭐ Ask students to identify the vocabulary in this unit that they are intending to note down to learn. What vocabulary is important? How will they approach this?

Emphasise how important it is that students learn and revise vocabulary as they go along, especially at this level where such a broad range of vocabulary is used. Discuss ways in which students note vocabulary down and how they learn it. Remind students as necessary of the 'look, say, cover, write, check' approach for learning words. Point out that regularly reviewing vocabulary (spending at least ten minutes on it every day) will really help them when it comes to revising for the exam.

Cahier d'exercices, page 54

1

> **Answers**
> A Je donne des cours à des enfants plus petits que moi.
> B Quelquefois les clients sont un peu impolis.
> C Je dois me lever tôt le samedi.
> D Le week-end, quelquefois c'est difficile.

2

> **Answers**
> 1 Oui, les parents des enfants lui donnent de l'argent.
> 2 Oui, elle aime bien son travail.
> 3 Elle travaille dans un café ou dans un restaurant.
> 4 Quelquefois, les clients sont un peu impolis.
> 5 Oui, ses collègues sont sympas.
> 6 Parce qu'elle doit choisir entre le baby-sitting et sortir avec ses copains.

3

> **Answers**
> Pupil's own answers

6 2 Au boulot!

(Student Book pages 110–111)

Main topics and objectives
- Discussing different jobs
- Forming questions

Grammar
- Questions

Key language
l'agent de police
le/la boulanger/ère
le/la caissier/ère
le/la chauffeur/euse de poids lourds
le/la chef de cuisine
le facteur/la factrice
le/la médecin
le serveur/garçon de café
la serveuse
le steward/l'hôtesse de l'air
Ce que j'aime surtout, …
c'est la variété du travail
le/la patron(ne)
mes collègues
le salaire
les horaires de travail
les (autres) gens
sauf
même (si)
C'est/Ce n'est pas bien payé.
monotone
satisfait(e)
sévère
enfermé(e) dans un bureau
fatigant(e)
gratifiant(e)
sale
stressant(e)
On (n')a (pas) …
beaucoup de/pas mal de
contact avec les gens
responsabilité
temps libre
On doit se lever tôt.
On reçoit un pourboire.
On travaille en équipe.
On voyage beaucoup.
les heures sont longues

Resources
CD3, tracks 21–22
Cahier d'exercices, page 55
Grammaire p. 205

Starter 1

Aim
To practise listening for gist.

Tell students they are going to hear a recording: explain that their aim is to get a general idea of what is going on, not to note the details. They should listen for the answers to the following questions:

1 Where might you hear this kind of recording? (on the radio)
2 What is the man's job? (he's a TV cameraman)
3 Does he like it? (yes, it's a fascinating job)

Play the recording for exercise 1.

1 Écoutez cette interview avec un reporter cameraman. Notez les questions dans le bon ordre.

Listening. Students listen to the interview with a TV cameraman who travels the world shooting news films. They put the nine questions asked in the interview in the same order as on the recording.

Audioscript 21

– Comment vous appelez-vous?
– Je m'appelle Guillaume Marchant.
– Et qu'est-ce que vous faites comme travail?
– Je suis reporter cameraman.
– Depuis quand faites-vous ce travail?
– Depuis quinze ans à peu près.
– Comment vous êtes devenu reporter cameraman?
– Après avoir quitté le lycée, j'ai fait des études de journalisme dans une école spécialisée à Bordeaux.
– Où travaillez-vous en ce moment?
– En ce moment, je travaille beaucoup en Afrique. Je suis en train de tourner un reportage sur le sida pour une chaîne de télévision française.
– Vous travaillez combien d'heures par semaine?
– Ça peut varier énormément. Mais en général, je travaille entre trente-cinq et quarante heures par semaine.
– Vous aimez votre travail?
– Ah, oui, c'est un travail fascinant.
– Pourquoi l'aimez-vous?
– Ce que j'aime surtout, c'est la variété du travail. D'ailleurs, j'aime beaucoup voyager; je n'aimerais pas être enfermé dans un bureau. Et c'est assez bien payé aussi!
– Quels sont les inconvénients de votre travail?
– Les inconvénients sont qu'on n'est pas souvent à la maison et que quelquefois, on doit travailler le week-end.
– Guillaume Marchant, merci beaucoup.
– Il n'y a pas de quoi.

Answers
5, 8, 3, 6, 7, 2, 9, 1, 4

Expo-langue: questions

Use this grammar box to cover the different ways questions can be formed and to revise question words (including the various forms of **quel?**). There is more information on p. 205 of the Student Book.

R Ask students to identify what kind of question each question in exercise 1 is.

2 Complétez le texte en utilisant les mots ci-dessous.

Reading. Students read the gap-fill text and identify the ten missing words. The words are supplied for reference.

6 Il faut bosser! 2 Au boulot!

➕ Before students look at the list of words, ask them to identify what kind of word they are looking for in each case (noun, verb, etc.).

Answers

1 depuis 2 études 3 Afrique 4 entre 5 semaine
6 variété 7 voyager 8 payé 9 inconvénients
10 doit

3 À deux. Faites une interview de Nathalie Lafontaine ou Jean-Luc Blier en utilisant les renseignements à droite.

Speaking. In pairs: students carry out an interview, taking it in turn to ask the questions and to play the part of Nathalie Lafontaine or Jean-Luc Blier, whose details are supplied.

4 Écrivez un paragraphe pour Nathalie ou Jean-Luc. Adaptez le texte de l'exercice 2.

Writing. Students write a paragraph about Nathalie or Jean-Luc, adapting the completed texts from exercise 2.

Starter 2

Aim
To revise forming questions.

Ask students to come up with three questions, each one using a different kind of question structure.

Listen to some answers. Ask students to summarise the various ways questions are formed.

5 Trouvez la bonne image pour chaque texte.

Reading. Students read the five texts about various jobs and match each one to the correct picture.

Answers

1 b 2 c 3 d 4 a 5 e

6 Trouvez, dans le glossaire ou dans un dictionnaire, l'équivalent en anglais des mots en bleu dans l'exercice 5.

Reading. Students translate into English the words in blue in the texts in exercise 5, using either the **Vocabulaire** section at the back of the Student Book or a dictionary. Encourage an able class to see how much they can manage to work out for themselves before using these references.

7 Écoutez. Donnez au moins un avantage et un inconvénient de chaque métier. Complétez la grille en français. (1–5)

Listening. Students copy out the grid. They listen to five conversations in which people talk about their job and note in the grid an advantage and a disadvantage for each job mentioned.

Audioscript 22

1 – Je voudrais bien travailler comme caissier. On a beaucoup de contact avec les gens et les heures sont flexibles.
– Oui, mais tu sais, c'est assez monotone comme travail et le salaire n'est pas toujours très bon.

2 – L'avantage d'être chauffeur de poids lourds, c'est qu'on n'a pas beaucoup de responsabilités et qu'on voyage beaucoup.
– D'accord, tu as raison, mais il ne faut pas oublier que les horaires sont longs et on doit souvent travailler la nuit aussi.

3 – Je n'aimerais pas être boulangère. On doit se lever très tôt le matin pour faire le pain et il fait très chaud aussi.
– Oui, seulement c'est bien comme métier si on s'intéresse à l'alimentation. Et on a beaucoup d'indépendance si on est propriétaire de la boulangerie.

4 – Si on travaille comme coiffeuse, on a beaucoup de contacts avec ses clients et c'est parfait si on s'intéresse à la mode ou à la beauté.
– Oui, mais quelquefois, ce n'est pas très bien payé et n'oublie pas qu'on doit travailler le samedi aussi!

5 – Travailler comme garçon de café, je crois que c'est dur. Ça doit être fatigant de servir les clients toute la journée et on doit souvent travailler le soir.
– Oui, mais c'est agréable de travailler avec les gens comme ça. Et un autre avantage, c'est qu'on reçoit souvent un pourboire des clients.

Answers

	avantages	inconvénients
1 caissier/caissière de supermarché	contact avec les gens horaires flexibles	monotone salaire pas très bon
2 chauffeur de poids lourds	pas beaucoup de responsabilité voyage beaucoup	heures longues travaille la nuit
3 boulanger/ boulangère	intéressant beaucoup d'indépendence	se lève très tôt très chaud
4 coiffeur/coiffeuse	beaucoup de contact intéressant	pas très bien payé travaille le samedi
5 garçon de café (serveur)/serveuse	travaille en équipe pourboires	fatigant travaille le soir

135

6 Il faut bosser! 2 Au boulot!

8 À deux. Quels métiers voudriez-vous ou ne voudriez-vous pas faire?

Speaking. In pairs: students discuss which jobs they would like to do and which they wouldn't like to do. A sample exchange is given.

Plenary

Explain that the class is going to play a game to revise the advantages and disadvantages of particular jobs. Start it off by prompting a student with a job (e.g. **caissier de supermarché – inconvénient?**). The student responds with an example of an advantage or disadvantage of the job, as specified (e.g. **c'est monotone**). That student then prompts another student, and so on round the class.

Cahier d'exercices, page 55

1

Answers

Comment vous appelez-vous?
Qu'est-ce que vous faites comme travail?
Depuis quand faites-vous ce travail?
Comment êtes-vous devenu propriétaire?
Vous aimez votre travail?
Vous travaillez combien d'heures par semaine?
Quels sont les inconvénients de votre travail?
Qu'est-ce qu'il faut faire pour réussir?
Votre restaurant a reçu des étoiles?

2

Answers

1 Il a quitté le collège à quinze ans.
2 Il a réussi son Brevet professionnel.
3 Il a commencé à travailler comme cuisinier à vingt et un ans.
4 Il est devenu propriétaire à trente ans.
5 Il aime bien créer des repas.
6 Il travaille entre cinquante-cinq et soixante-dix heures par semaine.
7 Un inconvénient, c'est que les heures sont longues et il aime être avec sa famille.
8 Pour avoir du succès, il pense qu'il faut être curieux et vouloir faire plaisir.

6 3 C'est de la part de qui?

(Student Book pages 112–113)

Main topics and objectives
- Applying for jobs
- Using formal language

Grammar
- Formal language

Key language
l'aptitude sportive (f)
la maîtrise de l'anglais
les langues étrangères (f)
J'ai vu votre annonce …
Je voudrais poser ma candidature pour le poste de …
Comme vous verrez dans mon CV, …
Veuillez trouver ci-joint …
Dans l'attente de votre réponse
Je vous prie d'agréer l'expression de mes salutations sincères
Ici (Pierre Dupont).
Je voudrais parler …
Je regrette. Il/Elle n'est pas là en ce moment.
Vous voulez laisser un message?
C'est de la part de qui?
Ça s'écrit comment?
Ne quittez pas.
Je vais vous passer (Mademoiselle Mériel).
Quel est votre numéro de téléphone/portable/fax?
Je rappellerai demain.

Resources
CD3, tracks 23–24
Cahier d'exercices, page 56

Starter 1

Aim
To practise reading for gist.

Give students one minute to read the texts in exercise 1 on p.112 of the Student Book. Explain that their aim is to get a general idea of what is going on, not to note the details. They are looking for the answers to the following questions:

1 Where would you find texts like these?
2 What is the job described in each one?
3 Where is each job based?

to do this using the reading strategies they have learned and then use a dictionary to check their answers.

Answers
1 your aptitude for sports/your sporting ability
2 interest in/liking for sport
3 mastery of English
4 two months' training
5 available in the evenings until 2am and at the weekend
6 the Caribbean
7 welcoming visitors
8 a foreign language would be appreciated
9 your application
10 your availability

1 Lisez les offres d'emploi et répondez aux questions en anglais.

Reading. Students read the three job adverts. They answer the ten questions in English by identifying the job referred to in each case.

⭐ Draw students' attention to the tip box before they start. This covers the very important technique of focusing on what you need to understand in a more complex text and not being distracted by the fact the texts contain language you don't know. Stress that developing an ability to identify the appropriate 'clue' words will greatly help them in the exam.

Answers
1 A,C 2 B 3 B 4 A 5 C 6 A 7 B 8 C 9 A 10 C

2 Écrivez l'équivalent en anglais de ces mots et expressions tirés des annonces de l'exercice 1. Devinez d'abord, puis vérifiez dans un dictionnaire.

Reading. Students translate the ten expressions from the adverts in exercise 1. They should try

3 On téléphone pour avoir des renseignements sur quel emploi ci-dessus? A, B ou C? (1–3)

Listening. Students listen to three people phoning for further information on jobs they have seen advertised. They identify which of the jobs in exercise 1 each person is interested in.

➕ You could replay the recordings and ask students to note down what each person wants to know and what response they receive.

Audioscript 23

1 – Allô. Ici Robert Lavigne. Je peux vous aider?
 – Bonjour, monsieur. C'est Chantal Gautier à l'appareil. J'ai bien vu votre annonce dans le journal et je voudrais vous poser une petite question, s'il vous plaît.
 – Pas de problème, Mademoiselle Gautier. C'était pour quel poste?
 – C'est pour le poste d'opérateur ou opératrice d'attractions.
 – Ah oui, et quelle est votre question?
 – J'ai bien lu dans l'annonce qu'il faut être disponible le soir et le week-end, mais je voudrais connaître les horaires de travail exacts, si possible.

6 Il faut bosser! 3 C'est de la part de qui?

– Les horaires sont flexibles, mademoiselle, mais en général on demande aux opérateurs de travailler sept heures par jour, cinq jours par semaine. Ça vous ira?
– Oui, ça ira, merci, monsieur. C'est que je m'entraîne pour une compétition de natation, mais je peux m'entraîner avant ou après le travail, selon vos besoins.
– Ah, je vois que vous avez un goût prononcé pour le sport, comme on a précisé dans notre annonce. C'est bien ça. Vous avez d'autres questions?
– Non, merci, monsieur, c'est tout.

2 – Allô, LMCB, je vous écoute.
– Bonjour, madame. Je voudrais parler à Isabelle Lepage, s'il vous plaît.
– Ah, je regrette, monsieur, elle n'est pas là en ce moment. Vous voulez laisser un message?
– Oui, je veux bien, s'il vous plaît. C'est de la part de Sélim Nadour.
– Ça s'écrit comment, monsieur, s'il vous plaît?
– S-É-L-I-M N-A-D-O-U-R.
– Merci. Et quel est votre message?
– C'est pour avoir plus de renseignements sur votre annonce, qui a paru dans le journal d'hier.
– C'est pour les postes d'hôtes et hôtesses d'accueil, monsieur?
– Oui, madame, c'est ça. Je voudrais travailler à temps partiel, mais je ne peux pas travailler les mercredis, à cause de mes études, donc …
– Si vous voulez, monsieur, je peux vous passer Mademoiselle Mériel, qui travaille avec Madame Lepage. Elle pourra vous renseigner sur ce poste.
– Ce serait très gentil, merci, madame.
– De rien, monsieur. Ne quittez pas …

3 – Allô, oui?
– Je voudrais parler à Monsieur Perrault, s'il vous plaît.
– C'est lui-même.
– Bonjour, monsieur. J'aimerais poser ma candidature pour le poste paru dans le journal de la semaine dernière, si ce n'est pas trop tard.
– C'est pour quel poste, monsieur?
– C'est pour le poste d'animateur en club.
– Ah, oui. Ce n'est pas encore trop tard, mais il faudrait envoyer votre dossier le plus tôt possible. Pourriez-vous nous envoyer votre CV et votre lettre de motivation par fax, s'il vous plaît?
– Oui, monsieur. Quel est votre numéro de fax, s'il vous plaît?
– C'est le 01 41 26 88 02.
– Pourriez-vous répéter, s'il vous plaît, monsieur?
– Oui, c'est le 01 41 26 88 02, monsieur.
– Merci, monsieur. Je vous l'envoie tout de suite.
– De rien, monsieur. Au revoir.

Answers
1 C 2 B 3 A

Starter 2

Aim
To practise using grammar and logic to work out language.

Write up the following in two columns, jumbling the order of the second column. Ask students working in pairs to match the halves to make complete sentences/questions and then to translate them.

1 Je peux	vous aider?
2 Quel est	votre message?
3 Elle vous	rappellera plus tard.
4 Ça s'écrit	comment?
5 Quel est votre	numéro de téléphone?
6 Je lui	passerai votre message.
7 C'est	de la part de qui?

When checking answers, ask students how they worked out the pairings.

4 Écoutez et complétez le dialogue.

Listening. Students listen to the recording and note the words missing in the gap-fill version of the text. The words are supplied for support.

Audioscript 24

– Allô, **ici** Cécile Moreau. Je peux vous aider?
– Bonjour, madame. Je voudrais **parler** à Mademoiselle Chagny, s'il vous plaît.
– Je **regrette**, monsieur, mais elle n'est pas là en ce moment. Vous voulez **laisser** un message?
– Oui, je veux bien, s'il vous plaît.
– C'est de la **part** de qui, monsieur?
– C'est de la part de Mathieu Gesbert.
– Gesbert, ça **s'écrit** comment, s'il vous plaît?
– G-E-S-B-E-R-T.
– **Quel** est votre numéro de téléphone, s'il vous plaît, monsieur?
– C'est le 06 10 77 34 30.
– Et quel est votre message?
– C'est que je **serai** un peu en retard pour notre réunion cet après-midi parce que mon train a une demi-heure de **retard**.
– Bon, merci. Je lui passerai **votre** message. Elle vous rappellera plus tard.
– Merci, madame. Au revoir.
– De rien, monsieur. Au revoir.

Answers
Also in bold in the audioscript.
1 ici 2 parler 3 regrette 4 laisser 5 part 6 s'écrit
7 quel 8 serai 9 retard 10 votre

R In pairs: students translate the dialogue into English.

6 Il faut bosser! 3 C'est de la part de qui?

Expo-langue: formal language

Use this grammar box to focus on formal language before students do exercise 5. Remind students of the use of **vous** and the possessive adjectives **votre/vos** in a formal/work context.

Also draw attention to the fact that it is considered polite to address people directly using **monsieur**, **madame** and **mademoiselle**. Students should look at how this is done in the dialogue in exercise 4 and try to copy this in their own speech to sound authentic.

5 À deux. Pratiquez le dialogue de l'exercice 4.

Speaking. In pairs: students practise the dialogue in exercise 4, taking it in turn to play the role of Mathieu and the person who answers the phone.

6 Adaptez le dialogue de l'exercice 4 en changeant les mots en bleu. Utilisez les détails ci-dessous.

Speaking. Students make up a different dialogue, adapting the dialogue in exercise 4 by changing the words in blue and using the details supplied instead.

7 Posez votre candidature! Adaptez la lettre à droite en utilisant l'annonce A ou B de l'exercice 1. Inventez certains détails, si vous voulez.

Writing. Students write a letter of application for a job, using the details from advert A or B in exercise 1. A model letter is supplied for them to adapt. They can also include further details of their own, if they want to.

Before they start, remind students to check their use of the terms **madame** and **monsieur** in letters, as detailed in the **Expo-langue** box on this page. Also emphasise the importance of reading the advert they choose very carefully so that they can make their application as clear and as focused as possible.

Students could do this activity on computer using a word-processing package like Word.

They could also use the Internet to research job opportunities in France, for example by keying in a company name and the word **emploi** in Google or another search engine. Ask them to see how much they can understand, using all the reading skills techniques they have been practising. They should be encouraged by how much the context helps them.

Plenary

Ask students to summarise when they would use the **tu** form and when the **vous** form, giving you examples of situations. (You could remind them that if in doubt, **vous** is a safe bet.)

Ask them what other words apart from verbs are affected by the formality of the situation, getting them to list the forms of the **tu** and **vous** possessive adjective (**ton, ta, tes; votre, vos**).

Cahier d'exercices, page 56

1

Answers

Possible answers:
A: Shop assistant between 17–23 with some experience. Working in a team of 5–6 people. Energetic and excellent presentation. Available immediately.
B: Restaurant looking for barman/barmaid. Experience, good presentation and motivation required. Start at the beginning of August; fixed salary.
C: Improve your German: go to Germany for 6 months. Be an au pair or get a job in the hotel industry. Food, accommodation provided + salary.

2

Answers

Pupil's own answers

4 Ce n'est pas juste!

(Student Book pages 114–115)

Main topics and objectives
- Discussing problems at work
- Using **qui** and **que**

Grammar
- Relative pronouns **qui** and **que**

Key language
Le plus grand problème, c'est ...
le racisme
le sexisme
les blagues racistes
la discrimination contre
l'handicapé(e)
l'immigré(e)
le/la musulman(e)
il ne faut pas tolérer
tout à fait inacceptable
le préjugé

Resources
CD3, tracks 25–26
Cahier d'exercices, page 57
Grammaire p. 223

Starter 1

Aim
To practise identifying the subject and object of a sentence.

Write up the following:

1 Le chien a mordu l'homme.
2 On me donne un cadeau.
3 Je lui téléphonerai demain.
4 Loulou a vu Matthieu.
5 Je connais ta sœur.
6 Elle ne l'aimait pas.

Ask students to list in two columns
(1) the subjects of the verbs and
(2) the objects of the verbs.

After checking answers, ask students to define subject and object.

1 Trouvez les paires de phrases.

Reading. Students read the eight speech bubbles and identify the pairs which go together.

Answers
a h   b g   c f   d e

Expo-langue: *qui/que*

Use this grammar box on the relative pronouns **qui** and **que** before students do exercise 2. There is more information on p. 223 of the Student Book.

R Ask students to identify all the examples of **qui** and **que** and what they refer to in the texts in exercise 1.

2 Traduisez en français en adaptant les phrases de l'exercice 1.

Writing. Students translate the five sentences into French, adapting similar phrases in exercise 1 to help them.

Answers
1 Le racisme est quelque chose qu'on ne doit pas tolérer.
2 On ne doit jamais accepter de blagues sexistes de la part d'un patron.
3 Un collègue qui permet la discrimination est quelqu'un qu'on ne peut pas respecter.
4 Une chose que je trouve inacceptable c'est la discrimination contre les handicapés.
5 J'ai un copain/une copine pour qui le chômage pose des difficultés.

3 Écoutez et notez la bonne lettre. Pour chaque personne, le problème, c'est ... (1–5)

Listening. Students listen to five people talking about problems relating to work. They identify the problem for each from the list supplied (a–e)

Audioscript 25

1 Le problème que j'ai au bureau, c'est mon patron. Il ne croit pas que les femmes sont capables de faire du travail difficile. Alors, il donne les postes à responsabilités à mes collègues masculins, tandis qu'il demande aux femmes de faire des photocopies et préparer le café.

2 Il est très difficile de trouver un emploi dans ma ville. Il y a pas mal de gens qui sont sans emploi et mon père, qui est ingénieur de profession, ne travaille pas depuis huit mois. Il est déprimé d'être chômeur et on a pas mal de problèmes financiers aussi.

3 Je travaille dans une épicerie et j'ai une collègue qui fait souvent des blagues sur les noirs et les musulmans. Je n'aime pas ça parce que mes parents viennent d'Algérie. Je me suis plaint au propriétaire. Il a dit que c'était juste son sens de l'humour, mais je crois que c'est parce qu'elle a des préjugés.

4 Je travaille dans une usine et il y a deux semaines, un de mes collègues est parti parce qu'il a trouvé un nouvel emploi. Le directeur de l'usine a dit que je devais faire le travail de mon collègue aussi. Je suis complètement stressé et j'ai tant de travail que je n'arrive pas chez moi avant neuf heures du soir.

6 Il faut bosser! 4 Ce n'est pas juste!

5 *J'ai un copain en fauteuil roulant qui voudrait aller à la même faculté que moi l'année prochaine, mais on a refusé de l'accepter à cette université. Ils disent qu'il aura trop de difficulté à cause des escaliers et des portes qui sont trop étroites. Je trouve que c'est scandaleux que les bâtiments ne soient pas adaptés à l'accès en fauteuil roulant.*

Answers
1 c **2** a **3** b **4** e **5** d

Starter 2

Aim
To practise using **qui** and **que**.

Write up the following and ask students to complete the sentences with **qui** or **que** as appropriate and to translate them.

1 J'ai vu le garçon ____ habite à Carcassonne.
2 Une chose ____ je n'aime pas, c'est la salsa.
3 Il aime le gâteau ____ ta mère a fait.
4 Elle a une copine ____ s'appelle Amandine.

When checking answers, ask students to summarise when **qui** and **que** are used.

Covering the pronunciation of cognates in French and English. Read through this together before students do exercise 4.

4 Prononcez les paires de mots français et anglais.

Speaking. Students read aloud the pairs of French and English cognates, taking care to follow the guidelines given in the pronunciation box.

5 Écoutez et vérifiez. Répétez les mots si vous avez fait des erreurs de prononciation.

Listening. Students listen to a recorded version of the text in exercise 4 to check their pronunciation. After listening, give them time to do exercise 4 again in pairs, to correct any errors and/or consolidate the pronunciation.

Audioscript 26

1 sexisme – sexism

2 raciste – racist

3 discrimination – discrimination

4 problème – problem

5 inacceptable – unacceptable

6 Vidéoconférence. Préparez et mémorisez votre réponse aux questions ci-dessous.

Speaking. Students imagine that they are going to have a videoconference with students at a French school. They prepare and memorise their responses to the two questions supplied. A framework is supplied for support.

Students should then practise their dialogues in pairs, taking it in turn to ask and answer the questions.

7 Écrivez un paragraphe sur le(s) problème(s) dont vous avez parlé dans l'exercice 6.

Writing. Students write a paragraph on the problem(s) they talked about in exercise 6.

8 Lisez et complétez ces lettres.

Reading. Students read the four gap-fill letters and note the ten missing words. The words are supplied for support.

Answers
1 patron **2** blagues **3** quelque chose **4** faut
5 l'usine **6** fauteuil **7** difficultés **8** handicapés
9 sera **10** respecter

Plenary

⭐ As a follow up to the discussion about vocabulary in Unit 1, ask students which vocabulary they are planning to learn from this unit. Which approaches have they used to list and learn vocabulary and which have they found most effective? Point out different approaches work for different people.

💻 If your students have regular access to a computer, they could create their own vocabulary notebook on computer using Word or Excel. Again, encourage them to think about different ways of organising vocabulary (topic, gender, type of word, etc.) to help them remember it. They could also save and print out edited lists of vocabulary, with either the English or French missing, to test themselves/each other.

6 Il faut bosser! 4 Ce n'est pas juste!

Cahier d'exercices, page 57

1

Answers

Pupil's own answers

2

Answers

Possible answers
1 White people
2 He has probably experienced some sort of racist comment from others and he is black.
3 He feels a bit upset that people call him 'coloured'.
4 That everyone is really the same, no matter what colour their skin is. We all have the same emotions.
5 Pupil's own answers

3

Answers

Pupil's own answers

6 5 Les stages – pour ou contre?

(Student Book pages 116–117)

Main topics and objectives
- Talking about work experience
- Contrasting the perfect and imperfect tenses

Grammar
- The perfect and imperfect: when to use

Key language
J'ai fait mon stage dans ...
J'ai fait ça pendant une semaine.
J'ai passé deux semaines dans ...
un garage
une agence de voyages
une banque
une école primaire/maternelle
une usine
J'ai appris beaucoup de choses.
Je n'ai pas appris grand-chose.
Je n'ai rien appris.
C'était ...
une perte de temps totale
une expérience positive
Ce n'était pas complètement positif.
J'aidais les mécaniciens.
Je rangeais les outils.
Je faisais des photocopies.
Je classais des fiches.
Je prenais des commandes.
Je prenais les rendez-vous.
Je servais les clients.
Je travaillais à l'ordinateur.
Je répondais au téléphone.
J'envoyais des brochures.
Je faisais le café.
Je surveillais les enfants.
J'aidais pendant leurs leçons.
Je n'avais pas grand-chose à faire.
Je (ne) m'entendais (pas) bien avec ...
Je m'amusais bien.
Je me suis ennuyé(e).
Je me sentais un peu exploité(e).

Resources
CD3, tracks 27–28
Cahier d'exercices, pages 58–59
Grammaire p. 212

Starter 1

Aim
To practise using the perfect and the imperfect tenses.

Write up the following and ask students to supply the correct form of each verb given in the infinitive, in either the perfect or imperfect tense as appropriate. Remind them to think about agreement where necessary, reading the text closely to find out what is required.

Vendredi dernier, ma copine Élodie me (**téléphoner**) et me (**dire**) «Mes parents vont partir pour le week-end. Donc, je t'invite à une fête chez moi ce soir!» Je (**être**) très contente!

Donc, à sept heures, je (**se doucher**) et je (**s'habiller**). Quand je (**partir**) à huit heures, il (**faire**) beau, mais ... Je (**marcher**) très vite quand ... je (**tomber**)! Mon nouveau jean – tout sale! Je (**être**) furieuse!

Et la fête? C'(**être**) nul!

1 Écoutez, et lisez les phrases dans les bulles. Qui parle? (1–6)

Listening. Students listen to six people talking about the work experience they have done. They read the six speech bubbles and use these to identify each of the speakers.

Audioscript 27

1 J'aidais les mécaniciens à réparer les véhicules, je rangeais les outils et parfois, je changeais les pneus des voitures.
2 Je faisais des photocopies, je classais des fiches et je prenais les commandes des clients au téléphone qui voulaient acheter un lave-vaisselle ou une machine à laver.
3 Je m'occupais des animaux qui arrivaient pour des opérations, je prenais les rendez-vous au téléphone et quelquefois, j'accompagnais la vétérinaire dans ses visites à des fermes.
4 Je servais des clients, avec des employés permanents, je travaillais à l'ordinateur et de temps en temps, je devais compter l'argent.
5 Je répondais au téléphone, j'envoyais des brochures de vacances aux clients et je faisais le café pour les autres employés.
6 Je jouais avec les enfants, je les surveillais pendant l'heure du déjeuner et je les aidais pendant leurs leçons.

Answers
1 Ryan 2 Lydie 3 Hakim 4 Amélie 5 Yann 6 Shazia

Expo-langue: the perfect and imperfect – when to use

Use this grammar box to remind students when to use the perfect (single events) and when to use the imperfect (regular/repeated events). Point out that using both accurately is key in this topic. There is more information on p. 212 of the Student Book.

2 Trouvez la seconde partie des phrases pour les personnes de l'exercice 1.

Reading. Students match the sentence halves to produce six sentences describing the people in exercise 1.

6 Il faut bosser! 5 Les stages – pour ou contre?

Answers

1 e 2 d 3 f 4 c 5 a 6 b

3 Écrivez d'autres phrases à l'imparfait pour les personnes de l'exercice 1 en utilisant les verbes ci-dessous.

Writing. Students use the prompts supplied to write a sentence on each of the people in exercise 1. They need to use the first person and the imperfect tense.

Before they start, ask students to look at the example given in question 1. Can they work out why it is **rangeais** and not **rangais**?

Answers

1 *Je rangeais les outils et je* changeais les pneus des voitures.
2 Je prenais des commandes au téléphone.
3 Je prenais les rendez-vous au téléphone et j'accompagnais la vétérinaire dans ses visites à des fermes.
4 Je travaillais à l'ordinateur et je devais compter l'argent.
5 Je répondais au téléphone et je faisais le café pour les autres employés.
6 Je jouais avec les enfants et je les aidais pendant leurs leçons.

Starter 2

Aim
To review some of the language to describe a work experience.

In pairs: students take it in turn to prompt with a work experience (e.g. **J'ai fait mon stage dans une boulangerie.**) and to respond by saying what they did there, using the imperfect tense (e.g. **Je servais les clients.**).

4 Écoutez et notez si leur stage en entreprise était une expérience positive (P), négative (N) ou positive-négative (P/N), et pourquoi. Complétez la grille. (1–5)

Listening. Students copy out the grid. They listen to five people talking about their work experience and note in the grid whether the people found the experience positive (P), negative (N) or a mixture of both (P/N) and the reasons why.

⭐ Before students start, draw their attention to the tip box: this reminds them to use non-verbal clues such as tone of voice to help them when trying to understand spoken French. This is an important strategy for listening tasks in the exam.

Audioscript 28

1 J'ai travaillé pendant deux semaines dans un bureau. Mes collègues étaient tous sympas, donc on s'amusait bien ensemble et je m'entendais bien avec ma patronne, Madame Auger. De plus, le travail était assez varié et j'ai beaucoup appris.
2 Mon expérience au restaurant n'a pas été complètement positive. D'une part, les chefs de cuisine et les serveuses étaient aimables. D'autre part, je me sentais un peu exploité. Je ne gagnais rien, mais j'avais beaucoup de travail à faire et c'était fatigant.
3 Moi, j'étais très déçue de mon stage dans un salon de coiffure. Je n'avais pas le droit de couper les cheveux des clients et il n'y avait pas grand-chose à faire pour moi, donc c'était assez monotone.
4 En général, j'ai beaucoup apprécié mon stage au centre de loisirs. On me traitait bien et on me donnait des choses intéressantes à faire. Les seuls inconvénients étaient que je devais me lever très tôt le matin pour y arriver avant neuf heures, et puis j'avais pas mal de travail à faire et j'étais souvent très fatiguée le soir.
5 Mon stage en entreprise était une perte de temps totale. D'abord, le propriétaire du magasin était toujours de mauvaise humeur et tout à fait désagréable. Il n'était jamais content de mon travail et il me critiquait tout le temps. De plus, il n'y avait pas beaucoup de clients et je me suis souvent ennuyé.

Answers

	Expérience P, N ou P/N?	Pourquoi?
1	P	collègues étaient sympas; s'entendait bien avec la patronne; travail assez varié; a beaucoup appris
2	P/N	collègues étaient sympas/aimables se sentait un peu exploité (ne gagnait rien, mais avait beaucoup de travail à faire et c'était fatigant)
3	N	pas grand-chose à faire – monotone
4	P/N	on la traitait bien; des choses intéressantes à faire devait se lever très tôt; pas mal de travail à faire, donc était fatiguée
5	N	le propriétaire était toujours de mauvaise humeur/ désagréable – il le critiquait tout le temps; pas beaucoup de clients – s'est souvent ennuyé

5 À deux. Pratiquez le dialogue ci-dessous.

Speaking. In pairs: students practise the dialogue on work experience supplied, taking it in turn to ask questions and to respond with details.

6 Interviewez votre partenaire sur son stage en entreprise en changeant les détails en bleu dans le dialogue ci-dessus. Si vous n'avez pas fait de stage, inventez les détails.

Speaking. In pairs: students adapt the dialogue in exercise 5 (changing the text in blue). They can

6 Il faut bosser! 5 Les stages – pour ou contre?

use the facts of their own work experience or make up the details. A box of useful language is supplied for support.

7 Vous avez lu un article dans un magazine «Les stages en entreprise: une bonne chose ou une perte de temps?». Écrivez une réponse au magazine en français en donnant vos idées et vos opinions sur les stages. Mentionnez:

Writing. Students imagine they have read a French magazine article on work experience (*Work experience: a good thing or a waste of time?*) They now write a response to the article to send to the magazine, expressing their own ideas and opinions on work experience placements. A list of points to cover is supplied: they should use this to structure their text.

Students could do this activity on computer using a word-processing package like Word.

Plenary

Ask students for examples of sentences using (1) the perfect tense and (2) the imperfect tense. Get the rest of the class to feed back on whether the correct tense has been used in each case and to say why the particular tense is the appropriate one in the context.

Cahier d'exercices, page 58

1

Answers

J'ai fait mon stage dans un hôpital. J'ai travaillé pendant deux semaines en mai avec une physiothérapeute. J'ai choisi de faire un stage dans ce domaine car ça m'intéresse beaucoup. Tous les jours, j'aidais la physiothérapeute à faire faire des exercices aux patients. Je téléphonais pour organiser les rendez-vous ou pour les changer. Je préparais les boissons et je jouais avec les enfants handicapés.
C'était une expérience très positive. J'ai appris beaucoup de choses et le travail était très varié. Les patients étaient tous différents; j'ai travaillé avec des personnes paralysées et des enfants handicapés.
La physiothérapeute avec qui je travaillais était très gentille. Elle avait un bon sens de l'humeur, ce qui est important dans ce travail. Pour être physiothérapeute, il faut savoir bien communiquer, bien écouter, il faut être patient(e), diplomate et plein de dynamisme!
Pour le moment, c'est ce que je veux faire plus tard!

2

Answers

Domaine de travail: *Physiothérapie*
Opinion générale: Très positive
Patients: des personnes paralysées; des enfants handicapés
Tâches principales: téléphoner pour organiser des rendez-vous; préparer des boissons; jouer avec les enfants
Qualités nécessaires pour être physiothérapeute: il faut savoir bien communiquer, bien écouter, il faut être patient(e), diplomate et plein de dynamisme!
Avantages: le travail était très varié.

3

Answers

Pupil's own answers

Cahier d'exercices, Grammaire, page 59

1

Answers

1 Il me téléphone tous les jours.
2 Combien d'argent te donnent tes parents?
3 Il lui demande de sortir ce week-end.
4 Elle lui parle chaque soir.
5 Ils ne me donnent pas beaucoup d'argent.
6 Tu ne lui parles pas souvent.

2

Answers

La discrimination envers les handicapés est quelque chose **qu**'il ne faut pas tolérer. J'ai un frère en fauteuil roulant **qui** a des problèmes au collège. Par exemple, les bâtiments ne sont pas adaptés aux gens **qui** sont en fauteuil roulant; il y a des élèves **qui** racontent des blagues et un prof a dit que mon frère ne pouvait pas faire de sport à cause de ses problèmes. Mais le sport, c'est la chose **qu**'il aime le plus! Même en ville il y a des problèmes. Il y a beaucoup de magasins **qui** sont difficiles d'accès. Par exemple, dans la librairie de notre ville, pour aller au rayon enfants **qui** est au premier étage, il n'y a pas d'ascenseur. Le responsable a dit: «Je pense qu'il n'y a pas beaucoup de personnes **qui** ont besoin d'un ascenseur.»
Moi, je trouve **que** c'est une chose **qui** est tout à fait inacceptable!

6 Contrôle oral: An interview for a job in France (Student Book pages 118–119)

Topics revised
- Talking about free time activities
- Talking about a part-time job
- Talking about work experience
- Talking about plans for the future

Resources
CD5, tracks 21–23

Overview
Read through the yellow box and remind students of how this section works. They will hear a Speaking controlled assessment model interview in three parts and do exercises focused on the language used in it. These exercises, along with the advice/activities on how to improve speaking performance in ResultsPlus, will help them prepare to take part in a conversation of their own on the topic.

1 Make a list in French of the questions you will need to ask to do the task, plus two extra questions you could ask.

Students write a list of questions in French that they will need to ask to complete the task (taking part in a job interview). They then think up two further questions they could ask.

Possible answers
for reference only – students to check their answers in exercise 2
Quelles sont les horaires de travail?
Quelle sorte de travail est-ce qu'on doit faire?
Quel est le salaire?

Est-ce qu'il faut travailler le week-end aussi?
Les enfants ont quel âge?

2 You will hear a model interview. Liam is taking part in the above interview with his teacher. Listen to the first part of their interview and note down:

Explain to the students that they will hear a sample of the kind of interview they are expected to have in the Speaking controlled assessment. They listen to the first part of the interview and check their answers to exercise 1 by noting down Liam's questions.

Audioscript 21
– Allô? Ici Le Club Les Sables d'Or.
– Bonjour. Je m'appelle Liam Jackson. J'ai vu sur l'Internet votre annonce pour des animateurs d'activités pour enfants. Je m'intéresse à ce poste, mais je voudrais vous poser quelques questions, s'il vous plaît.
– Oui, bien sûr, monsieur. Que voulez-vous savoir?
– D'abord, quelles sont les horaires de travail, s'il vous plaît?
– Elles sont de neuf heures à dix-sept heures, tous les jours, avec une heure pour le déjeuner.
– Est-ce qu'il faut travailler le week-end aussi?
– Non, vous travaillerez de lundi à vendredi seulement.
– Et quelle sorte de travail est-ce qu'on doit faire?
– Le travail consiste en animer toutes sortes d'activités avec les enfants: des activités sportives, comme le football, le basket, le volleyball, etc. et des activités artistiques – la musique, le dessin, le théâtre, etc.
– C'est intéressant, merci. Les enfants ont quel âge?
– Généralement, ils ont entre cinq ans et douze ans. Avez-vous d'autres questions?
– Oui, quel est le salaire, s'il vous plaît?
– Vous recevrez 220€ par semaine, monsieur. Ça vous ira?
– Ah, oui, bien sûr. Merci.

Answers
See exercise 1.

3 Listen to the second part of Liam's interview and fill in the gaps.

Students now listen to the second part of Liam's interview and complete the gap-fill version of the transcript.

With a good class you could ask pupils to read the text and try to work out plausible answers first, then use the recording to check. Discuss whether alternative answers the students came up with could also be correct in the context.

Audioscript 22
– Pourquoi ce travail vous intéresse-t-il?
– Je **m'intéresse à** ce poste parce que j'aime travailler avec des enfants. **L'année dernière**, j'ai fait mon stage en entreprise dans une école primaire. C'était une expérience très **positive** pour moi. J'ai décidé **que**, plus tard dans la vie, je voudrais travailler comme instituteur.
– Qu'est-ce que vous avez fait comme travail pendant votre stage?
– Le travail était assez **varié**. Le matin, je **devais** aider les enfants en cours, puis je les surveillais pendant l'heure du déjeuner. Et **quelquefois** je jouais au foot et au basket avec eux pendant les cours d'éducation physique.
– Aimez-vous donc le sport?
– Ah, oui, je suis très sportif! Je suis membre de l'équipe de basket de mon collège **depuis** deux ans. **De plus**, je fais de la natation trois fois par semaine.
– Et à part le sport, vous vous intéressez à autre chose?
– Oui, j'aime beaucoup la musique, surtout le rock. J'**apprends à** jouer de la guitare: j'ai un cours tous les samedis matins.

6 Il faut bosser! Contrôle oral: An interview for a job in France

Answers

Also in bold in audioscript.
1 m'intéresse à 2 L'année dernière 3 positive 4 que
5 varié 6 devais 7 quelquefois 8 depuis
9 De plus 10 apprends à

4 Now listen to the final part of Liam's interview and answer the questions.

Students listen to the third and final part of Liam's interview and answer the questions on it. These questions focus on linguistic detail. You may need to play the recording more than once.

Audioscript 23

– Et pourquoi voulez-vous travailler en France?
– Je voudrais travailler en France pour améliorer mon français, parce que j'espère continuer mes études de français l'année prochaine. Mais j'aimerais surtout retourner sur la Côte d'Azur, parce que c'est une région de la France que j'adore. Il y a trois ans, je suis allé en vacances à Nice avec ma famille. J'ai beaucoup aimé le climat chez vous, mais aussi les belles plages.
– Vous avez dit que vous voulez perfectionner votre français. Parlez-vous d'autres langues aussi?
– Évidemment je parle anglais, mais je parle aussi espagnol et un peu d'allemand.
– Et quelles sont vos qualités personnelles?
– Je suis une personne très travailleuse et honnête. Généralement, je m'entends bien avec les gens et j'aime beaucoup travailler en équipe. Je ne suis jamais impatient – quand on travaille avec les enfants, il est important d'avoir beaucoup de patience.
– Bon, merci, Liam. Pourriez-vous nous envoyer une lettre et votre CV, s'il vous plaît?
– Oui, bien sûr. Merci, madame. Au revoir.
– Au revoir.

Answers

1 je voudrais, j'aimerais
2 He talks about a trip to Nice three years ago.
3 He uses the adverb *évidemment*, connectives (*mais, aussi*) and a qualifier (*un peu de*).
4 He give an example to illustrate his character and says what he likes doing; he uses a negative; he links his qualities to the needs of the job.

ResultsPlus

The **ResultsPlus** section gives students the support they need to improve their speaking. The support is differentiated, allowing students to identify and work towards their target level (Grade C, Grade B/A, Grade A*). Encourage students to adopt the kind of approach taken in this section in all extended speaking activities.

Read through and discuss the **ResultsPlus** section together.

Also draw students' attention to the **Épate l'examinateur!** feature: this highlights language that students can include to particularly impress the examiner.

5 Now it's your turn! Prepare your answers to the task and then take part in the interview with your teacher or partner.

Students participate in an interview for a job in the style of a controlled assessment task. They should use all the support supplied, here and elsewhere on the spread:

- the English questions in the yellow box on p. 118
- their answers to exercises 1–4
- Liam's responses, adapted to talk about themselves
- the ResultsPlus advice on the language to include.

Each student takes part in an interview as the person answering the questions. If they are working with a partner, they will take turns asking and answering.

If possible, record the interviews (or have the students record themselves). They can then swap recordings with a partner, listen to each other's version and offer comments on how it might be improved. A simple marking system is suggested (one/two/three stars for listed categories). Students should then identify two or three areas which they would like to improve next time they do an extended speaking task.

6 Contrôle écrit: Writing about your work experience (Student Book pages 120–121)

Topics revised
- Writing about work experience
- Writing about future work/education plans

1 Find the French equivalent of these phrases in the text and copy them out.

Students read Lucas's text on his work experience. They then find the French versions of the ten English phrases in the text.

Answers
1 tous les élèves de troisième ont fait un stage en entreprise au mois de mai
2 le stage a duré quinze jours
3 je m'intéresse beaucoup aux voitures
4 je voudrais devenir mécanicien
5 j'ai appris beaucoup de choses
6 le travail était assez varié
7 de temps en temps, je devais faire des petits boulots moins intéressants
8 je m'entendais bien avec mes collègues
9 mon patron, le propriétaire du garage, n'était pas toujours de bonne humeur
10 j'ai beaucoup apprécié mon stage

2 Which tenses are used in each sentence in exercise 1? For each sentence, write 'present', 'perfect', 'imperfect' or 'conditional'.

Students read through their answers to exercise 1 and identify the tense(s) used in each phrase.

Answers
1 perfect
2 perfect
3 present
4 conditional
5 perfect
6 imperfect
7 imperfect
8 imperfect
9 imperfect
10 perfect

3 Find the four correct statements.

Students read the text again and then read the eight statements about it. They identify which four of the statements are correct.

NB This activity is in the form of an exercise from the Edexcel Reading exam.

Answers
2, 4, 5, 7

4 You might be asked to write about your work experience as a controlled assessment task. Use ResultsPlus to help you prepare.

Students read through the language support material supplied in preparation for doing their own extended writing task in exercise 5.

ResultsPlus

The **ResultsPlus** section gives students the support they need to improve their writing. The support is differentiated, allowing students to identify and work towards their target level (Grade C, Grade B/A, Grade A*). Encourage students to adopt the kind of approach taken in this section in all extended writing activities.

Also draw students' attention to the **Épate l'examinateur!** feature: this highlights a structure that students can include to particularly impress the examiner.

5 Now write an account of your work experience.

Students write their own text about work experience in the style of a controlled assessment task. As well as the ResultsPlus guidelines on the language to include, they should use all the support supplied here:

- the advice on dictionary use
- the sample structure for the text
- the list of features to check in their finished text.

6 À toi

(Student Book pages 192–193)

- Self-access reading and writing

1 Lisez les deux textes et répondez aux questions en anglais.

Reading. Students read the two texts and answer the ten comprehension questions in English by identifying who is described in each.

Answers

1 Cécile 2 Pascal 3 Cécile 4 Cécile 5 Pascal
6 Cécile 7 Pascal 8 Pascal 9 Cécile 10 Pascal

2 Répondez aux questions pour Pascal et Cécile.

Reading. Students respond to the six questions, pretending they are Pascal/Cécile as appropriate.

Answers

1 Je travaille de 2h à 10h et de 17h à 20h (cinq jours par semaine).
2 J'ai six employés.
3 Je dois/On doit faire 600 baguettes par jour.
4 Ma mère est infirmière.
5 Je ne travaille pas le mercredi parce que je m'occupe de mon fils.
6 Je gagne 1400€ mensuels.

3 Vous lisez cette annonce dans un journal français. Écrivez une lettre en posant votre candidature, comme à la page 113. Utilisez les détails ci-dessous.

Writing. Students read the French newspaper advert. They write a letter of application for the job advertised, using the text on page 113 as a model and the personal details supplied.

4 Lisez les textes et répondez aux questions en français.

Reading. Students read the two texts and answer the ten comprehension questions in French.

Before students start, read through the tip box, which outlines how students can use the questions supplied in a comprehension activity in their answers.

Answers

1 Ben doit se lever à six heures parce qu'il livre des journaux avant d'aller au collège.
2 Avant de livrer les journaux, il doit aller chercher les journaux à la papeterie.
3 Il trouve son petit boulot très fatigant, mais assez bien payé.
4 Il gagne 30 livres par semaine.
5 Abdul ne voudrait pas faire cela en hiver ou quand il pleut. Il n'aimerait pas se lever de si bonne heure.
6 Kirsty travaille dans un supermarché.
7 Elle doit ranger les produits et remplir les rayons.
8 Elle trouve les gens avec qui elle travaille assez sympas.
9 C'est un peu ennuyeux et elle n'aime pas travailler dans les rayons de viande parce qu'elle est végétarienne.
10 Laure aimerait avoir un travail comme ça parce qu'elle s'ennuie toujours le samedi et elle aimerait gagner un peu d'argent pour partir en vacances.

5 Imaginez. Votre copain ou copine a un des petits boulots ci-dessous. Écrivez un paragraphe sur son job. Adaptez les textes de l'exercice 4, si vous voulez.

Writing. Students imagine that their friend has one of the part-time jobs shown and write a paragraph about the job. They can adapt one of the texts in exercise 4, if they find this useful.

149

Module 7 Tourisme (Student Book pages 124–147)

Unit	Main topics and objectives	Grammar
Déjà vu 1 **Destinations touristiques** (pp. 124–125)	Talking about holiday venues Using the verb **aller**	**aller** (present, perfect, near future)
Déjà vu 2 **La météo** (pp. 126–127)	Talking about the weather Past, present and future tenses	Weather expressions in the imperfect, present and future tenses
1 Choisir un hôtel en France (pp. 128–129)	Hotels and travelling Using comparatives and superlatives	Comparatives Superlatives
2 Mes projets pour les vacances (pp. 130–131)	Making holiday plans The future and conditional	The future tense The conditional
3 Camping la Forêt (pp. 132–133)	Talking about a holiday Using the **nous** form in different tenses	The **nous** form (present, perfect, imperfect, future, conditional)
4 Visitez la Côte d'Amour, Bretagne (pp. 134–135)	Describing a destination Using the perfect infinitive	The perfect infinitive
5 La nourriture (pp. 136–137)	Eating out Using the conditional	The conditional
6 Plage, mer et soleil (pp. 138–139)	More about holidays Using the present, imperfect and conditional	Using a range of tenses (present, imperfect) + the conditional
7 L'année dernière (pp. 140–141)	Talking about past holidays Using the perfect tense	The perfect and imperfect: when to use The pluperfect
Contrôle oral: **Talking about a holiday** (pp. 142–143)	*Exam speaking practice* Talking about a holiday	*Revision*
Contrôle écrit: **Writing about a past holiday** (pp. 144–145)	*Exam writing practice* Writing about a past holiday	*Revision*
À toi (pp. 194–195)	Self-access reading and writing	

7 Déjà vu 1: Destinations touristiques

(Student Book pages 124–125)

Main topics and objectives
- Talking about holiday venues
- Using the verb **aller**

Grammar
- **aller** (present, perfect, near future)

Key language
Holiday venues

Resources
CD4, track 2
Cahier d'exercices, page 62

Starter 1

Aim
To practise understanding tourist information.

Ask students working in pairs to identify the places in the following descriptions:

1 **la plus haute montagne d'Europe** (Mont Blanc)
2 **le plus long fleuve d'Angleterre** (Thames)
3 **un grand parc d'attractions près de Paris** (Disneyland Paris/Parc Astérix)
4 **la plus grande ville d'Espagne** (Madrid)
5 **une région de vacances dans le sud-ouest de l'Angleterre** (Devon/Cornwall)

1 C'est quel site touristique?

Reading. Students read the eight descriptions and identify the tourist landmark for each (from **a–h**).

Answers
1 c 2 b 3 d 4 a 5 e 6 f 7 h 8 g

Expo-langue: *aller* (present, perfect and near future tense)

Use this grammar box to review the verb **aller** before students do exercise 2.

2 Où sont-ils allés l'année dernière et où vont-ils cette année?

Speaking. Using the information in the box supplied, students talk about where the people featured went last year and are going to go this year.

R Students write a few sentences on where they themselves went last year and what they are going to do this year.

Starter 2

Aim
To revise country names. To practise using the verb **aller** in the present tense.

Write up:
the Coliseum
the Grand Canyon
the Real Maestranza Bullring
the Great Barrier Reef
the Louvre
Edinburgh Castle

Ask students working in pairs to write out a sentence for each of the prompts. Each sentence must contain a different part of the verb **aller** and the appropriate country, e.g. (for the first one) **Il va en Italie**.

3 Où passe-t-on la nuit? Faites correspondre les images, les titres et les textes.

Reading. For each picture (**1–5**), students choose the appropriate title and the appropriate text (from **a–e**).

Answers
1 auberge de jeunesse, e
2 hôtel, a
3 camping, d
4 gîte, c
5 chambre d'hôte, b

4 Écoutez et notez. Où vont-ils, avec qui et où vont-ils loger? Écrivez les bonnes lettres pour chaque personne. (1–5)

Listening. Students listen to five people being interviewed about their forthcoming holidays. They note the details of where they are going, who they are going with (from **1–5**) and where they are going to stay (from **a–e**).

7 Tourisme — Déjà vu 1: Destinations touristiques

Audioscript 2

1 – Où vas-tu, Mélanie?
– Nous allons à Paris. J'y vais avec ma classe. On va passer deux nuits dans une auberge de jeunesse. On y va en car.

2 – Et toi, Nicolas?
– Je pars avec ma mère. On prend l'avion jusqu'à Paris, puis il y a un train direct jusqu'au Parc, à Disneyland Paris. On va loger dans un hôtel sur le site.

3 – Et toi, Jérôme? Pars-tu avec ta famille?
– Oui, on va au bord de la mer, comme toujours. On part en voiture. On loue une caravane dans le même camping chaque année.

4 – Et toi, Sébastien?
– Ben … On part en vélo!!! Papa est accro au sport. Je pars avec lui. On porte tout ce qu'on peut mettre dans un sac à dos: tente, sacs de couchage … Direction la Dordogne … et c'est parti!!

5 – Et toi, Delphine?
– Je pars avec mes grands-parents en voiture. Nous avons loué un gîte parce que nous allons faire le tour des châteaux de la Loire.

Answers
Mélanie à Paris, 2, b
Nicolas Disneyland Paris, 5, a
Jérôme au bord de la mer, 1, d
Sébastien en Dordogne, 4, e
Delphine les châteaux de la Loire, 3, c

5 Imaginez que vous êtes Mélanie, Jérôme, etc. Écrivez un paragraphe sur les projets de vacances pour chaque personne.

Writing. Students imagine they are the people in exercise 4 and write a short paragraph for each saying what their holiday plans are. Sentence openings are supplied for support.

Before they start, point out the tip box on the false friend **visiter**.

Plenary

Ask students to quickly recap on how the near future tense is formed.

Then go round the class asking students to say where they are going on holiday this year (**Je vais/On va/Nous allons …**) and where they are going to stay (**Je vais loger …**).

Cahier d'exercices, page 62

1

Answers
a 12 million people visit Disneyland each year.
b 34% of French people book their holidays on the Internet.
c Almost 90% of French people take their holidays in France.
d 1 out of 2 French people have a winter holiday.
e 1/3 of all holidays are in the countryside.
f 22% of French people go abroad for their holidays.
g 4 out of 10 holidays are by the sea.
h 44% of French people book their holidays at a travel agent's.
i 24% prefer walking as the most popular holiday activity.
j 14% prefer swimming or the beach as the most popular holiday activity.

2

Answers
Pupil's own answers

7 Déjà vu 2: La météo

(Student Book pages 126–127)

Main topics and objectives
- Talking about the weather
- Past, present and future tenses

Grammar
- Weather expressions in the imperfect, present and future tenses

Key language
Weather expressions
The seasons

Resources
CD4, tracks 3–5
Cahier d'exercices, page 63

Starter 1

Aim
To revise language to describe the weather.

Write up the following in two columns, jumbling the order of the second column. Ask students in pairs to match the weather phrase with the appropriate activity:

Il fait beau.	go for a picnic
Il pleut.	splash in puddles
Il neige.	build a snowman
Il y a des nuages.	wait for the sun to reappear
Il y a des orages.	watch the lightning
Il fait du brouillard.	switch on extra lights in your car
Il fait du vent.	fly a kite

1 À deux. Discutez. Mettez les phrases dans la grille.

Speaking. In pairs: students copy out the grid and complete it by putting all the weather phrases in the correct boxes, discussing their choices as they go.

Expo-langue: weather expressions

Use this to summarise the verb tenses used to describe the weather in the past, present and future.

2 Écoutez et vérifiez.

Listening. Students listen to the recording to check their answers to exercise 1.

Audioscript 3

Hier
Il faisait beau.
Il pleuvait.
Il neigeait.
Il y avait des nuages.
Il y avait des orages.
Il faisait du brouillard.
Il faisait du vent.

Aujourd'hui
Il fait beau.
Il pleut.
Il neige.
Il y a des nuages.
Il y a des orages.
Il fait du brouillard.
Il fait du vent.

Demain
Il fera beau.
Il pleuvra.
Il neigera.
Il y aura des nuages.
Il y aura des orages.
Il fera du brouillard.
Il fera du vent.

3 À deux. Quel temps faisait-il, fait-il et fera-t-il?

Speaking. In pairs: students take it in turn to describe the weather in the three pictures supplied, using the appropriate tenses.

4 Trouvez la bonne définition.

Reading. Students find the correct French definition for the five French weather words listed.

Answers
1 d **2** a **3** b **4** e **5** c

Starter 2

Aim
To revise language for describing the weather.

In pairs: students take it in turn to prompt and respond. The first student prompts with a kind of weather (e.g. **beau**) and a time from past, present or future (e.g. past); the second responds with a complete sentence (e.g. **il faisait beau**).

5 Écoutez la météo et choisissez les bons symboles pour chaque région.

Listening. Students listen to the weather forecast and choose the correct symbols for each region.

153

7 Tourisme — Déjà vu 2: La météo

Audioscript 4

La météo par région

Aujourd'hui, dans le nord et sur les côtes bretonnes, c'est une journée nuageuse … Il y a un fort risque de pluie et de vent.

Sur l'Île-de-France, il y aura du brouillard et les températures seront en baisse.

À l'est et au nord-est, le ciel sera couvert et il y a un fort risque d'averses, surtout dans le Jura.

Ce matin sur le Massif Central, il y aura du brouillard.

Dans les Hautes-Alpes, il y a un risque d'orage dans l'après-midi.

Dans le Midi-Pyrénées, il y aura de la pluie et du vent, mais plus tard il y aura des éclaircies.

Dans le Midi, ce sera une journée ensoleillée …

Answers

1 b, c, h **2** g **3** b, d **4** g **5** e **6** c, h, f **7** a

6 Le temps chez nous. Écoutez et lisez. C'est V (Vrai), F (Faux) ou PM (Pas Mentionné)?

Listening. Students listen to Alizée describing the weather where she lives and read the text at the same time. They then read the six statements on the text and decide whether each is true or false or not mentioned in the text.

Audioscript 5

J'habite en montagne. D'habitude en été, il fait beau et il y a du soleil. De temps en temps, il y a un vent désagréable qui arrive du sud et qui s'appelle le foehn. Quelquefois, il y a de grands orages le soir, mais normalement, le mauvais temps passe vite.

En automne, il y a souvent des nuages et il pleut beaucoup. C'est un moment un peu triste. Les feuilles tombent des arbres et il commence à faire froid.

Un jour, en hiver, on se réveille et le monde est couvert d'une neige qui brille au soleil. Quelquefois, nous avons plus d'un mètre de neige en une nuit. Les jours d'hiver sont souvent ensoleillés et même chauds: il faut mettre de la crème solaire. En altitude, le soleil est dangereux!

Le printemps arrive souvent en retard chez nous. La neige fond, les rivières débordent et nous avons beaucoup de brume et de précipitations, mais finalement, les fleurs apparaissent à nouveau sur les alpages et on peut de nouveau ranger ses pulls!

Answers

1 F **2** F **3** PM **4** PM **5** V **6** F

➕ Students write a summary of the weather where Alizée lives in all four seasons of the year.

7 Écrivez la météo pour la Grande-Bretagne.

Writing. Students use the two maps of Great Britain to write two weather forecasts, using the appropriate tenses.

Plenary

Ask students to summarise which verb tenses are used to talk about the weather yesterday, today and tomorrow.

Then ask them to give you a weather report for the following places, talking about yesterday, today and tomorrow for all three:

1 Málaga
2 Moscow
3 Manchester

Cahier d'exercices, page 63

1

Answers

1 y avoir du vent: *Il y a du vent.*
faire beau: Il fait beau.
pleuvoir: Il pleut.
neiger: Il neige.

2 nuages: *Il y aura des nuages.*
orages: Il y aura des orages.
vent: Il y aura du vent.
brouillard: Il fera du brouillard.

3 il neige: *Il neigeait.*
il fait beau: Il faisait beau.
il y a des nuages: Il y avait des nuages.
il pleut: Il pleuvait.

4 beau: *Il fera beau.*
neige: Il neigera.
pleut: Il pleuvra.
mauvais: Il fera mauvais.

5 averses: *Il y avait des averses.*
éclaircies: Il y avait des éclaircies.
la pluie: Il pleuvait.
du brouillard: Il faisait du brouillard.

6 il neigera: *la neige*
le ciel sera nuageux: les nuages
le temps sera orageux: les orages
il pleuvra: la pluie

2

Answers

Example: À Pau, il fera beau
À Valloire il fera du brouillard
À Montreux, le temps sera nuageux
À Coutras, il neigera
À Nancy, il aura des éclaircies
À Rouen, il y aura du vent
À Soulages, il y aura des orages
À Arras, il pleuvra

1 Choisir un hôtel en France

(Student Book pages 128–129)

Main topics and objectives
- Hotels and travelling
- Using comparatives and superlatives

Grammar
- Comparatives
- Superlatives

Key language
un hôtel (de luxe)
au centre-ville
près de la plage
sur la plage
une connexion Internet
plus (grand) que
moins (cher) que
le plus (grand) hôtel de la ville
l'hôtel le plus (connu)
le meilleur hôtel

Je préfère …
Je n'aime pas …
rester
voyager
en bateau
en avion
par l'Eurostar

Les vols sont quelquefois annulés.
Le parking de l'aéroport est très cher.
On peut voir la mer.
C'est si relaxant.
On risque d'avoir le mal de mer.
C'est plus pratique de voyager (en avion).
C'est moins cher/rapide de prendre (le bateau).

Resources
CD4, tracks 6–7
Cahier d'exercices, pages 64–65
Grammaire p. 218

Starter 1

Aim
To review hotel vocabulary

Write up the following. Give students three minutes working in pairs to number the following hotel facilities 1–8 in order of importance for them, starting with the one that is most important. They should also write in French reasons why they have put number 1 and number 8 at those positions in the list.

une connexion Internet
une piscine
une plage accessible à pied
une aire de jeux
une salle de gym
une piscine en plein air
un restaurant
près du centre-ville

Hear sample answers.

1 Lisez et trouvez un hôtel qui convient à chaque personne.

Reading. Students read statements from four people about the kind of hotel they are looking for, then use the hotel brochures to identify the best hotel for each of them.

Answers
Lucy Hôtel de la Poste
André Hôtel Maxime
Aude Hôtel Belle-vue
Philippe Hôtel Excelsior

2 Écoutez la conversation. On choisit quel hôtel? Pourquoi? Notez les raisons en anglais.

Listening. Students listen to three people discussing their holiday in France. They identify which of the hotels in exercise 1 they choose, along with their reasons in English.

Audioscript 6

– As-tu vu ce site Internet sur les hôtels de St Luc, Jacqueline?
– Oui. Il y a quatre hôtels qui sont très bien, à mon avis.
– Moi, je préfère les grands hôtels avec plus de chambres et plus d'attractions.
– L'hôtel Belle-Vue est assez grand, et il y a une piscine et une connexion Internet.
– Mais Paul, c'est une piscine en plein air et c'est loin de la plage.
– L'hôtel de la Poste a une piscine couverte et il y a un bus gratuit pour aller à la plage, et c'est sans doute moins cher que l'hôtel Excelsior.
– Moi, je voudrais un hôtel sur la plage. Nous pouvons choisir entre l'hôtel Maxime et l'hôtel Excelsior. L'hôtel Maxime est plus petit que l'hôtel Excelsior et il a moins d'attractions.
– Je préférerais payer un peu plus pour avoir un meilleur hôtel avec plus d'attractions. Et toi, Paul?
– Oui, moi aussi. Qu'est-ce que tu en penses, Claudine?
– Moi, je suis tout à fait d'accord. Maintenant il faut décider comment nous allons voyager en France!

Answers
Hotel Excelsior – they want a hotel by the beach and a bigger hotel with lots of facilities

Expo-langue: the comparative

Use this grammar box to review the comparative (regular forms and **meilleur**). There is more information on p. 218 of the Student Book.

7 Tourisme   1 Choisir un hôtel en France

Starter 2

Aim

To review transport vocabulary; to practise using grammar knowledge

Write up the following, jumbling the order of the second column.

L'avion, c'est	le plus rapide.
Je voudrais	prendre l'Eurostar.
Le bateau est	plus pratique que l'avion.
Les vols sont quelquefois	annulés.
Ma mère n'aime	pas voyager en voiture.
C'est plus relaxant	de voyager en bateau.

Check answers, asking students to explain how they worked them out.

3 Reliez les images et les bulles.

Reading. Students match the pictures to the statements.

Answers

1 c   2 e   3 f   4 h   5 g   6 a   7 d   8 b

4 Paul et ses copines discutent pour décider comment ils vont voyager en France. Écoutez et répondez aux questions.

Listening. Students listen to Paul and his friends discussing how they're going to travel to France, then answer the questions in English.

Audioscript 7

– Comment est-ce que nous allons voyager en France?
– Moi, je préfère prendre l'avion parce que c'est plus rapide.
– Il y a deux ans, j'ai pris l'Eurostar pour aller à Paris et c'était parfait car en descendant du train, on est en plein centre-ville. Nous pourrions passer deux ou trois jours à Paris avant d'aller à St Luc. Qu'en penses-tu, Paul?
– Oui, c'est une bonne idée, mais ça coûte combien de prendre l'Eurostar au mois de juillet?
– Regarde ces prix. Ils sont beaucoup plus chers que l'avion. Il y a des vols direct pour Bordeaux, ce qui est très pratique, et il y a une réduction de 30% en ce moment.
– Pourquoi ne pas prendre le bateau? C'est le moyen de transport le plus vieux entre la France et l'Angleterre et c'est si relaxant quand il fait beau.
– S'il y a des problèmes de mauvais temps, comme une tempête, il est impossible de voyager.
– Et le voyage en bateau est plus long qu'un vol, au moins une heure trente.
– Oui. L'avion est le moyen de transport le plus rapide et c'est moins cher.
– On va prendre l'avion, alors?
– D'accord. C'est combien un vol exactement?
– Il faut chercher sur ce site.

Answers

the plane – it's the quickest and least expensive

5 À deux. Vous allez voyager en France. Dites comment vous préférez voyager et pourquoi.

Speaking. In pairs: students imagine they are going to travel to France and discuss how they prefer to travel, giving reasons. A sample exchange is given.

Plenary

Ask students to summarise how the comparative and superlative are formed.

Play a chain game round the class. The aim is to create sentences expressing travel preferences, along the lines of the sample response in exercise 5. The sentence builds up with each person saying one word. Students repeat the sentence so far before adding on their own word.

Cahier d'exercices, pages 64–65

1

Answers

1 Hôtel Bellevue
2 Hôtel Magenta
3 Hôtel Bel Air
4 Hôtel Bel Air
5 Hôtel Magenta
6 Hôtel Bel Air
7 Hôtel de la Poste
8 Hôtel Bellevue
9 Hôtel Magenta
10 Hôtel Bel Air
11 Hôtel Bellevue
12 Hôtel de la Poste

2

Answers

Pupil's own answers
examples:
L'Hôtel Magenta est plus grand que l'Hôtel de la Poste.
L'Hôtel Bellevue est moins cher que l'Hôtel Bel Air.
L'Hôtel Magenta est plus près de la plage que L'Hôtel Bellevue.
Les chambres de l'Hôtel Magenta sont plus spacieuses que les chambres de l'Hôtel de la Poste.

3

Answers

Pupil's own answers

7 2 Mes projets pour les vacances

(Student Book pages 130–131)

Main topics and objectives
- Making holiday plans
- The future and conditional

Grammar
- The future tense
- The conditional

Key language
les grandes vacances
je passerai mes vacances ...
je ferai du baby-sitting
j'irai chez ...
je ferai de la pêche
je ferai des balades en vélo
je ferai de la planche à voile
je jouerai au tennis
j'irai au bord de la mer
je ferai des petits jobs
je ferai un stage de (surf)
je préférerais passer mes vacances ...
quand je serai plus grand(e)
louer une caravane/un appartement

Resources
CD4, track 8
Cahier d'exercices, page 66
Grammaire p. 224

Starter 1

Aim
To identify verb tenses

Give students three minutes to read Max's text on p. 130, to list all the verbs in it and identify the tense of each.

After checking answers, ask students to summarise how the future tense is formed.

1 Lisez et trouvez les bonnes photos pour chaque personne.

Reading. Students read the texts and identify the two correct photos for each person.

Answers	
Max f, b	Kévin d, e

2 Relisez. Copiez et complétez la grille en anglais. Que feront-ils et qu'est-ce qu'ils voudraient faire?

Reading. Students copy out the grid. They reread the texts in exercise 1 and complete the grid with the details in English.

Answers

	Will: go where	Who with?	Would like: to do what?	Who with?
Max	farm	grandparents & cousins	go camping at the beach	friends
Kévin	beach	friend & friend's family	light a fire on the beach and sleep there	Luc/friend

Expo-langue: the future tense; the conditional

Use this grammar box to focus on how the future tense and the conditional are formed and used. There is more information on p. 224 of the Student Book.

R Give French future tense and conditional verbs randomly as prompts, either written or oral. Students identify whether each is future or conditional and translate the verb form.

Starter 2

Aim
To review how the future tense/conditional are formed; to develop use of grammar resources

Ask students to find and list eight irregular future/conditional stems using the **Grammaire** section/verb tables at the back of the book. They then choose two verbs and write out the future tense paradigm of one and the conditional paradigm of the other.

3 Écoutez. Choisissez la bonne image pour chaque personne. (1–3)

Listening. Students listen to three people talking about holidays and choose the correct pictures from each group for each person.

Audioscript 8

1 – Patricia, que feras-tu pendant les vacances?
– Nous irons au bord de la mer. On y va parce que mes petites sœurs adorent ça, mais moi je déteste. On aura du sable partout, partout, dans l'appartement, même dans les sandwichs, et il y aura plein de monde à la plage.

2 – Véro, c'est la même chose pour toi?
– Non, on ira en montagne parce que mes parents adorent faire des randonnées.
– Et toi aussi, tu adores faire des randonnées?
– Moi, bof, ça va. J'aurais préféré aller au bord de la mer, mais ça va, et comme on emporte la tente on ne restera pas toujours au même endroit. Ma copine viendra aussi, comme ça j'aurai quelqu'un de mon âge, et si nous ne voulons pas accompagner mes parents, nous pourrons rester au camping.

3 – Étienne, que feras-tu?
– Bon, mon père et moi nous ferons un stage de surf.
– Où?

7 Tourisme — 2 Mes projets pour les vacances

– On va à Hossegor. Un copain de mon père a une caravane pas loin de la plage et il va nous la prêter. J'ai toujours voulu apprendre à faire du surf. J'aurais préféré y aller avec des copains, mais avec mon père ça va aller, pas passionnant, mais pas mal non plus.

Answers

1 a, g, k 2 b, h, m 3 c, i, m

Expo-langue: the perfect conditional

Use this grammar box to introduce the perfect conditional.

R Ask students to come up a with complete sentence in French for each of the following: *I would have preferred to ... listen to a CD/play tennis/spend my holidays in France/go kayaking/sleep outdoors.*

+ Ask students to write out all perfect conditional forms of 'would have preferred' (I, you, etc.).

4 Parlez de vos projets de vacances.

Speaking. Using the grid supplied, students prepare a presentation on their holiday plans.

★ Remind them, once they have worked out what they want to say, to create notes as prompts for their presentation.

If possible, record their presentations and let them use the recordings to identify areas of improvement.

5 Écrivez un paragraphe sur Françoise, Vincent et vous-même.

Writing. Students write three paragraphs on holidays, using the picture prompts to talk about Françoise and Vincent, and using their own details to write about themselves. The verb forms to use for Françoise and Vincent are supplied for reference.

Plenary

Ask students to summarise how the future tense/conditional are formed: prompt to cover regular stems, irregular stems and endings.

Go round the class with each student taking it in turn to translate an English future tense/conditional verb into French and then to prompt the next student in turn. Start it off by prompting the first student.

Cahier d'exercices, page 66

1

Answers

Underlined in blue: Chamonix
Underlined in black: Du 2 juillet au 19 août, 7 jours. À partir de 430€.
Underlined in red: badminton, volley-ball, basket, stretching, mini-foot, tennis de table; canyoning, l'escalade, les randonnées, descente en raft + piscine; VTT.
Underlined in green: Dimanche: Accueil de 9 à 12h. Fin de stage à 14h.

2

Answers

1 Je ferai un stage multi-montagne à Chamonix.
2 Ça s'est passé à Chamonix, dans un centre au pied du Mont-Blanc.
3 Ça coûtera à partir de 430€.
4 Je ferai du canyoning, de l'escalade, des randonnées, de la descente en raft, de la natation et du VTT.
5 Pupil's own answers
6 J'y passerai une semaine.
7 La première journée, il y aura une réunion d'information et puis je ferai une petite randonnée.
8 Pupil's own answers.
9 Le soir, je pourrai jouer au badminton, au volley, au mini-foot; au tennis de table, jouer aux grands jeux, surfer sur Internet ou danser!
10 Je partirai le samedi à 14h.

3 Camping la Forêt

(Student Book pages 132–133)

Main topics and objectives
- Talking about a holiday
- Using the **nous** form in different tenses

Grammar
- The **nous** form (present, perfect, imperfect, future, conditional)
- The **nous** form of possessive adjectives

Key language
la pataugeoire
l'épicerie (f)
la salle de jeux
le terrain de pétanque
les randonnées (f)
Je vous écris pour me plaindre de mon séjour.
complet
… fonctionnait/fonctionnaient à peine
Il n'y avait pas d'emplacements.
Les sanitaires n'étaient pas propres.
Il y avait trop de bruit.
vu que les conditions n'étaient pas acceptables
J'attends donc un remboursement.

Resources
CD4, tracks 9–10
Cahier d'exercices, page 67
Grammaire p. 206

Starter 1

Aim
To revise language for talking about holidays.

Give students working in pairs three minutes to come up with six sentences in French about what they did on holiday last year. These must all use the **nous** form and the perfect tense. To get them started, write up:

L'année dernière, nous sommes allés … Nous avons logé …

1 Trouvez les mots/les phrases dans le dépliant.

Reading. Students read the flyer about the campsite in the Ardèche. They then find in the text the French for the eight English words/phrases listed.

Answers
1 pétanque   2 ateliers pour les enfants   3 aire de jeux
4 salle de jeux   5 épicerie   6 randonnées
7 pataugeoire   8 commerces

Expo-langue: the *nous* form

Use this grammar box to review the **nous** form in different tenses (present, perfect, imperfect, and future), plus the conditional.

Expo-langue: *notre/nos*

Use this grammar box to cover the possessive adjectives **notre/nos**. There is more information on p. 206 of the Student Book.

2 À deux. Décrivez ce que vous avez fait hier au camping.

Speaking. In pairs: using the picture prompts, students take it in turn to describe what they did yesterday at the campsite. Draw students' attention to the tip box on which verb forms to use before they start.

3 Écrivez un e-mail à votre copain/copine. Dites-lui ce que vous avez l'intention de faire demain.

Writing. Students write an e-mail to a friend, saying what they intend to do at the campsite tomorrow.

Starter 2

Aim
To revise the **nous** form in various tenses.

Write up the following grid and ask students working in pairs to complete it with the appropriate **nous** form of the verbs.

nous …	présent	passé composé	imparfait	futur	conditionnel
être					
s'amuser					
prendre					
choisir					
aller					

4 Camping des Sapins. Écoutez les informations sur le camping et choisissez les bonnes réponses.

Listening. Students listen to the description of the Camping des Sapins. Students read the six sentences and choose the correct ending for each from the three options given (**a**, **b** or **c**).

Audioscript 9

Le camping des Sapins se situe au milieu d'une forêt et près d'un petit lac. On peut louer une des cinq caravanes ou installer sa tente. Il y a une dizaine d'emplacements. Il y a aussi six chalets. On trouve une boulangerie-épicerie à cinq minutes. La piscine fait 150m^2 et la pataugeoire 25m^2. Il y a un atelier pour les enfants chaque matin.

7 Tourisme 3 Camping la Forêt

> **Answers**
> 1 Situation: b
> 2 Hébergement: a, b, c
> 3 Distances des commerces: b
> 4 Piscine: b
> 5 Pataugeoire: b
> 6 Animations enfants: b

5 Lisez la lettre et choisissez la bonne réponse.

Reading. Students read the letter. They then read the five sentences and choose the correct ending for each from the three options given (**a**, **b** or **c**). The tip box reminds students that the imperfect is used to describe things in the past, including things not working.

> **Answers**
> 1 a 2 b 3 a 4 b 5 a

6 Ils se plaignent de quoi? (1–5)

Listening. Students listen to five conversations in which people talk about their holidays. Using the pictures supplied, they note for each what the person is complaining about (from **a–e**).

Audioscript ⬤ 10

1 – Alors, les vacances? Tout s'est bien passé?
– Oui … mais la piscine était vraiment dégueulasse … C'était sale.
– Qu'est-ce que vous avez fait alors?
– On s'est plaints.

2 – Et c'était comment au camping?
– Ben, c'était très bien. Seulement les sanitaires n'étaient pas propres. Beurk!

3 – Eh bien, les vacances se sont bien passées?
– Oui, pour moi, c'était bien, mais pas pour ma petite sœur parce que la pataugeoire était fermée. Comme elle ne sait pas encore nager, elle ne peut pas aller dans la piscine.

4 – C'était comment alors, les vacances?
– Super …
– Tout s'est bien passé?
– Ah oui, sauf les commerces! Ils étaient à cinq kilomètres et il n'y avait pas de bus.

5 – C'était comment les vacances?
– Bien, sauf que nous étions dans un hôtel et la nourriture n'était pas bonne. Il n'y en avait pas assez d'après mon père et mon frère. En revanche, il y avait trop de frites et de hamburgers, et pas assez de salade.

> **Answers**
> 1 c 2 e 3 d 4 b 5 a

🅱 In pairs: drawing on language from this spread and from earlier in the module, students take it in turn to complain about something that was wrong on a holiday.

7 Imaginez. Vous avez passé de mauvaises vacances. Écrivez une lettre pour vous plaindre.

Writing. Students imagine they have had a bad holiday and write a letter of complaint. They should use the letter in exercise 5 as a model. Encourage them to be inventive about the things they wish to complain about.

Plenary

Ask students to look at the **Expo-langue** box on p. 132 again, where the **nous** forms of **faire** in various tenses are listed.

Ask students when each of the tenses shown is used, giving examples using other verbs and other persons.

⭐ Emphasise the importance of using a wide range of tenses in the speaking and writing parts of the exam. Encourage students to practise doing this in their classroom work and also to review tenses regularly using the Grammar section and verb tables at the back of the Student Book, so that their work is accurate.

Cahier d'exercices, page 67

1

> **Answers**
> 1 propre   6 parfait
> 2 calme   7 bien
> 3 ne … jamais   8 superbe/excellent/super
> 4 à l'ombre   9 superbe/excellent/super
> 5 toujours   10 superbe/excellent/super

2

> **Answers**
> Possible answers
> 1 La machine à laver ne marchait pas.
> 2 Il y avait un emplacement au soleil. Il faisait trop chaud.
> 3 Les sanitaires étaient très sales.
> 4 Il n'y avait jamais d'éléctricité.
> 5 La piscine était nulle; c'était fermé toute la journée.
> 6 Les douches étaient abominables. Il n'y avait jamais d'eau chaude.
> 7 Le camping était bruyant. C'était nul pour des vacances calmes!
> 8 On ne pouvait jamais acheter de croissants à la boulangerie.
> 9 On pouvait toujours entendre les voisins après minuit.
> 10 Les conditions étaient affreuses. Je vous écris pour vous dire que les vacances étaient nulles!

7 Tourisme

4 Visitez la Côte d'Amour, Bretagne

(Student Book pages 134–135)

Listening and reading skills focus

Main topics and objectives
- Describing a destination
- Using the perfect infinitive

Grammar
- The perfect infinitive

Listening and reading skills focus
- Reading for gist
- Reading for detail
- Reading strategies (context, cognates, grammar, focus only on necessary language, reading aloud, using the questions)
- Listening for detail
- Predicting content before listening
- Listening strategies (coming back to difficult areas)
- Exam strategies (close reading of questions, giving exactly the required number of answers)

Key language
la Bretagne
breton/bretonne
une station balnéaire
se vante d'être
bénéficier de
un terrain de golf (à neuf trous)
des sentiers (m) pédestres
des pistes (f) cyclables
allées (f) cavalières
visitez ...
dégustez ...

Resources
CD4, tracks 11–13
Cahier d'exercices, pages 68–69

Starter 1

Aim
To revise infinitives of common verbs

Write up the following. Give students two minutes to write the infinitive forms of the verbs. You could make it more challenging by seeing who can complete the activity most quickly (adding penalty seconds for any errors).

sommes, voudrais, font, ai mis, choisissez, m'appelle, disions, dois, peut, ira

(*Answers:* être, vouloir, faire, mettre, choisir, s'appeler, dire, devoir, pouvoir, aller)

1 Lisez et trouvez les mots.

Reading. Students read the text and identify in it a range of cognates, as specified.

⭐ Before they begin, read together through the tip box on reading strategies.

When checking the answers, ask students to translate the expressions in which the words in questions 2 and 3 feature.

Answers
1 *Any five of:* station, Europe, port, six, courts, tennis, terrain, golf, clubs, train, direct, Paris, premier, sardine
2 bénéficie, cavalières, évapore, pédestres, cyclables
3 *Any five of:* kilomètres, située, climat, pratiquer, partir, retour, escorté, cité, médiévale, océan, bassins, blanc, fameuse, région, cidre

⭐ Before they do exercise 2, read together through the tip box on further reading strategies.

2 Choisissez les quatre phrases qui sont vraies.

Reading. Students reread the text and identify which four of the eight sentences in English are true.

Answers
1, 5, 6, 8

Starter 2

Aim
To work out the meaning of the perfect infinitive

Write up the following. Give students three minutes to translate it into English.

J'ai attrapé des poissons et puis je suis rentré chez moi.
Après avoir attrapé des poissons, je suis rentré chez moi.

On est arrivés au camping et puis on a monté la tente.
Après être arrivés au camping, on a monté la tente.

Check answers. Explain that **avoir attrapé** and **être arrivés** are examples of the perfect infinitive, using the **Expo-langue** box.

161

7 Tourisme — 4 Visitez la Côte d'Amour, Bretagne

Expo-langue: the perfect infinitive

Use this grammar box to focus on the perfect infinitive. With a good class, you could point out out that the past participle needs to agree with the subject of the sentence.

Point out to students that using the perfect infinitive in this way introduces variety of sentence structure, which will impress an examiner. Encourage them to try and work it into their own French.

R Ask students to come up with six more perfect infinitives of different verbs.

★ Before students do exercise 3, read through the hints on tackling listening activities in the GCSE exam.

3 Écoutez et choisissez: V (Vrai) ou F (Faux).

Listening. Students listen to a girl talking about a recent holiday in Brittany and say whether the questions in English are true (**V**) or false (**F**).

Audioscript 11

L'année dernière, j'ai passé mes vacances en Bretagne chez mon oncle et ma tante. Le soir, on est allés à la pêche dans le petit bateau de mon oncle. Après avoir attrapé des sardines, nous sommes rentrés et ma tante les a fait griller sur le barbecue. Elles étaient délicieuses.

Answers
1 F **2** V **3** F **4** V

4 Écoutez et répondez aux questions.

Listening. Students listen to a boy talking about a recent holiday near la Baule and answer the questions in English.

Audioscript 12

Mes parents ont loué une caravane sur un camping près de la Baule. Après être arrivés au camping, on a monté la tente à côté de la caravane pour moi et mon frère. Nous préférons dormir dans notre tente parce que comme ça, on n'est pas obligés de ranger nos affaires et en plus, mon père ronfle!

Answers
1 in a caravan
2 in a tent
3 with his brother
4 they don't have to tidy their things; his father snores

5 Écoutez et choisissez la bonne réponse: a, b ou c.

Listening. Students listen to Jérémie talking about his family. They complete the multiple-choice sentences about it in English.

Audioscript 13

Ma mère est bretonne. Elle fait de la cuisine traditionnelle – du poisson, des pommes de terre – et on boit du cidre ou du jus de pommes. Parfois, le soir, après être rentré de son travail, mon père descend souvent au port acheter des poissons ou des fruits de mer; ça dépend de ce que les pêcheurs ont attrapé. Ma mère les prépare pour le dîner, avec une purée de pommes de terre ou des galettes. Mon plat préféré est la galette aux crevettes avec une sauce au cidre. Miam!

Answers
1 b **2** a **3** c

Plenary

Put the class in teams. Give them two minutes to come up with as many French/English cognates as they can. Each team then swaps lists with another team to check answers, awarding 1 point for each correct word pair.

Then ask each student to read out a French/English pair of cognates and use this to award each team a score out of 10 for pronunciation.

The team with the most points wins.

Cahier d'exercices, pages 68–69

1

Answers
1 Culture
2 For sporty types
3 To relax
4 Food
5 Children
6 Accessible beach

7 Tourisme — 4 Visitez la Côte d'Amour, Bretagne

2

Answers

1 la Côte Atlantique.
2 le lieu de séjour idéal
3 édifices historiques
4 Entre terre et mer
5 à cheval, à pied ou à VTT
6 exceptionnellement doux
7 un centre de thalassothérapie
8 produits locaux
9 sa confiture de cerises noires
10 tout pour bien s'amuser
11 les personnes à mobilité réduite
12 la mise à l'eau.

3

Answers

(any 2 details for each section)
Saint-Jean-de-Luz
Location: SW France; Atlantic coast; near Spain; between the sea and the Pyrenees
Culture: lots of historic buildings; throughout the year there are festivals for the theatre, classical music, cinema and singing
Water sports: sailing; surfboarding; swimming; diving; boat trips and fishing trips
Sports on the land: golf, pelote; tennis or exploring the area on horse, foot or mountain bike
To relax: there is a seawater therapy centre; pedestrian streets; sheltered terraces; shops, restaurants and in the evening the casino and discos
Food: restaurants offer choice of local produce such as chipirons (small squids); grilled fish and sea food; Also there is the famous basque cake, and sheep's cheese accompanied by black cherry jam
For children: beach clubs with volleyball pitches, seesaws, trampolines, table tennis tables, table football, etc.
Accessibility: special beach where someone will help disabled people get into the water. Accessible changing rooms with shower and toilet

4

Answers

Pupil's own answers

7 5 La nourriture

(Student Book pages 136–137)

Main topics and objectives
- Eating out
- Using the conditional

Grammar
- The conditional

Key language
au restaurant
au fast-food
à la pizzeria
à la crêperie
Que voudrais-tu?
Je voudrais …
Qu'est-ce que tu prends?
Je prends … (comme entrée).
le plat
la crêpe
le dessert
le plat du jour
le plateau de fromages
la salade (de tomates)
la soupe du jour
l'agneau (m)
l'omelette (f)
les frites (f)
les lasagnes (f)
les boissons (f)
l'eau minérale (f)
le vin rouge/blanc
la tarte au citron/aux pommes
la glace
l'addition (f)

Il/Elle était trop …
cuit(e)
salé(e)
sec/sèche
sucré(e)
Il n'y avait pas assez de sauce.

Resources
CD4, tracks 14–16
Cahier d'exercices, pages 70–71
Grammaire p. 224

Starter 1

Aim
To revise vocabulary for items on a menu. To use given language as a pattern for new forms.

Give students three minutes in pairs to read through the menu at the top of page 137 of the Student Book and to come up with an English translation for each item listed, including the section headings.

1 Où vont-ils? Qu'est-ce qu'ils mangent? (1–4)

Listening. Students listen to four conversations in which people are discussing what they want to eat. They note for each where the speakers decide to go (from the restaurants pictured) and what kind of food they decide to eat (from the pictures **a–f**).

Audioscript 14

1 – Où est-ce qu'on va dîner ce soir?
– On pourrait aller à la pizzeria.
– Ah non, je ne veux plus de pizza. J'en ai mangé une à midi.
– On peut y manger autre chose, tu sais. On pourrait manger des pâtes, par exemple.
– Ah oui, d'accord. On y va.

2 – Est-ce que tu as faim?
– Pas énormément.
– Moi non plus. Où est-ce qu'on dîne alors?
– Qu'est-ce que tu proposes?
– On pourrait aller au Quick, non?
– J'y suis allée hier. Je ne veux pas de hamburger.
– On pourrait manger une crêpe, alors?
– Ah oui, bonne idée.

3 – J'ai faim, mais je n'ai pas d'argent. Est-ce que tu en as?
– Ben … j'ai … vingt euros.
– Qu'est-ce qu'on pourrait s'acheter pour vingt euros?
– Des glaces?
– Non, j'ai faim, moi. Je préférerais un hamburger avec des frites.
– OK, c'est parti. On va au Quick.

4 – Bon, on va dîner.
– Où est-ce qu'on va?
– On pourrait aller au restaurant L'Estaminet.
– Ah non, nous y sommes déjà allés hier.
– Et alors … on pourrait y aller encore une fois. On y mange bien.
– Non, je préférerais quelque chose de plus simple.
– Quoi?
– Un poulet frites avec une salade verte.
– Oui!
– Ben, on pourrait aller à la brasserie.
– OK, allons-y.

Answers

1 pizzeria, e **2** Crêperie, c **3** Quick, d **4** Brasserie, a

2 Écoutez Nicolas et Sophie au restaurant. C'est Vrai (V), Faux (F) ou Pas Mentionné (PM)?

Listening. Students listen to two people in a restaurant talking about what they are going to eat. Students then answer the six questions on the text, saying whether they are true, false or not mentioned.

Audioscript 15

– Voilà le menu. Tu as faim, Nicolas? Qu'est-ce que tu voudrais?
– Bon, j'ai faim. Je voudrais une entrée et un plat.
– Qu'est-ce que tu veux boire?
– Je voudrais un coca, mais comme je n'ai pas assez d'argent, je vais prendre de l'eau du robinet.
– Je préfère l'eau minérale, gazeuse. C'est mieux quand on a soif.
– Bon, on partage une bouteille?
– Oui, pourquoi pas?

7 Tourisme — 5 La nourriture

– Est-ce que tu veux une salade comme d'habitude?
– Oui, je voudrais une salade niçoise, moi. Et toi?
– Tu ne manges que ça!
– Ce n'est pas vrai!
– Je préférerais un potage suivi d'un poulet frites.
– C'est quoi comme potage?
– Je ne sais pas, mais j'aime le potage.
– Regarde, c'est écrit sur le panneau. C'est potage aux champignons.
– Euh … non … j'ai changé d'avis. Pas de potage, pas de poulet. Je préférerais des pâtes. Je prends des lasagnes.
– J'en ai mangé ici la semaine dernière et elles n'étaient pas bonnes.
– Bon, je prends les tagliatelles carbonara, alors.
– Et pas de poulet frites?
– Non. C'est trop cher. Les pâtes sont moins chères.
– D'accord. C'est fait avec quoi, la carbonara?
– C'est avec du jambon, des œufs et de la crème.
– Hum … bon … j'en prends aussi … et puis il nous reste de l'argent pour choisir un dessert.
– Mousse au chocolat pour toi, comme d'habitude?
– Non, je préférerais une crème brûlée et tu prends une glace, comme toujours?
– Oui. Maintenant, il faut trouver quelqu'un pour nous servir … Monsieur!

Answers
1 V 2 F 3 F 4 F 5 F 6 F

Expo-langue: the conditional

Use this grammar box to introduce how the conditional is formed. There is more information on p. 224 of the Student Book.

Starter 2

Aim
To consolidate forming the conditional.

Write up the following and ask students to complete the grid to give **aimer** and **vouloir** in the conditional.

		vouloir
je		voudrais
tu		
il/elle/on	aimerait	
nous	aimerions	
vous		voudriez
ils/elles		

3 À deux. Vous avez faim et soif et 35€ à vous partager! Regardez le menu et décidez ensemble ce que vous allez commander.

Speaking. In pairs: students read through the menu and discuss what they are going to order with a budget of 35€ between them.

4 Ils ont mangé où? Qu'est-ce qu'ils ont mangé? C'était comment? (1–3)

Listening. Students copy out the grid. They listen to three conversations in which people talk about where they ate earlier in the evening. Students note in the grid the details of where the people ate, what they ate and what it was like.

Before you give feedback on the answers, give students time to read through the vocabulary box and check agreements, etc.

Audioscript 16

1 – Où as-tu dîné ce soir?
  – À la brasserie.
  – Est-ce que tu as bien mangé?
  – Non, ce n'était pas super.
  – Qu'est-ce que tu as mangé?
  – J'ai mangé un poulet frites.
  – C'était comment?
  – Le poulet était trop sec et les pâtes de ma copine étaient trop cuites.
2 – Et toi? Où as-tu dîné?
  – Nous sommes allés au restaurant.
  – C'était comment?
  – C'était très bien.
  – Qu'est-ce que vous avez mangé?
  – Moi, j'ai pris un steak … qui était juste à point et délicieux et ma copine a mangé du poisson qui était bon aussi, bon … mais cher!
3 – Vous avez mangé au fast-food?
  – Non, pas du tout. Nous sommes allés à la pizzeria.
  – Vous avez mangé une pizza?
  – Non, pas du tout. J'ai mangé des lasagnes qui n'étaient pas bonnes – trop sèches. Ma copine a mangé des côtelettes d'agneau qui n'étaient pas bonnes non plus.
  – Pourquoi?
  – Elles étaient trop salées.
  – Oh, dommage.

Answers

	Où?	plat 1	opinion	plat 2	opinion
1	Brasserie	poulet frites	trop sec	pâtes	trop cuites
2	Restaurant	steak	délicieux	poisson	bon (mais cher)
3	Pizzeria	lasagnes	pas bonnes/ trop sèches	côtelettes d'agneau	pas bonnes/ trop salées

7 Tourisme　5 La nourriture

5 À deux. Discutez: *En vacances.*

Speaking. In pairs: students discuss where and what they eat and drink on their holidays, taking it in turn to ask and answer questions. The questions and some sentence openings are supplied for support.

➕ ⭐ For homework, students could find out about three dishes which are French specialities (their names and what kind of dish they are) that they can include in speaking activities like exercise 5. Point out that being able to add this kind of personal detail to their answers will impress examiners.

6 Imaginez. Hier, c'était l'anniversaire de ta grand-mère. Vous êtes sortis dîner au restaurant. Où êtes-vous allés? Qu'est-ce que vous avez mangé? C'était comment? Écrivez un paragraphe.

Writing. Students imagine yesterday was their grandmother's birthday and there was a family outing to a restaurant to celebrate. They write a paragraph about it, including details of where they went, what they ate and how it was.

Plenary

Ask students to summarise when the conditional is used.

Then get them to pretend they are ordering for a very large group. You are the waiter, taking the orders. They need to give the orders using the conditional of **aimer** or **vouloir** (using as wide a range of different subject pronouns as they can) and referring to the items listed in the menu at the top of p. 137 as necessary.

Cahier d'exercices, pages 70–71

See Unit 6 for answers.

6 Plage, mer et soleil

(Student Book pages 138–139)

Main topics and objectives
- More about holidays
- Using the present, imperfect and conditional

Grammar
- Using a range of tenses (present, imperfect) + the conditional

Key language
Quand j'étais petit(e), …
on faisait des balades
ça allait
Maintenant, j'aimerais …
je préférerais
Je n'aimerais pas faire ce séjour parce que …
L'année dernière, nous avons pris le train à Paris.
Nous sommes partis à 6h.
Il y avait du monde à la gare.
Nous nous sommes arrêtés à …
L'année prochaine, j'irai aux États-Unis.
Je ferai un séjour d'escalade.

Resources
CD4, track 17
Cahier d'exercices, pages 70–71

Starter 1

Aim
To revise the time markers and other phrases associated with various tenses.

Write up the following in two columns, jumbling the order of the second column. Ask students working in pairs to match the halves to make complete sentences/questions and then to translate them.

1 D'habitude,	il passe ses vacances au bord de la mer.
2 Quand j'étais petit,	j'aimais me reposer sur la plage.
3 Maintenant,	elle préférerait aller à l'étranger.
4 La semaine prochaine,	j'irai en Écosse.
5 Le week-end dernier,	il est parti en vacances.
6 À Noël,	elle voudrait faire du ski.

1 Qu'est-ce qu'ils aiment faire et qu'est-ce qu'ils n'aiment pas faire? Copiez et complétez la grille.

Reading. Students copy out the grid. They read the texts by four different people and identify what each of them likes doing on holiday and what they don't like doing, using the pictures **a–l**.

Answers

nom	aime	n'aime pas
Vincent	d, b, k, e	c
Sophie	i, j, g	a
Christian	g	a, h
Coralie	b, e, k	f

2 Écoutez et notez. Relisez les textes de l'exercice 1 si nécessaire. (1–4)

Listening. Students listen to the four people in exercise 1 talking about what they usually do on holiday and what they would prefer to do. They then answer the three comprehension questions in English. Students may also find it helpful to refer back to the texts in exercise 1 for support.

Audioscript 17

1 – Que fais-tu d'habitude pendant les vacances?
   – Je vais dans un camping à la campagne avec ma famille.
   – Tu aimes ça?
   – Pas tellement.
   – Qu'est-ce que tu préférerais alors?
   – Ben, je voudrais … faire un stage de sport ou d'aventures.
   – Pourquoi?
   – Parce que les vacances sans rien faire, c'est ennuyeux.
   – Quelle sorte d'activités veux-tu faire par exemple?
   – Apprendre un nouveau sport comme l'alpinisme ou le parapente. Je vais trouver quelque chose sur Internet.

2 – Que fais-tu d'habitude pendant les vacances?
   – Cela dépend de mes parents. Mon père est au chômage pour le moment et nous ne pouvons pas partir en vacances.
   – Mais si tu avais de l'argent, qu'est-ce que tu aimerais faire?
   – Ce que j'aimerais faire? … Aller à l'étranger.
   – Pourquoi?
   – Je n'y suis jamais allée. Tous mes amis sont allés en Floride ou à la Martinique.
   – Où voudrais-tu aller?
   – Je voudrais aller à Disneyland en Floride. Tout le monde dit que c'est vraiment une expérience à ne pas manquer.
   – Il y a des échanges scolaires entre des élèves français et des élèves américains.
   – Bon, je vais chercher des renseignements, alors.
   – Il faut chercher sur Internet.

7 Tourisme — 6 Plage, mer et soleil

3
- Qu'est-ce que les vacances représentent pour toi?
- Pour moi? ... Les vacances, c'est plage, mer, soleil et mes amis!
- Que fais-tu d'habitude?
- Jusqu'à présent je suis toujours parti avec ma famille, on va au bord de la mer, dans un camping et on s'amuse.
- Et qu'est-ce que tu préférerais faire?
- Je voudrais partir avec mes copains.
- Pourquoi?
- Parce que mes parents sont trop stricts. Avec eux, le soir, il faut se coucher à neuf heures. Imagine, se coucher à neuf heures en vacances!
- Et que feriez-vous avec tes copains?
- On installerait notre tente dans un petit camping au bord de la mer quelque part ... sans les parents ... Et comme ça, on pourrait se lever et se coucher quand on veut.
- Ahhhh!

4
- Qu'est-ce que les vacances représentent pour toi?
- La campagne ... la tranquillité ...
- Que fais-tu pendant les vacances?
- D'habitude, je vais en vacances avec mon père. On fait du camping sauvage.
- Et qu'est-ce que vous voudriez faire?
- Nous aimerions faire le tour du Mont-Blanc.
- Dis-m'en plus ...
- C'est une longue route qu'on fait à pied, dans les Alpes, autour du Mont-Blanc.
- Il faut combien de temps pour la faire?
- À peu près 9 jours.
- Il faut être en forme alors?
- Oui.
- Pourquoi voulez-vous faire cela?
- C'est un défi, comme courir un marathon, on veut savoir si on peut le faire ... chercher ses limites. ...
- Euh ... Bonne chance, alors!

Answers
1 **a** Sophie **b** goes camping with her family **c** do a sports or adventure course
2 **a** Coralie **b** stays at home **c** go abroad (to Disneyland in Florida)
3 **a** Vincent **b** goes on holiday to the seaside/camping with his family **c** go on holiday to the seaside/camping with his friends
4 **a** Christian **b** goes camping in the wild with his dad **c** do a walking tour on Mont Blanc

Expo-langue: using different tenses/the conditional

Use this grammar box to review the function of the present and imperfect tenses and the conditional before students do exercise 3.

3 À deux. Posez les questions et répondez-y.

Speaking. In pairs: students take it in turn to ask questions about the people in exercises 1 and 2 and to respond to the questions. The questions are supplied.

Starter 2
Aim
To revise language for holidays. To practise using the present, the imperfect and the conditional.

Write up the following. Ask students in pairs to write six sentences about holidays using the activities supplied – two in the present, two in the imperfect and two in the conditional.

faire ...
de la plongée sous-marine
du kayak
du cyclisme
du beach-volley
des baignades
des excursions

4 Lisez les textes et les phrases. C'est quel séjour?

Reading. Students read the three holiday websites. They then read the nine statements about them and identify which website each refers to.

Answers
a 3 **b** 1 **c** 3 **d** 2 **e** 3 **f** 2 **g** 1 **h** 1 **i** 2

5 À deux. Discutez. Donnez votre opinion sur chaque séjour.

Speaking. In pairs: students discuss the holidays in exercise 4, giving their opinion on each and justifying these opinions. Some structures are given for support.

6 Mes vacances. Faites un résumé.

Writing. Students write a short report about their holidays. As the sample structures supplied show, they need to include a range of tenses – here the present and the imperfect – plus the conditional. Ask them before they start how they could also work in the near future tense.

Ask students to choose and research two types of holidays on the internet, using key phrases from the module in the search engine. They should summarise details in English.

7 Tourisme — 6 Plage, mer et soleil

➕ Using the information found on the internet, students write a short text saying which of two holidays they would choose and why. (Alternatively, they could select a holiday from the types covered in this module in the Student Book.)

Plenary

Ask students to summarise when the present, the imperfect and the conditional are used in this topic.

Then go round the class. Presuming that money were no object, each student says what he/she would do or where he/she would go on holiday, using the conditional.

Cahier d'exercices, pages 70–71

1

Answers

1 e 2 a 3 f 4 h 5 g 6 c 7 b 8 d

2

Answers

1 Luc
2 Malika
3 Robert
4 Malika
5 Luc
6 Malika
7 Luc
8 Luc + Robert

3

Answers

1 Malika 2 Robert 3 Luc

4

Answers

Luc: prefers holidays abroad. Wants to visit different countries. Last year went to Italy but this year is going to England to spend one week in London and one week somewhere quieter. Wants to improve his English. Loves the sun.

Robert: Loves the sea and the sun. Has family in Biarritz so goes there in the summer holidays. Went twice a year when he was younger and learnt to swim there. Loves water sports and is going to do a water skiing course this year.

Malika: Most important thing for her is eating on holiday! Often lies in and then has brekafast around midday so no need to have lunch. Loves Italian food and likes going to resturants on holiday. The family have difficulty in choosing a restaurant because they all like different foods.

5

Answers

Pupil's own answers

7 L'année dernière

(Student Book pages 140–141)

Main topics and objectives
- Talking about past holidays
- Using the perfect and pluperfect tenses

Grammar
- The perfect and pluperfect: when to use

Key language
Language from throughout the module

Resources
CD4, tracks 18–20
Cahier d'exercices, pages 72–73
Grammaire p. 226

Starter 1

Aim
To revise time markers associated with past tenses.

Give students working in pairs three minutes to list as many time phrases as they can that could be used when talking about the past. Which pair can come up with the longest (accurate) list?

1 Les vacances de Jérôme. Écoutez et lisez le texte. Décidez: V (Vrai), F (Faux) ou PM (Pas Mentionné)?

Listening. Students listen to Jérôme talking about his holidays, reading the text at the same time. They then read the ten statements on the text and decide whether each is true or false or not mentioned in the text.

Audioscript 18

L'année dernière, nous sommes allés en Bretagne, chez mes grands-parents. J'ai voulu faire un stage de plongée avec mon copain, mais il coûtait trop cher. Le voyage était affreux. La voiture était pleine à craquer. Nous étions cinq personnes, le chien, tous les bagages, les vélos et deux planches à voile. Chose curieuse, ma sœur a toujours une grande valise, mais un fois qu'on est là-bas, elle ne porte que des bikinis!

Nous sommes partis à six heures du matin. Mais il y avait tellement de monde qui partait au même moment qu'il y avait des embouteillages partout sur l'autoroute. On a dû faire la queue pour l'essence et aux toilettes. Heureusement, nous avions emporté des sandwichs. Quand nous sommes arrivés, mes grands-parents dormaient dans leurs fauteuils devant la télé.

Le lendemain, il a plu et nous sommes allés faire du shopping à l'hypermarché, mais après, il y a eu du soleil presque tout le temps. La mer était un peu froide pour nager, mais nous avons mis une combinaison de plongée et mon frère et moi, nous avons joué dans l'eau et fait de la planche. Mon grand-père a un bateau à voile et il nous a appris à faire de la voile. Un jour, j'étais à peine rentré d'une promenade avec le chien quand une fille s'est approchée de moi. Elle m'avait vu sur le bateau de mon grand-père et elle voulait aussi apprendre à faire de la voile. Elle était super chouette! Nous nous entendions très bien. J'espère qu'elle viendra l'année prochaine. J'ai voulu lui envoyer des e-mails, mais j'ai perdu son adresse.

Answers
1 V 2 V 3 V 4 F 5 PM 6 F 7 F 8 PM
9 V 10 F

Expo-langue: tense usage in the past

Use this grammar box to review when to use the perfect/the pluperfect. There is more information on p. 226 of the Student Book.

R Ask students to find examples of perfect and pluperfect verbs in the text in exercise 1.

2 Écoutez et choisissez les bonnes lettres. (1–3)

Listening. Students listen to the three conversations about holidays in the past. For each conversation, they answer the four questions given, using the phrases a–p.

Audioscript 19

1 – Où es-tu allée, Céline?
   – Pendant les vacances?
   – Oui, où est-ce que tu as passé tes dernières vacances?
   – Ben, j'ai fait un échange scolaire avec ma classe en Floride.
   – Tu as de la chance!
   – Oui, c'était super, on a passé une semaine en Floride, et puis une semaine à Saint-Louis.
   – Le voyage était long?
   – Oui, le vol a duré huit heures, et puis nous avons dû changer d'avion pour arriver à notre destination.
   – Tu étais fatiguée?
   – Au début, non, mais plus tard, oui.
2 – Qu'as-tu fait pendant les grandes vacances?
   – Moi? Rien. Nous ne sommes pas partis en vacances parce que mes parents ont un café et qu'ils travaillent tout le temps, surtout les vacances.
   – Tu n'es pas parti du tout?
   – Si, ma sœur et moi, on a passé une semaine chez mes grands-parents, puis ils sont partis en vacances avec des amis.
   – Ils habitent près de chez vous?
   – À deux minutes. On peut y aller à pied.

7 Tourisme — 7 L'année dernière

3
– Et toi, Hakim … tu es parti en vacances?
– Oui, je suis allé en Espagne avec ma mère.
– Pour combien de temps?
– Trois semaines.
– Comment y êtes-vous allés?
– On voulait y aller en avion, mais on n'a pas pu trouver de vol. J'ai cherché sur Internet, mais pas de chance, je n'ai rien trouvé. Finalement, on y est allés en train.

Answers
1 a, e, j, n
2 d, h, l, o
3 b, f, k, p

Starter 2

Aim
To practise the perfect tense.

Write up the following and ask students working in pairs to put all of the verbs into the perfect tense.

1 Je nage dans la mer.
2 Il joue au volley.
3 Ils viennent aujourd'hui.
4 Elle se repose sur la plage.
5 On fait du parapente.
6 Nous dormons à la belle étoile.
7 Vous allez à une station balnéaire?
8 Je regarde la télé.
9 Elles partent en vacances.
10 Tu fais des balades?

3 Tour de France. À deux. Décrivez le voyage de Tom et Matthieu.

Speaking. In pairs: students interpret the map to describe the trip Tom and Matthieu made round France.

4 Imaginez. Vous êtes partis avec Tom et Matthieu. Décrivez vos vacances!

Writing. Students imagine they went on the trip with Tom and Matthieu and write a paragraph describing their holiday, using the **nous** form.

5 Qu'est-ce qu'ils ont fait, font et feront? Copiez et complétez la grille. (1–3)

Listening. Students copy the grid. They then listen to three people talking about their holidays and fill in the details of what they did last year, this year and next year in the grid.

Audioscript 20

1 Je m'appelle Adrien. L'année dernière, j'ai fait un stage de planche à voile en Bretagne. L'année prochaine, je rendrai visite à mon correspondant en Angleterre, mais cette année, je reste à la maison et je ne fais rien. C'est ennuyeux.

2 Je m'appelle Claude. L'année dernière, je suis allé en Italie. Il faisait très chaud et je me suis baigné tous les jours. L'année prochaine, je vais faire un stage d'escalade dans les Alpes et cette année, je fais du camping sur la côte d'Azur.

3 Je m'appelle Mélanie. L'année dernière, nous sommes allés en Espagne et nous avons fait de l'équitation. J'adore ça! Les chevaux, c'est ma passion. Cette année, je vais rendre visite à mon correspondant aux États-Unis, et l'année prochaine, je n'aurai plus d'argent et je chercherai un petit travail dans un bar ou quelque chose comme ça.

Answers

	l'année dernière	cette année	l'année prochaine
1	un stage de planche à voile en Bretagne	Il reste à la maison/ne fait rien.	Il va rendre visite à son correspondant en Angleterre.
2	Il est allé en Italie.	Il fait du camping sur la côte d'Azur.	Il va faire un stage d'escalade dans les Alpes.
3	Elle est allée en Espagne/a fait de l'équitation.	Elle va rendre visite à son correspondant aux États-Unis.	Elle cherchera un petit travail.

6 Écrivez. Qu'est-ce que vous avez fait l'année dernière, qu'est-ce que vous faites cette année et qu'est-ce que vous ferez l'année prochaine?

Writing. Students write a paragraph about their own holidays, detailing what they did last year, what they're doing this year and what they'll do next year. The tip box offers some suggestions to use if they don't have definite plans.

Plenary

Put the class into teams for a game to consolidate the work on tenses.

Read out a series of prompts, e.g. **aller – nous – conditional**, **partir – elle – perfect**, etc. (keeping a note of them). The students consult in teams and write down the answers. They then swap answers with another team and give each other a score (one point per correct verb). The team with the most points wins.

7 Tourisme *7 L'année dernière*

Cahier d'exercices, page 72

1

Answers

1 down suis parti
2 down faisait
3 down regardais
5 down faisais
6 down ai fait
8 down étais
11 down ai eu
12 down suis resté
13 down avais
14 down était
16 down ai adoré

4 across a eu
7 across ai nagé
9 across allait
10 across dormait
11 across assistait
15 across avons fait
16 across sommes

Cahier d'exercices, Grammaire, page 73

1

Answers

1 Je vais; tu vas; nous allons
2 Tu es allé(e); elle est allée; nous sommes allé(e)s
3 Il allait; nous allions; ils allaient
4 On ira; j'irai; nous irons
5 Elle irait; nous irions; elles iraient
6 Je vais aller; on va aller; nous allons aller

2

Answers

L'année dernière, nous sommes allés en Espagne. Un jour, nous allions à Barcelone quand il y a eu un accident.
L'année prochaine, nous irons à Londres en Angleterre, mais si j'avais le choix, j'irais aux États-Unis.
En ce moment, je suis dans le train; je vais à Paris pour le week-end. Demain, j'irai à la Tour Eiffel et le soir on va voir un spectacle.

3

Answers

Soyez organisé(e)!
Cherchez sur l'internet et regardez toutes les auberges de jeunesse dans la région que vous avez choisie.
Notez l'adresse et le numéro de téléphone ou imprimez la page.
Écrivez un e-mail, contactez-les par téléphone ou envoyez une lettre.
Réservez vos places au moins deux mois à l'avance.
Une semaine avant votre départ, confirmez votre réservation!

Contrôle oral: Talking about a holiday

(Student Book pages 142–143)

Topics revised
- Talking about a holiday

Resources
CD5, tracks 24–26

Overview
Read through the yellow box and remind students of how this section works. They will hear a speaking controlled assessment model conversation in three parts and do exercises focused on the language used in it. These exercises, along with the advice/activities on how to improve speaking performance in ResultsPlus, will help them prepare to take part in a conversation of their own on the topic.

1 You may be asked why you have chosen this photo. Prepare three possible ways of answering the question.

Students imagine they have chosen the photo of the beach and come up with three reasons for their choice.

2 Prepare some brief notes in French for each bullet point in the task. You may write up to 30 words to help you to remember what to talk about.

Students write short notes in French in preparation for talking about each bullet point in the task. Their notes should not exceed 30 words in total.

3 Make a list of eight questions you might be asked about your photograph. Check back later when you have finished listening to the whole conversation to see how many questions you were able to anticipate.

Students write out eight questions they might be asked in the course of the conversation. At the end of the whole task, they check their questions against what came up on the recording to see how well they anticipated the areas covered.

Possible answers
Où est-ce que vous êtes restés?
Quelles activités est-ce que vous avez faites?
Quel temps a-t-il fait (en Espagne)?
Est-ce que tu as aimé les vacances?
Tu voudrais y retourner un jour?
Où vas-tu normalement en vacances?
Qu'est-ce que tu espères faire comme voyage à l'avenir?
Si tu avais beaucoup d'argent, tu irais où en vacances?

4 You will hear a model conversation between Jonathan and his teacher, based on the photograph above. Listen to the first part of the conversation and note down answers to the questions.

Explain to the students that they will hear a sample of the kind of conversation they are expected to have in the speaking controlled assessment. They listen to the first part of the conversation and answer the questions.

Audioscript 24

– Pourquoi as-tu choisi cette photo?
– J'ai choisi cette photo parce que c'est une photo de mes vacances de l'année dernière en Espagne et c'était vraiment chouette. Je suis resté dans un petit village très pittoresque au bord de la mer pendant deux semaines. J'y suis allé avec mon père et trois de mes amis. Malheureusement, mon frère Peter ne pouvait pas venir parce qu'il était malade, donc nous avons dû y aller sans lui. J'avais dit que je préférerais aller aux États-Unis avec ma mère et mes sœurs mais ce n'était pas possible. En réalité, mes vacances en Espagne étaient plus amusantes parce qu'aux États-Unis il y avait une tempête terrible. Nous avons fait le voyage en bateau et en voiture. J'aurais préféré voyager en avion, mais c'était trop cher pour cinq personnes. Tout le monde dans une voiture, c'est plus pratique! Nous sommes partis à six heures du matin et nous sommes arrivés à notre destination à neuf heures, deux jours plus tard. Le voyage était très long et nous étions tous très fatigués. Je n'aime pas voyager en bateau parce que j'ai toujours le mal de mer, même s'il fait beau, mais malheureusement la mer était très agitée et par conséquent c'était un voyage affreux pour moi!

Answers
1. It's the photo of a holiday he had last year in Spain which he enjoyed very much.
2. any four of:
   j'ai choisi
   je suis resté
   je suis allé
   nous avons dû
   nous avons fait
   nous sommes partis
   nous sommes arrivés
3. il y avait

7 Tourisme — Contrôle oral: Talking about a holiday

5 Listen to the second part of Jonathan's conversation and fill in the gaps.

Students now listen to the second part of Jonathan's conversation and complete the gap-fill version of the transcript.

With a good class you could ask pupils to read the text and try to work out plausible answers first, then use the recording to check. Discuss whether alternative answers the students came up with could also be correct in the context.

Audioscript 25

– Où est-ce que vous êtes restés?
– On est restés dans un camping au bord de la mer. C'était assez confortable, mais **j'aurais** préféré rester dans un hôtel! **Il y avait** un restaurant, une piscine et un magasin d'alimentation au camping.
– Quelles activités est-ce que vous avez faites?
– **Pendant la journée**, nous **sommes** allés à la piscine et nous avons joué au volley sur la plage. Un jour, nous avons loué des planches à voile et mon père **nous** a appris à **faire** de la planche. C'était ma première fois et c'était assez difficile.
– Tu as visité des monuments?
– Mon père aime beaucoup l'histoire et un jour on a visité un musée et une cathédrale. Moi, je ne m'intéresse **pas du tout** à l'histoire et j'ai trouvé ça très ennuyeux!
– Qu'est-ce que tu as fait le soir?
– Le soir, **on est allés** au restaurant en ville. Moi, j'aime beaucoup la cuisine espagnole, surtout les fruits de mer, et j'adore dîner **en plein air** parce qu'en Angleterre ce n'est pas souvent possible **à cause du** mauvais temps!

> **Answers**
> Also shown in bold in the audioscript.
> 1 j'aurais 2 Il y avait 3 Pendant la journée
> 4 sommes 5 nous 6 faire 7 pas du tout
> 8 on est allés 9 en plein air 10 à cause du

6 Now listen to the final part of Jonathan's conversation and answer the questions.

Students listen to the third and final part of Jonathan's conversation and answer the questions on it. These questions focus on linguistic detail. You may need to play the recording more than once.

Audioscript 26

– Quel temps a-t-il fait en Espagne?
– Pendant tout le séjour il a fait beau et du soleil. Un jour, il y a eu un orage pendant la nuit.
– Est-ce que tu as aimé les vacances?
– Mes vacances étaient vraiment merveilleuses! C'était très bien et je me suis bien amusé.
– Tu voudrais y retourner un jour?
– Oui, peut-être, mais pas l'année prochaine, parce que je préfère visiter d'autres endroits.
– Où vas-tu normalement en vacances?
– Généralement, je pars en vacances en été pour deux semaines avec ma famille. Normalement, nous restons dans un hôtel au bord de la mer. L'année dernière, nous sommes allés en vacances au mois de février et c'était la première fois que je faisais du ski. Eh oui, je n'avais jamais fait de ski avant! C'était super!
– Qu'est-ce que tu espères faire comme voyage à l'avenir?
– À l'avenir, je voudrais visiter les États-Unis, car j'aimerais bien aller à Disneyworld en Californie. J'ai déjà visité Disneyland à Paris, mais pendant mon séjour il a plu tous les jours.
– Si tu avais beaucoup d'argent, tu irais où en vacances?
– Si j'avais beaucoup d'argent, j'irais en Australie parce que mon oncle et ma tante y habitent. C'est mon rêve aussi d'aller en Chine car je trouve le pays fascinant.

> **Answers**
> 1 Quel temps a-t-il fait en Espagne?
> Est-ce que tu as aimé les vacances?
> Tu voudrais y retourner un jour?
> Où vas-tu normalement en vacances?
> Qu'est-ce que tu espères faire comme voyage à l'avenir?
> Si tu avais beaucoup d'argent, tu irais où en vacances?
> 2 For each tense, any one of the following:
> **Present**
> je préfère
> je pars
> nous restons
> mon oncle et ma tante habitent
> c'est
> je trouve
>
> **Perfect**
> il a fait
> il y a eu
> je me suis bien amusé
> nous sommes allés
> J'ai visité
> il a plu
>
> **Imperfect**
> étaient
> C'était
> je faisais
> j'avais
>
> **Pluperfect**
> je n'avais jamais fait
>
> **Conditional**
> je voudrais
> j'aimerais
> j'irais

7 Tourisme — Contrôle oral: Talking about a holiday

ResultsPlus

The **ResultsPlus** section gives students the support they need to improve their speaking. The support is differentiated, allowing students to identify and work towards their target level (Grade C, Grade B/A, Grade A*). Encourage students to adopt the kind of approach taken in this section in all extended speaking activities.

Read through and discuss the **ResultsPlus** section together.

Also draw students' attention to the **Épate l'examinateur!** feature: this highlights language that students can include to particularly impress the examiner.

7 Now it's your turn! Choose a photograph showing a holiday destination and prepare a discussion about it.

Students participate in a discussion on a holiday destination of their own in the style of a controlled assessment task. They should use all the support supplied, here and elsewhere on the spread:

- the English questions in the yellow box on p. 142
- their answers to exercises 1–6
- Jonathan's responses, adapted to talk about themselves
- the ResultsPlus advice on the language to include.

Each student takes part in the discussion as the person answering the questions. If they are working with a partner, they will take turns asking and answering.

If possible, record the discussions (or have the students record themselves). They can then swap recordings with a partner, listen to each other's version and offer comments on how it might be improved. A simple marking system is suggested (one/two/three stars for listed categories). Students should then identify two or three areas which they would like to improve next time they do an extended speaking task.

Contrôle écrit: Writing about a past holiday (Student Book pages 144–145)

Topics revised
- Describing a recent holiday

1 Find the French equivalent of these phrases in the text and copy them out.

Students read the text, then identify and write out the French for the English phrases listed.

Answers
1. nous nous sommes levés
2. quand nous sommes arrivés
3. il y avait une grève
4. nous étions fatigués
5. nous nous sommes fait des amis
6. tout le monde sort
7. je n'avais pas voulu aller en Espagne
8. je préférerais aller
9. j'adore le soleil
10. j'apprendrai

2 Which tenses are used in the phrases in exercise 1? For each sentence, write 'present', 'perfect', 'imperfect', 'future', 'conditional' or 'pluperfect'.

Students identify the tense used in each of the phrases in exercise 1.

Answers
1. perfect
2. perfect
3. imperfect
4. imperfect
5. perfect
6. present
7. pluperfect
8. conditional
9. present
10. future

3 Find the four correct statements.

Students reread the text and identify which four of the eight statements in English about it are correct.

NB This activity is in the form of an exercise from the Edexcel Reading exam.

Answers
1, 2, 4, 5

4 You might be asked to write about a holiday as a controlled assessment task. Use ResultsPlus to help you prepare.

Students read through the language support material supplied in preparation for doing their own extended writing task in exercise 5.

ResultsPlus

The **ResultsPlus** section gives students the support they need to improve their writing. The support is differentiated, allowing students to identify and work towards their target level (Grade C, Grade B/A, Grade A*). Encourage students to adopt the kind of approach taken in this section in all extended writing activities.

Also draw students' attention to the **Épate l'examinateur!** feature: this highlights a structure that students can include to particularly impress the examiner.

5 Now write an account of a holiday.

Students write their own text in the style of a controlled assessment task – a description of a recent holiday. As well as the ResultsPlus guidelines on the language to include, they should use all the support supplied here:

- the advice on sourcing ideas and language
- the sample structure for the text
- the list of features to check in their finished text.

Students could swap texts with a partner and check each other's work, offering suggestions for how it might be improved.

7 À toi

(Student Book pages 194–195)

- Self-access reading and writing

1 Trouvez les mots ou les phrases dans le texte.

Reading. Students read the text and then find the French for the 12 English expressions listed.

Answers
1 douches chaudes gratuites
2 vaisselle
3 réchaud
4 meubles de jardin
5 couchage
6 draps
7 oreillers
8 serviettes
9 mitigeur
10 arrhes/caution
11 désistement
12 Dépôt de garantie

2 Vos parents veulent en savoir plus. Répondez en anglais aux questions qu'ils vous posent.

Reading. Students imagine their parents want to know more about the campsite in exercise 1 and answer the eight questions posed in English.

Answers
1 350€
2 200€
3 150€ a week
4 no
5 yes
6 yes
7 no
8 crockery is provided; you need to take bedding

3 Regardez le site web du Ze Bus. Choisissez la bonne réponse, a, b ou c.

Reading. Students read the Ze Bus website. They then read the seven sentences and choose the correct ending for each from the three options given (**a**, **b** or **c**).

Answers
1 b 2 a 3 c 4 b 5 c 6 b 7 c

4 Faites correspondre les verbes.

Reading. Referring back to the text in exercise 4 as necessary, students match the French and English verbs.

Answers
1 c 2 d 3 b 4 e 5 a 6 f

5 Faites correspondre pour compléter les phrases.

Reading. Students read the text. For the six sentence openings they find the appropriate ending (from **a–i**).

Answers
1 i 2 e 3 d 4 f 5 g 6 h

6 Imaginez que vous êtes parti(e)s en Ze Bus.

Writing. Students imagine they made a trip on Ze Bus and write a paragraph describing what happened. A list of questions is supplied to help them structure their piece.

Module 8 Mode de vie [Student Book pages 148–165]

Unit	Main topics and objectives	Grammar
Déjà vu 1 Ce qu'on mange et ce qu'on boit (pp. 148–149)	Talking about food and drink en (of it/of them)	The pronoun **en**
Déjà vu 2 Mon corps et moi (pp. 150–151)	Parts of the body and saying where it hurts Expressions with **avoir**	Expressions with **avoir** à + the definite article
1 Ça ne va pas (pp. 152–153)	Talking about what is wrong with you Impersonal verbs	Impersonal constructions
2 Garder la forme (pp. 154–155)	Talking about a healthy lifestyle Adverbs	Adverbs
3 La dépendance (pp. 156–157)	Discussing addiction and other problems Giving your opinion	
4 Veux-tu te marier? (pp. 158–159)	Talking about family relationships More practice giving opinions	
Contrôle oral: Young people's lifestyles (pp. 160–161)	*Exam speaking practice* Talking about young people's lifestyles Talking about young people's problems Talking about personal problems and future intentions	*Revision*
Contrôle écrit: Healthy living (pp. 162–163)	*Exam writing practice* Writing about your previous and current lifestyles and plans for future changes	*Revision*
À toi (pp. 196–197)	Self-access reading and writing	

8 Déjà vu 1: Ce qu'on mange et ce qu'on boit (Student Book pages 148–149)

Main topics and objectives
- Talking about food and drink
- **en** (of it/of them)

Grammar
- The pronoun **en**

Key language
Food and drink

Resources
CD4, track 21
Cahier d'exercices, page 76
Grammaire p. 220

Starter 1

Aim
To revise the partitive. To revise vocabulary for food and drink.

Write up the following. Ask students to copy the grid and complete it by putting each of the items of food and drink in the correct column.

du	de la	de l'	des

céréales, chocolat chaud, eau, frites, fromage, jambon, jus d'orange, lait, légumes, pain, pain grillé, pâtes, pâté, pizza, poisson, poulet, soupe, salade

1 Écoutez Nicolas et Amélie. Que mangent-ils et que boivent-ils d'habitude? Copiez et remplissez la grille. (1–2)

Listening. Students copy out the grid. They listen to Nicolas and Amélie answering questions for a survey on what they usually eat and drink and fill in the details in the grid, choosing from the items listed.

Audioscript 19

– *On fait un sondage pour un magazine. Que manges-tu et que bois-tu pour le petit déjeuner, Nicolas?*
– *Pour le petit déjeuner, je mange des céréales avec du lait et puis, une tartine de pain avec du Nutella.*
– *Bois-tu du chocolat chaud?*
– *Non, je n'en bois pas. Je bois du jus d'orange.*
– *Où manges-tu à midi?*
– *Je mange à la cantine.*
– *Que manges-tu, par exemple?*
– *D'habitude, il y a de la salade verte, un steak haché et des pâtes et une mousse au chocolat comme dessert. Et je bois de l'eau.*
– *Manges-tu du poisson s'il y en a sur le menu?*
– *Non, je n'en mange pas.*
– *Et tu manges un goûter?*
– *Oui, pour le goûter, je mange un biscuit ou un gâteau.*
– *Et le soir, pour le dîner?*
– *Chez nous pour le dîner, il y a de la soupe ... de la salade, du pain ... du jambon ... du fromage et un yaourt.*
– *Et qu'est-ce que tu bois?*
– *Je bois du chocolat chaud.*
– *Dis-moi, tu ne manges pas de pizza?*
– *Si j'en mange, mais pas d'habitude. C'est plutôt en vacances en Italie qu'on en mange.*

– *Amélie, manges-tu des céréales pour le petit déj?*
– *Non, je n'en mange pas. Je n'aime pas. Je préfère une tartine beurrée et un yaourt et je bois du chocolat chaud.*
– *Et à midi, tu manges à la cantine?*
– *Non, à midi, je rentre à la maison et je mange des pâtes et du fromage et je bois du jus d'orange.*
– *Tu ne prends pas de goûter?*
– *Si, j'en prends. Je mange une pomme et je bois du yaourt liquide.*
– *Et pour le dîner?*
– *Ça dépend, mais d'habitude, c'est de la salade, du jambon, des frites ou de la pizza et un fruit.*
– *Tu ne manges pas de poisson?*
– *Non, je n'en mange pas. Je n'aime pas.*
– *Merci.*

Answers

	petit déjeuner	à midi	goûter	dîner
Nicolas	des céréales avec du lait, une tartine avec du Nutella, du jus d'orange	de la salade verte, un steak haché et des pâtes, une mousse au chocolat, de l'eau	un biscuit ou un gâteau	de la soupe, de la salade, du pain, du jambon, du fromage, un yaourt, du chocolat chaud
Amélie	une tartine (beurrée), un yaourt, du chocolat chaud	des pâtes, du fromage, du jus d'orange	une pomme, du yaourt liquide	de la salade, du jambon, des frites, de la pizza, un fruit

2 Une journée scolaire. Choisissez ✓ ou ✗. Qu'est-ce qu'il mange et qu'est-ce qu'il ne mange pas?

Reading. Students read the text and then decide for each item of food pictured whether the person writing eats it (indicating by a tick) or doesn't eat it (indicating by a cross).

Answers
a ✓ b ✓ c ✗ d ✓ e ✗ f ✓ g ✗ h ✓ i ✓
j ✓ k ✗ l ✗

179

8 Mode de vie — Déjà vu 1: Ce qu'on mange et ce qu'on boit

Expo-langue: the pronoun *en*

Use this grammar box to remind students of the pronoun **en**, which replaces a quantity with **de, du, de la, de l'** or **des**.

Also read through the tip box on **si**, the word you use for 'yes' when responding to a negative question. There is more information on p. 220 of the Student Book.

Starter 2

Aim
To revise food and drink vocabulary. To practise using the pronoun **en**.

Working in pairs, students take it in turn to prompt and to respond. The first student prompts with a question beginning **Manges-tu … ?** and an item of food or drink (e.g. **Manges-tu de la pizza?**) The second responds either **Oui, j'en mange.** or **Non, je n'en mange pas.**

3 À deux. Posez des questions et répondez-y.

Speaking. In pairs: students take it in turn to ask and answer questions on their eating habits. A framework is supplied for support.

4 Que mangez-vous et buvez-vous d'habitude pendant une journée scolaire? Écrivez. Trouvez des mots et des expressions dans les exercices ci-dessus pour vous aider.

Writing. Students write two paragraphs on what they usually eat and drink on a school day. Encourage them to use exercises 1–3 to help them. Sentence openings are supplied for support.

5 Lisez et puis faites correspondre les phrases.

Reading. Students read the text and then match the sentence halves (**1–6** and **a–f**).

Answers
1 e 2 d 3 c 4 f 5 b 6 a

6 Vidéoconférence. Préparez une présentation sur ce que vous mangez et buvez d'habitude pendant une journée scolaire.

Speaking. Students imagine that they are going to have a videoconference with students at a French school. They prepare a presentation on what they normally eat and drink on a school day.

Plenary

Ask students to summarise what the pronoun **en** does in a sentence, giving examples of some of the things it can stand for (**du fromage, des légumes**, etc.).

Then write up the following sentences and ask them to replace the nouns with **en**:

Nous buvons du chocolat chaud.
Ils n'achètent pas de gâteaux.
Je ne voudrais pas de salade.

Cahier d'exercices, page 76

1

Answers
Possible answers:
1 *D'habitude,* je mange un toast et je bois du thé au petit déjeuner.
2 *Le matin,* je mange très peu et *le soir,* je prends mon dîner vers 8 heures; généralement, je mange du poisson et de la salade et je bois du vin.
3 *Si je ne suis pas trop pressé(e),* je prends un sandwich pour mon déjeuner et je bois de l'eau.
4 *Quelquefois,* je prends un sandwich, *mais je préfère* une pizza ou une salade.
5 *On fait la grasse matinée* le dimanche, alors je prends mon petit déjeuner vers midi; je mange un croissant et je bois un chocolat chaud.
6 *Alors, ça dépend;* quelquefois je bois de l'eau ou un jus d'orange et quelquefois je bois du vin.
7 La bière, *j'en bois quelquefois, mais en général,* je bois du whisky!
8 *Mais hier, j'ai mangé* des frites et une pizza!
9 *Alors, demain,* je mangerai une salade et beaucoup de fruits.
10 *Je n'en mange pas, mais* je mange des légumes chaque jour.

2

Answers
Pupil's own answers

Déjà vu 2: Mon corps et moi

(Student Book pages 150–151)

Main topics and objectives
- Parts of the body and saying where it hurts
- Expressions with **avoir**

Grammar
- Expressions with **avoir**
- **à** + the definite article

Key language
Parts of the body
Ailments

Resources
CD4, tracks 22–23
Cahier d'exercices, page 77

Starter 1

Aim
To revise vocabulary for parts of the body.

Give students three minutes in pairs to list as many parts of the body as they can. Which pair has the longest list?

1 À deux. Trouvez les parties du corps correspondantes.

Speaking. In pairs: students match the eight verbs with the corresponding parts of the body.

Answers
Students will check their own answers using the recording for exercise 2. Answers supplied here for reference only.
1 g **2** e **3** d **4** a **5** c **6** b **7** f **8** h

2 Écoutez et vérifiez vos réponses.

Listening. Students listen to the recording to check their responses to exercise 1.

Audioscript 22

– Qu'est-ce qu'il faut faire?
– Choisir quelle partie du corps on utilise pour faire une action.
– Faire quoi?
– Marcher, par exemple.
– Les pieds?
– Non, les jambes.
– OK, les jambes.
– Et pour toucher?
– La main … ou le doigt?
– Oui, je dirais les doigts … Et pour regarder?
– Ça, c'est facile, les yeux.
– Pour sentir une odeur?
– Le nez.
– Pour digérer?
– L'estomac.
– Pour écouter?
– Les oreilles.
– Et pour goûter?
– La langue.
– Pour manger?
– La bouche ou les dents.
– La bouche, les dents, c'est pour croquer. C'est tout?
– Oui, c'est tout.

Expo-langue: expressions with *avoir*

Use this grammar box to revise expressions with **avoir** (**avoir froid/chaud/faim/soif**).

Expo-langue: *à* + the definite article

Use this grammar box to revise the forms of **à** + the definite article.

➕ Ask students to find some other expressions which use **avoir** but are translated with 'to be' in English (e.g. **avoir honte/tort/raison/peur/quinze ans,** etc.).

3 Faites correspondre les phrases et les images.

Reading. Students read the eleven sentences in French and match each to the appropriate picture (a–k).

Answers
1 f **2** i **3** a **4** e **5** j **6** b **7** d **8** g **9** h
10 c **11** k

Starter 2

Aim
To practise using the different forms of **à** + the definite article.

Working in pairs, students take it in turn to prompt with a part of the body (e.g. **dos/le dos**) and to respond by saying that part hurts (e.g. **J'ai mal au dos.**).

4 Pourquoi sont-ils absents? Choisissez la bonne image de l'exercice 3 (1–8).

Listening. Students listen to a teacher taking the register and asking why certain students are absent. They note for each person the appropriate picture from exercise 3 (from a–k).

181

8 Mode de vie — Déjà vu 2: Mon corps et moi

Audioscript 23

– Tout le monde a disparu ou quoi? Arthur est absent. Qu'est-ce qu'il a?
– Il avait mal aux dents hier et il est allé voir le dentiste.
– Et Louise?
– Elle est tombée et elle s'est fait mal à la jambe.
– Et Amélie?
– Elle a été piquée par une guêpe! Elle est allergique aux piqûres d'insectes.
– Jérôme?
– Lui? Il a de la fièvre. Le médecin dit que c'est une grippe.
– Et Hugo?
– Hugo s'est cassé le bras. Il se l'est coincé dans la portière de la voiture.
– Aïe!! Et Valentin? Qu'est-ce qu'il a?
– Il a mal à la tête.
– Il n'est pas tombé?
– Non.
– Et Charline?
– Charline est tombée, elle aussi, et elle s'est fait mal au dos. Elle est allée à l'hôpital.
– Et Boris?
– Il est enrhumé et il tousse tout le temps.
– Et toi alors, Camille?
– Moi? Ça va bien.
– Heureusement.

Answers
Arthur f
Louise h
Amélie c
Jérôme d
Hugo i
Valentin e
Charline a
Boris g, k

5 À deux. Vérifiez vos réponses de l'exercice 4.

Speaking. In pairs: students discuss their answers to exercise 4. A sample exchange is shown.

6 Copiez les articles sur la liste et trouvez les bonnes images.

Reading. Students copy out the list of items shown in the first-aid box and find the correct picture for each (from **a–f**).

Answers
de l'aspirine c
des pastilles antiseptiques b
de la crème antiseptique e
une paire de ciseaux a
des pansements adhésifs f
une solution antiseptique d

7 Imaginez: vous n'avez pas de chance! Écrivez un paragraphe ...

Writing. Students imagine they are being very unlucky and write a paragraph on all the mishaps/illnesses that have befallen/are about to befall them, using the prompts supplied.

Plenary

Ask the class to summarise the forms of à + the definite article and when each is used.

Then play a miming game to consolidate this language. A student mimes an ailment for the class (e.g. touches his/her arm and groans). A second student responds by identifying the ailment (e.g. **Il/Elle a mal au bras.**). If correct, he/she now gets the chance to mime to the class.

You could set the class the challenge of correctly identifying ten ailments within an allotted time.

Cahier d'exercices, page 77

See Unit 1 for answers.

1 Ça ne va pas

(Student Book pages 152–153)

Main topics and objectives
- Talking about what is wrong with you
- Impersonal verbs

Grammar
- Impersonal constructions

Key language
Si vous avez (mal à la tête), …
Il faut …
prendre de l'aspirine/des comprimés
sucer une pastille antiseptique
mettre de la crème antiseptique
un pansement
des pansements adhésifs
une paire de ciseaux
une solution antiseptique
Je dois …
rester à la maison/au lit
boire beaucoup d'eau
me reposer
Il m'a fait une ordonnance.
Il faut prendre le médicament toutes les deux heures.
Il faut/Il a fallu …
aller à l'hôpital pour faire une radio/un examen
Il vaut mieux prendre …
un rendez-vous chez le dentiste
un rendez-vous chez le médecin

Resources
CD4, tracks 24–25
Cahier d'exercices, page 77

Starter 1

Aim
To revise constructions with the infinitive.

Write up the following. Ask students to identify which of the expressions can be followed by an infinitive and to give examples of infinitives that could be used with these.

il aime
tu as
je déteste
il faut
on veut
tu vas
nous sommes
elles adorent
je voudrais
vous mangez

1 Les excuses. Lisez et trouvez l'image qui correspond à chaque texto.

Reading. Students read the five texts (1–5) and find the picture that corresponds to each one (a–e).

Answers
1 b   2 a   3 e   4 c   5 d

2 Julien et ses copains parlent au téléphone. Écoutez, et relisez les textos dans l'exercice 1. Qui parle? Quand est-ce qu'ils peuvent retourner au collège? (1–5)

Listening. Students listen to the five people from exercise 1 talking on the phone and identify who is speaking in each case (they may need to reread the texts in exercise 1). They also note when the people are able to go back to school.

Audioscript 24

1 *Salut! La fête? Non … Je n'y suis pas allé moi non plus parce que je suis malade. Ça va un peu mieux maintenant, mais je ne peux pas aller au collège demain, ça c'est sûr. J'ai eu de la fièvre et je prends des antibiotiques … beurk … dégoûtant … Non … le médecin a dit … non … je ne peux pas aller au collège avant la semaine prochaine.*

2 *Salut! La fête? Ah non, je n'y suis pas allée. J'avais une dent qui me faisait mal … Je suis allée chez le dentiste hier … Non … il m'a fait un plombage … Je déteste y aller. Le collège? Ah non … tu ne peux pas??? … Tu as de la chance … Je viendrai te rendre visite vendredi après le collège.*

3 *Salut! La fête? Je n'ai pas pu aller à la fête hier moi non plus … J'étais tellement enrhumée … oui … et j'ai toussé toute la nuit … Mais ça va mieux maintenant et maman a décidé … tu connais ma mère … je peux retourner au collège jeudi. Et toi? Ah non!!!*

4 *La fête? Non, c'est stupide, mais je n'ai pas pu y aller. Hier matin, tu sais, j'étais dans le jardin, on jouait au foot et j'ai été piqué par une guêpe! C'est la première fois que cela m'arrivait et mon bras a gonflé comme un ballon. Ma mère a pris un rendez-vous chez le médecin, mais il m'a envoyé à l'hôpital pour un examen … Je ne le savais pas, mais il semble que je suis allergique et il faut faire attention. Le collège? Non, il n'a rien dit. Je serai là après-demain.*

5 *Salut, Sophie! Tu es allée à la fête? Oui? Je n'ai pas pu y aller moi non plus parce que je suis tombé et je me suis cassé un os du pied. J'ai dû aller à l'hôpital et maintenant, j'ai le pied dans le plâtre … Oui? Ah non, le collège non, absolument pas, pas pendant deux semaines. Tu peux venir me voir? Maintenant, je dois rester à la maison avec mon pied sur une chaise.*

Answers
1 Raoul, next week   2 Sophie, Friday   3 Laurie, Thursday
4 Romain, the day after tomorrow   5 Julien, in two weeks

183

8 Mode de vie / Ça ne va pas

Expo-langue: impersonal constructions

Use this grammar box to cover impersonal constructions with **falloir** (**il faut** and **il a fallu**) + the infinitive) and **il vaut mieux** + the infinitive.

Starter 2

Aim
To practise using impersonal verbs which are followed by the infinitive.

Write up the following. Ask students working in pairs to use the English prompts to come up with sentences in French: two using **il faut**, two using **il vaut mieux** and two using **il a fallu**.

- do your homework every night
- phone your friend tomorrow
- make an appointment
- stay at home
- go to hospital
- look after my brother

3 À deux. Discutez et complétez les instructions.

Speaking. In pairs: students discuss the possible remedies for the ailments listed, completing each sentence opening from the options supplied.

4 Qu'est-ce qu'il faut faire? Suggérez un remède pour chaque personne.

Writing. Students write suggestions for a remedy for each of the six people pictured.

Suggested answers

Eva – Il vaut mieux prendre un rendez-vous chez le médecin et il faut sucer des pastilles antiseptiques.
Clément – Il faut laver le genou et puis mettre un pansement adhésif. Il vaut mieux rester assis.
Julie – Il faut prendre des comprimés analgésiques et boire beaucoup d'eau.
Thibaud – Il vaut mieux prendre un rendez-vous chez le dentiste. Il faut prendre de l'aspirine.
Noélie – Il vaut mieux aller à l'hôpital pour faire une radio.
Bastien – Il faut laver la main et mettre de la crème antiseptique et un pansement adhésif.

5 Rendez-vous chez le médecin. Notez pour chaque personne le problème et le jour et l'heure du rendez-vous. (1–3)

Listening. Students listen to three people making a doctor's appointment and note for each their ailment and the day and time of the appointment.

Audioscript 25

1 – Cabinet médical du docteur Leblanc, bonjour.
 – Bonjour, madame. Pourrais-je avoir un rendez-vous?
 – Qu'est-ce qui ne va pas?
 – Je ne me sens pas bien. J'ai de la fièvre et j'ai mal à la gorge. Je crois que j'ai une grippe.
 – Bon, pouvez-vous venir demain?
 – À quelle heure?
 – À dix heures vingt. Avez-vous de l'aspirine à la maison?
 – Oui, je crois.
 – Bon, prenez-en deux toutes les quatre heures et venez voir le médecin demain.
 – Oui ...

2 – Cabinet médical du docteur Leblanc, bonjour.
 – Bonjour, madame. Pourrais-je voir le médecin aujourd'hui?
 – C'est urgent?
 – Oui. Je me suis fait très mal au pied.
 – Qu'est-ce qui s'est passé?
 – Je suis tombé dans l'escalier et je me suis fait très mal. Je ne peux pas marcher.
 – Comment est-ce que vous pouvez venir jusqu'au cabinet?
 – Ma mère m'amènera.
 – En voiture?
 – Oui.
 – À quelle heure pouvez-vous venir?
 – Tout de suite.
 – Non, le médecin est occupé ... Mais dans une heure, à quinze heures quarante? Ça vous convient?
 – Oui ... merci.

3 – Cabinet médical du docteur Leblanc, bonjour.
 – Bonjour, madame. Pourrais-je avoir un rendez-vous?
 – Qu'est-ce qui ne va pas?
 – J'ai mal au ventre et je vomis.
 – Qu'est-ce que vous avez mangé?
 – Pas grand-chose. Je n'ai envie de rien.
 – Bon, vous pouvez venir à neuf heures demain matin.

8 Mode de vie / Ça ne va pas

Answers

	problème	jour du rendez-vous	heure du rendez-vous
1	de la fièvre, mal à la gorge	demain	10h20
2	mal au pied	aujourd'hui	15h40
3	mal au ventre, vomit	demain	9h

6 À deux. Chez le médecin. Faites des dialogues.

Speaking. In pairs: students enact dialogues set at the doctor's surgery, taking it in turn to play the doctor and the patient. A framework is supplied for support.

Plenary

Ask students to tell you about the impersonal verbs in this unit. How are they used? What are they followed by?

Then prompt with ailments (e.g. **j'ai mal à la tête**) for students to respond with advice using either **il faut** or **il vaut mieux**.

Cahier d'exercices, page 77

1

Answers
1 Il faut mettre de la crème antiseptique.
2 Il vaut mieux prendre un rendez-vous chez le dentiste
3 Il faut prendre de l'aspirine immédiatement.
4 Il a fallu aller à l'hôpital faire une radio.
5 Il vaut mieux aller à l'hôpital pour vérifier que je n'ai rien de cassé.
6 Si vous toussez, il vaut mieux rester à la maison.
7 Il a fallu mettre un pansement adhésif sur la piqûre.

2

Answers
Possible answers:
1 Il faut rester au lit et il vaut mieux prendre de l'aspirine immédiatement.
2 Il faut rester à la maison et si ça vous fait mal, il vaut mieux prendre de l'aspirine.
3 Il vaut mieux prendre un rendez-vous chez le médecin. Si vous toussez, il vaut mieux rester à la maison.

3

Answers
Example:
1 Désolée, je ne peux pas aller au match de foot parce que je suis tombée en jouant et je me suis cassé le bras et j'ai aussi mal à la tête. J'ai dû aller à l'hôpital faire une radio et maintenant j'ai le bras dans le plâtre.
2 Désolé, mais je ne peux pas aller au concert samedi soir. J'ai mal à la gorge et mal à la tête, j'ai mal au ventre et j'ai de la fièvre. C'est affreux. Il faut rester au lit et je dois prendre de l'aspirine. Le médecin a dit que j'ai une grippe.

8 2 Garder la forme

(Student Book pages 154–155)

Main topics and objectives
- Talking about a healthy lifestyle
- Adverbs

Grammar
- Adverbs

Key language
Je suis en forme.
Pour garder la forme, ...
je mange sainement
je ne bois que de l'eau
je ne mange pas de sucreries
je ne mange pas beaucoup de graisses
je fais beaucoup d'exercice
je fais de l'exercice régulièrement
Je mangeais/buvais/faisais ...
Je pourrais manger/boire/faire ...
Je pourrais faire un régime.
d'habitude
finalement
généralement
lentement
heureusement
malheureusement
personnellement
rapidement
régulièrement
sainement
seulement
tellement
uniquement
bien
mal
mieux
toujours

Resources
CD4, track 26
Cahier d'exercices, page 78
Grammaire p. 219

Starter 1

Aim
To revise language for talking about lifestyle in the present and the past.

Ask students working in pairs to complete the two texts by coming up with four facts to illustrate a healthy lifestyle in the present and four facts to illustrate an *un*healthy lifestyle in their youth.

D'habitude, je suis en forme. Je ...
Quand j'étais petit(e), je n'étais pas en forme. Je ...

1 Lisez et trouvez qui parle.

Reading. Students read the three texts. They then read the eight questions and identify who each one refers to, Flavie, Antoine or Anaïs.

Answers
1 Anaïs 2 Flavie 3 Antoine 4 Anaïs 5 Antoine
6 Flavie 7 [Antoine/Anaïs – student's own answer]
8 Flavie

Expo-langue: adverbs

Use this grammar box to cover how adverbs are formed and a few key irregular adverbs. Point out that adverbs can add detail and interest to a text and so students should aim to include them in their speaking and writing. There is more information on p. 219 of the Student Book.

2 Écoutez Valentin et notez les bonnes réponses, a, b ou c.

Listening. Students listen to Valentin talking about his lifestyle and how it differs from when he was younger. They then read the five sentences and choose the correct ending for each from the three options given (**a**, **b** or **c**).

Audioscript 26

Je joue au basket et le sport, c'est ma vie. Pour le sport, il faut être en forme et je fais beaucoup d'entraînement. Je fais du fitness et je joue au squash, je fais du roller et du VTT, mais je déteste le jogging et la natation. Notre entraîneur demande que nous mangions sainement, mais c'est difficile parce que je suis un véritable gourmand!

Quand j'étais petit, je mangeais de tout, des bonbons, des gâteaux, des sucreries, et je buvais des boissons gazeuses. Maintenant, je fais plus d'efforts. Je n'aime pas la salade et les légumes, mais j'en mange quand même ... pas assez, mais j'en mange un peu ... et c'est déjà quelque chose!

J'ai essayé de manger un fruit à la récré au lieu d'un biscuit au chocolat, mais quelquefois, je prends un Twix. Je préférerais le biscuit tout le temps, mais il faut faire des sacrifices dans la vie! Quand j'étais petit, je regardais trop la télé et je passais des heures cloué devant l'ordinateur. Maintenant, je fais mes devoirs et puis je sors faire du sport. C'est mieux.

Answers
1 a 2 c 3 c 4 b 5 b

8 Mode de vie 2 Garder la forme

Starter 2

Aim
To practise forming adverbs. To practise applying grammar knowledge to work out new forms.

Ask students to write out the adverbs that correspond to the following adjectives:

final, complet, lent, présent, heureux, sérieux, seul, suffisant

3 À deux. Posez et répondez aux questions.

Speaking. In pairs: students take it in turn to ask and answer questions about the healthiness of their current lifestyle, how they used to live when they were younger and how they could do better in the future. The questions are supplied for support.

4 Mettez les images dans l'ordre mentionné dans le texte.

Reading. Students read the text and put the pictures in the order they are mentioned in the text.

Answers
e, d, b, i, c, a, g, f, h

5 Que faisait-il et qu'est-ce qu'il fait maintenant? Lisez et complétez les phrases.

Reading. Students reread the text in exercise 4, then complete four sentences on what the writer used to do when he was young and four sentences on what he does now.

Answers
Quand il était jeune, …
1 il mangeait (presque uniquement) des pâtes ou des frites avec du ketchup et des bonbons et d'autres sucreries.
2 il buvait des boissons gazeuses.
3 il faisait du judo.
4 il n'était pas en forme.

Aujourd'hui, …
5 il mange sainement/du steak, des légumes, du riz, du pain aux céréales et des fruits.
6 il boit de l'eau.
7 il fait du judo et du jogging.
8 il est en forme/champion régional.

6 Que faisiez-vous et que faites-vous maintenant?

Writing. Students write a text comparing what they used to eat/drink/do in the past and their present situation and adding details of what they could do to have a healthier lifestyle. Paragraph openings are supplied to help them structure their text.

Plenary

Ask the class to summarise how adverbs are formed and to give you some examples. Then test them by prompting in English as follows:

happily, quickly, only, healthily, well, badly, regularly, better, slowly, generally

Cahier d'exercices, page 78

1

Answers
1 Je suis toujours fatigué. Qu'est-ce que je peux faire?
2 Après le collège j'ai toujours très faim, puis au dîner, je n'ai plus faim.
3 J'ai toujours froid en hiver!

2

Answers
Possible answer:
Varie tes repas!
Grignotte des fruits secs (noix, amandes) ou séchés (abricots secs, dattes).
Évite les barres chocolatées et les chips.
Pour produire de la chaleur, mange du pain, des céréales, des pâtes.
Va te coucher au moment où tu t'endors le plus.
Évite aussi de prendre l'ascenseur.
Mange des oranges, des pamplemousses et des kiwis pour absorber plus de vitamine C.

3

Answers
Possible answers
1 Mange un laitage ou des céréales quand tu rentres du collège.
2 Évite de manger une barre chocolatée quand tu as faim.
3 Si tu habites à 1 km du collège, vas-y à pied.
4 Les pommes de terre, les céréales et les pâtes t'apportent des sucres lents.
5 Mange du poisson une fois par semaine.
6 C'est important d'aller au lit à heure fixe.
7 Ne mange pas beaucoup avant d'aller au lit.

3 La dépendance

(Student Book pages 156–157)

Listening and reading skills focus

Main topics and objectives
- Discussing addiction and other problems
- Giving your opinion

Listening and reading skills focus
- Listening for detail
- Predicting content before listening
- Listening strategies (tone of voice)
- Close listening (negatives)
- Reading for gist
- Reading for detail
- Predict content before reading in detail
- Reading strategies (vocabulary groupings)

Key language
Les cigarettes coûtent cher.
Ses vêtements sentent la fumée.
C'est dégoûtant.
C'est déstressant.

Le problème le plus grave, c'est …
le tabagisme
l'alcool (m)
le sida
la drogue
l'anorexie
Ils ne remarquent pas quand ils ont trop bu.
Ce n'est pas bon pour la santé.
Ça coupe l'appétit.

Ça me donne confiance.
C'est du gaspillage.
C'est difficile d'arrêter.
C'est presque impossible de …
Ils nous montrent le mauvais exemple.
Il est mort d'un cancer des poumons.
Je fume depuis (quatre ans).
Je suis devenu(e) dépendant(e).
Je m'y suis habitué

à mon avis
selon moi

Resources
CD4, tracks 27–28
Cahier d'exercices, page 79

Starter 1

Aim
To work out new words using context and grammar

Write up the following in two columns, jumbling the order of the second column. Ask students to match the French and English versions.

le tabagisme	smoking
la dépendance	addiction
le gaspillage	waste
la fumée	smoke
déstressant	relaxing
recommencer	to start again
renoncer	to give up
respirer	to breathe
un cancer des poumons	lung cancer
s'habituer	to get used to

Check answers, asking students how they worked them out.

1 La dépendance: qu'est-ce qu'ils en pensent? Écoutez, et copiez et remplissez la grille en anglais. (1–7)

Listening. Students copy out the grid. They then listen to seven people giving their opinions on smoking and complete the grid with the details.

⭐ Before they begin, read together through the tip box on listening strategies.

Audioscript 27

1 – Tu fumes ou pas, Chloé?
 – Moi, non.
 – Qu'en penses-tu?
 – Ben, mon grand-père fume la pipe et tous ses vêtements sentent la fumée. C'est dégoûtant.

2 – Et toi, Kévin?
 – Selon moi, c'est du gaspillage pur et simple. Les cigarettes coûtent cher, on pourrait s'acheter quelque chose de vraiment bien avec l'argent qu'on dépense pour en acheter. Moi, je mets de l'argent de côté pour une moto.

3 – Et toi, Sarah?
 – C'est bien, fumer une cigarette dans un bar avec ses copains. C'est déstressant!
 – Tu es stressée?
 – Ah oui, avec les contrôles qu'on a à l'école, on est toujours stressé.

4 – Louis, à ton avis, c'est acceptable de fumer?
 – Euh … Je sais que ce n'est pas bon pour la santé, mais manger trop c'est pire. Quand je fume je n'ai plus la sensation d'avoir faim. Ça coupe l'appétit et je préfère fumer que manger trop de fast-food et devenir obèse.

5 – Delphine, tu fumes?
 – Oui. C'est bizarre, les adultes fument. Ils nous montrent le mauvais exemple mais ils ne veulent pas que nous fumions. Fumer, c'est cool. Ça me donne confiance.

6 – Éric, je suis sûr que tu ne fumes pas.
 – C'est exact. Mon père a fumé toute sa vie et il est mort d'un cancer des poumons. Nous l'avons vu souffrir. À la fin, c'était affreux, il ne pouvait plus respirer.

7 – Et toi, Manon? Tu fumes ou tu as fumé?
 – Ah non, je ne l'ai jamais fait et je ne vais pas le faire, c'est mauvais pour la santé et si on commence, c'est difficile d'arrêter, alors c'est plus facile de ne pas commencer.

8 Mode de vie — 3 La dépendance

Answers

	For or against?	Why?
1 Chloé	against	disgusting/smelly clothes
2 Kévin	against	waste of money
3 Sarah	for	relaxing/helps her cope with stress
4 Louis	for	reduces his appetite/prevents him over-eating
5 Delphine	for	makes her feel cool/gives her confidence
6 Éric	against	his father died of lung cancer
7 Manon	against	bad for your health, once you start it's difficult to stop

★ Before students do exercise 2, read together through the tip box on reading strategies.

2 Choisissez les trois phrases qui sont vraies.

Reading. Students read the text and identify the three English sentences about it which are true.

Answers
2, 4, 5

Starter 2

Aim
To consolidate language for talking about addiction; to think about word order in sentences

Write up the following. Give students three minutes to put each sentence in the correct order. They can work in pairs.

1 n'ai fumé jamais et ne pas je essayer. Je vais
2 santé mauvais si on c'est pour la et difficile commence, d'arrêter. C'est
3 commencer. pas C'est facile ne plus de
4 Mes se parce que moquaient de je moi fumer. voulais pas ne amis
5 quand me arrêter dis que Je je vrai. peux je veux, mais ce pas n'est toujours

(*Answers*:
Je n'ai jamais fumé et je ne vais jamais essayer.
C'est mauvais pour la santé et si on commence, c'est difficile d'arrêter.
C'est plus facile de ne pas commencer.
Mes amis se moquaient de moi parce que je ne voulais pas fumer.
Je me dis toujours que je peux arrêter quand je veux, mais ce n'est pas vrai.)

3 Quels sont les problèmes des jeunes? Écrivez la bonne lettre dans la case. (1–5)

Listening. Students listen to five people talking about young people's problems and identify the problem described by each one (from **a–g**).

Before they begin, read together through the tip box on listening strategies.

Audioscript 🔊 28

1 Sébastien
Le problème des jeunes? Ben, beaucoup de jeunes dans ma classe boivent trop. Ils achètent des canettes et des bouteilles à l'hypermarché, et puis ils trouvent un coin où personne ne les voit et ils boivent et fument. Selon moi, le problème c'est ça.

2 Patrick
Le problème le plus grave de nos jours? C'est forcément le sida. Il faut toujours faire attention parce qu'on ne sait jamais qui en souffre, et l'un des moyens de l'attraper, c'est par les relations sexuelles sans protection.

3 Charlotte
Quand elle sortait avec son premier petit copain, ma copine a commencé à prendre des trucs et maintenant, elle est dépendante. Elle était rigolote et sociable, mais maintenant elle est toujours de mauvaise humeur. À mon avis, c'est ça le plus gros problème.

4 Syanna
Pour les filles, il y a un plus grave danger que pour les garçons: les régimes. Il y a trop de pression sur les filles pour qu'elles ressemblent à des stars de télé. Quand on commence, c'est presque impossible de s'arrêter.

5 Vincent
À mon avis, le problème, c'est plutôt qu'on mange trop et qu'on passe toute la journée devant le petit écran à jouer à des jeux imbéciles. C'est ce que font la plupart des gens de ma classe. Ils ne font pas de sport et ils mangent du fast-food.

Answers
1 Sébastien g   2 Patrick f   3 Charlotte a
4 Syanna d   5 Vincent c

4 C'est quel problème? Pour chaque phrase, choisissez parmi les problèmes de l'exercice 3.

Reading. Students read the five statements and decide which of the problems listed in exercise 3 (**a–g**) each refers to.

Answers
1 d   2 g   3 e   4 a   5 f

189

8 Mode de vie 3 La dépendance

5 Lisez et choisissez les mots qui manquent dans la liste ci-dessous.

Reading. Students read and identify the missing words in the gap-fill text. The answers are supplied in random order for reference (there are two distractors). Before they do the activity, ask students to predict the kind of language that they are looking for to fill each gap without looking at the options.

Answers

1 l'alcool 2 trop 3 agressifs 4 grave 5 le SIDA
6 protection 7 la drogue 8 santé

Plenary

Go round the class asking **Quels sont les problèmes des jeunes les plus graves?** Students give at least one reason for their choice.

Cahier d'exercices, page 79

1

Answers

1 comportement – behaviour
2 tentatives – attempts
3 proches – people close to me
4 un suivi – follow-up
5 régler – settle/sort out
6 le défi – challenge
7 réussir – to succeed
8 perçue (percevoir) – perceived
9 subissent (subir) – suffer
10 le sort – fate

2

Answers

Pupil's own answers

3

Answers

1 *Two years ago, Aurélie was overcome with problems including* drug abuse, behaviour problems, obsessive complusive tendencies and attempted suicides.
2 *She was sick of being* rejected, abandoned and left to her own devices by people close to her.
3 *Today she is in* a specialist hospital in rehabilitation.
4 *One thing she still has to sort out is* her reintegration with other young people.
5 *It's difficult because* people keep judging her and she is perceived as a monster.
6 *She would like* to be in contact with other young people who have suffered similar things.

4 Veux-tu te marier?

(Student Book pages 158–159)

Main topics and objectives
- Talking about family relationships
- More practice giving opinions

Key language
Je (ne) veux (pas) me marier.
On veut avoir des enfants.
Je ne veux pas avoir d'enfant.
Nous voulons vivre ensemble.
Les enfants coûtent cher.
Il faut s'occuper d'eux tout le temps.
Je veux …
devenir médecin
tomber amoureux/euse
un grand mariage
un petit copain riche
Ils se disputent.
divorcé(e)
séparé(e)

Resources
CD4, track 29
Cahier d'exercices, pages 80–81

Starter 1

Aim
To revise vocabulary for family members.

Working in pairs, students take it in turn to prompt with a family member in English and to give the French. Get them to keep a score of all those they correctly guess. Which pair can guess most family members between them in three minutes?

1 Écoutez et notez. Qui veut se marier? (1–5)

Listening. Students listen to five people talking about whether or not they want to get married in the future, noting the numbers of those who say they do want to.

Audioscript 29

1. Ben, je pense que … oui … mais pas avant vingt-cinq ans … quand j'aurai un travail, quoi!
2. Euh … Mon petit copain et moi, nous voulons nous marier … Mais cela sera quand nous aurons terminé nos études … tu sais … Je veux être kinésithérapeute et lui, il veut être dentiste … Mais on n'y pense pas pour le moment, on est trop jeunes.
3. Moi, personnellement … je ne vois pas pourquoi il faut se marier … Si on s'aime, on n'a pas besoin de signer un papier devant le maire. Ça ne sert à rien.
4. Ça dépend. Si je trouve quelqu'un et nous décidons de fonder une famille, je crois qu'il faut se marier. Selon moi, les enfants ont besoin d'un père et d'une mère.
5. Je ne veux pas me marier. Je ne veux pas avoir d'enfant. Je veux voyager dans le monde et on ne peut pas voyager avec un bébé.

Answers
1, 2, 4

2 Lisez et répondez aux questions.

Reading. Students read the three speech bubbles and answer the three comprehension questions in French.

Answers
1. Zoé. Elle veut un grand mariage parce qu'elle est romantique/veut porter une robe blanche, se faire belle et être la princesse d'une journée.
2. François. Il ne veut pas se marier parce qu'il veut devenir médecin et voyager.
3. Nathan. Il ne veut pas de grand mariage parce que ça coûte cher.

3 Qu'en pensez-vous? Discutez.

Speaking. In pairs: students discuss their own attitudes to marriage, weddings and children. The questions and some openings for the responses are supplied for support.

R Students write a short paragraph on their own attitudes to marriage, weddings and children and one on their partner's attitudes.

Starter 2

Aim
To revise language to talk about family relationships. To use grammar to work out connections.

Write up the following in two columns, jumbling the order of the second column. Ask students working in pairs to match the halves to make complete sentences/questions and then to translate them.

1 Les parents de mon copain	se sont séparés.
2 C'est mieux qu'	ils restent ensemble.
3 Il ne veut pas	de demi-frère.
4 Je crois qu'il	ne nous aime plus.
5 Je ne veux pas	quitter ma maison.
6 Mes parents se disputaient	tout le temps.
7 J'en ai marre	de mon père.

191

8 Mode de vie — 4 Veux-tu te marier?

4 Lisez et trouvez les phrases dans les textes.

Reading. Students read the five texts and find the French for the six English expressions listed.

Answers
1 c'est normal 2 c'est mieux 3 ce n'est pas juste
4 ce n'est pas grave 5 c'est triste 6 c'est la honte

5 Que font-ils? C'est comment?

Speaking. Students use the pictures to talk about the experience of the couple pictured, from their falling in love to their post-divorce life. This can be done in pairs or as a class exercise. Encourage students to imagine and give as much detail as possible. Some sentence openings are supplied for support.

6 Lisez la lettre de Karima. Pour chaque phrase, écrivez V (Vrai), F (Faux) ou ? (pas mentionné).

Reading. Students read Karima's letter to an agony aunt. They then read the six statements on the text and decide whether each is true or false or not mentioned in the text.

Answers
1 F 2 ? 3 F 4 F 5 V 6 V

R Ask comprehension questions in French on the text, covering what is happening and how the people involved feel and why.

7 Écrivez une réponse à Karima.

Writing. Students pretend they are Loulou and write a response to Karima's letter in exercise 6. Some useful expressions are given for support.

Plenary

Ask students what kind of verb **vouloir** is and what they can tell you about it. Get them to tell you about other modals and to give you examples of how they are used.

Then ask students to come up with as many arguments as they can in support of getting married (or not).

Cahier d'exercices, page 80

1

Answers
Pupil's own answers

2

Answers
Pupil's own answers

Cahier d'exercices, Grammaire, page 81

1

Answers
Possible answers
1 Oui, j'en mange tous les jours.
2 Oui, j'en bois.
3 Non, je n'en mange pas.
4 Non, je n'en bois pas.
5 Si, j'en bois.
6 Oui, j'en prends.
7 Si, j'en mange.
8 Non, je n'en bois pas.

2

Answers
En général, je mange sainement mais le matin, généralement, je ne prends pas de petit déjeuner. Pendant la journée, je bois seulement de l'eau.
Le week-end, je fais toujours de l'exercice. Heureusement, j'aime le sport. Je joue régulièrement au tennis; je ne joue pas bien, en fait je joue mal mais j'adore ce sport! Pour faire plus d'exercice, je vais au travail à pied et je marche rapidement, pas lentement.

8 Contrôle oral: Young people's lifestyles (Student Book pages 160–161)

Topic revised
- Talking about young people's lifestyles
- Talking about young people's problems
- Talking about personal problems and future intentions

Resources
CD5, tracks 27–30

Overview
Read through the yellow box on p.160 and remind students of how this section works. They will hear a Speaking controlled assessment model presentation in three parts and do exercises focused on the language used in it. These exercises, along with the advice/activities on how to improve speaking performance in ResultsPlus, will help them prepare to give a presentation of their own on the topic.

Answers
First point: 2, 3, 4, 5, 10
Second point: 7
Third point: 1, 6, 8, 9

1 You will hear a model presentation by a student, Maxine. In the first part of her presentation, she covers the first three bullet points above. Before you listen, predict which of these French phrases addresses which bullet point. Then listen and check.

Explain to the students that they will hear a sample of the kind of presentation they are expected to give in the Speaking controlled assessment. First they will do a preparatory exercise: they need to predict which of the French phrases Maxine will use when she talks about the first three points in the yellow box. Students then listen to check their answers.

Audioscript 27

– Pour moi, la santé est très importante. J'essaie de bien manger. Je prends toujours un petit déjeuner et je ne saute pas de repas. D'habitude, je ne grignote pas entre les repas, mais si j'ai envie de manger un casse-croûte, je choisis plutôt une banane ou un sandwich. Selon ma mère, quand j'étais petite je ne mangeais pas de légumes ou de salade et je buvais beaucoup de boissons gazeuses. Maintenant je fais attention à ce que je mange. Aujourd'hui par exemple, j'ai mangé une salade et j'ai bu de l'eau minérale. Cependant, quelquefois je mange mal: de temps en temps je mange des bonbons et j'ai un faible pour les chips, mais j'essaie de ne pas manger plus d'un paquet de chips par semaine!
Je sais qu'il faut faire de l'exercice si on veut rester en forme. Ma meilleure copine joue régulièrement au tennis, mais moi, je suis paresseuse et je ne fais pas beaucoup de sport. Quand j'étais plus petite je faisais beaucoup de sport, mais maintenant je n'ai pas assez de temps.

2 Listen again and note down in English what Maxine says about the first three bullet points.

Students listen again and write down in English what Maxine says about the first three points.

Audioscript 28
As for exercise 1.

Answers
First point: I always have breakfast and I never skip a meal. If I have a snack, I have a banana or a sandwich. I pay attention to what I eat – today I ate a salad and drank mineral water. Sometimes I eat badly – occasionally I eat sweets and I have a weakness for crisps.
Second point: I used to not eat vegetables and salad. I drank a lot of fizzy drinks.
Third point: I'm lazy and I don't do much sport. When I was younger, I did a lot of sport, but now I don't have the time.

3 Listen to the second part of Maxine's presentation and fill in the gaps.

Students now listen to the second part of Maxine's presentation and complete the gap-fill version of the transcript.

With a good class you could ask pupils to read the text and try to work out plausible answers first, then use the recording to check. Discuss whether alternative answers the students came up with could also be correct in the context.

Audioscript 29

– Il **faut** éviter les substances toxiques parce que c'est très dangereux pour la santé. Moi, je ne fume pas et je ne **prends** pas de drogues. Je déteste les cigarettes – c'est affreux! Mon père fume dix cigarettes par jour, mais ma mère ne fume pas. Moi, je ne vais pas **commencer** à fumer parce que le tabac donne le cancer. Je ne fume **jamais**. J'ai des amis qui fument beaucoup, et ils **pensent** que ça fait adulte et que c'est cool. Ils se disent toujours qu'ils peuvent **arrêter** quand ils veulent, mais en réalité c'est très

8 Mode de vie — Contrôle oral: Young people's lifestyles

*difficile. Mon ami a **essayé** d'arrêter plusieurs fois, mais il a toujours **recommencé**. Moi, je pense que fumer n'est ni cool ni romantique, c'est une mauvaise habitude qui **peut** tuer.*

– Merci, Maxine. Maintenant je vais te poser quelques questions. Est-ce que tu fais de l'exercice chaque jour?

*– Non, mais je fais au moins deux heures d'exercice chaque semaine. Mes copains sont **plus** sportifs que moi. Moi, je préfère lire et regarder la télé.*

Answers

Also in bold in audioscript.

1 faut   2 prends   3 commencer   4 jamais
5 pensent   6 arrêter   7 essayé   8 recommencé
9 peut   10 plus

4 Now listen to the final part of Maxine's presentation and answer the questions.

Students listen to the third and final part of Maxine's presentation and answer the questions on it. These questions focus on linguistic detail. You may need to play the recording more than once.

Audioscript 30

– Quand tu étais petite, que faisais-tu pour garder la forme?

– Quand j'étais petite, je jouais avec mes amis dans le jardin et je jouais au badminton, mais je ne mangeais pas sainement.

– Tu ne fumes pas, mais qu'est-ce que tu pourrais dire à quelqu'un pour le convaincre de renoncer à fumer?

– Premièrement, c'est un gaspillage d'argent parce que les cigarettes coûtent très cher. De plus, vos vêtements sentent la fumée et c'est dégoûtant, mais la raison la plus importante est que c'est très mauvais pour la santé.

– Est-ce que tu connais des personnes qui boivent trop?

– Beaucoup de jeunes dans ma classe boivent trop et quand ils ont trop bu, ils deviennent agressifs et ils ne savent plus ce qu'ils font.

– As-tu l'intention de changer tes habitudes à l'avenir pour rester en forme?

– À l'avenir, je vais essayer d'acheter moins de bonbons et de chips et de manger plus de fruits et de légumes. Je regarderai aussi moins de télévision. Maintenant je passe trois heures par jour devant le petit écran et c'est un gaspillage de temps.

Answers

1 imperfect
2 j'étais, je jouais, je jouais, je ne mangeais pas
3 *Any 4 of:* boivent, ont bu, deviennent, ne savent plus, font
4 to buy fewer sweets and crisps and to eat more fruit and vegetables; to watch less television
5 it's a waste of money; your clothes stink of smoke; it's very bad for your health

ResultsPlus

The **ResultsPlus** section gives students the support they need to improve their speaking. The support is differentiated, allowing students to identify and work towards their target level (Grade C, Grade B/A, Grade A*). Encourage students to adopt the kind of approach taken in this section in all extended speaking activities.

Read through and discuss the **ResultsPlus** section together.

Also draw students' attention to the **Épate l'examinateur!** feature: this highlights language that students can include to particularly impress the examiner.

5 Now it's your turn! Prepare your answers to the task, then give a presentation to your teacher or partner.

Students prepare and give a presentation on young people's lifestyles in the style of a controlled assessment task. They should use all the support supplied, here and elsewhere on the spread:

- the English questions in the yellow box on p. 160, but shouldn't feel limited to these
- their answers to exercises 1–4
- Maxine's language, adapted to talk about themselves
- the ResultsPlus advice on the language to include.

Each student gives the presentation. If they are working with a partner, they will take turns presenting and commenting.

If possible, record the conversations (or have the students record themselves). They can then swap recordings with a partner, listen to each other's version and offer comments on how it might be improved. A simple marking system is suggested (one/two/three stars for listed categories). Students should then identify two or three areas which they would like to improve next time they do an extended speaking task.

Contrôle écrit: Healthy living

(Student Book pages 162–163)

Topic revised
- Writing about your previous and current lifestyles and plans for future changes

1 Find the French equivalent of these phrases in the text and copy them out.

Students read the text, then identify and write out the French for the English phrases listed.

Answers
1. je ne fais pas de régime particulier
2. généralement
3. je ne mange rien entre les repas
4. sauf peut-être
5. quand je rentre
6. quand j'étais petite
7. j'avais toujours très faim
8. je mangeais
9. j'ai décidé
10. je vais m'inscrire à un cours

2 For each sentence in exercise 1 (apart from sentences 2 and 4), write 'present', 'perfect', 'imperfect' or 'near future'.

Students identify the tenses used in the phrases in exercise 1 (except 2 and 4).

Answers
1. present
3. present
5. present
6. imperfect
7. imperfect
8. imperfect
9. perfect
10. near future

3 Choose the correct answer: a, b or c.

Students reread the text and complete the multiple-choice sentences.

NB This activity is in the form of an exercise from the Edexcel Reading exam.

Answers
1 c 2 a 3 a 4 b 5 b

4 You might be asked to write about your lifestyle as a controlled assessment task. Use ResultsPlus to help you prepare.

Students read through the language support material supplied in preparation for doing their own extended writing task in exercise 5.

ResultsPlus

The **ResultsPlus** section gives students the support they need to improve their writing. The support is differentiated, allowing students to identify and work towards their target level (Grade C, Grade B/A, Grade A*). Encourage students to adopt the kind of approach taken in this section in all extended writing activities.

Read through and discuss the **ResultsPlus** section together.

Also draw students' attention to the **Épate l'examinateur!** feature: this highlights a structure that students can include to particularly impress the examiner.

5 Now write an account of your lifestyle.

Students write a text in the style of a controlled assessment task – a description of their own lifestyle. As well as the ResultsPlus guidelines on the language to include, they should use all the support supplied here:

- the advice on sourcing ideas and language
- the sample structure for the text
- the list of features to check in their finished text.

Students could swap texts with a partner and check each other's work, offering suggestions for how it might be improved.

8 À toi

(Student Book pages 196–197)

- Self-access reading and writing

1 Lisez le texte et répondez aux questions.

Reading. Students read Cyril's text and answer the five comprehension questions in French.

Answers
1 Il a trop mangé, il a trop bu et il a passé trop de temps collé devant son ordinateur pendant les vacances de Noël.
2 Entre les repas, il mange des confiseries et des chips.
3 Il boit du coca.
4 Il devrait manger plus/beaucoup de fruits et de légumes (et moins de graisses et de sucre).
5 Il n'aime pas jouer au tennis ou au badminton et il n'aime pas les sports d'équipe et la natation.

2 Ça veut dire quoi?

Reading. Students read the list of seven words from the text in exercise 1 and choose the correct translation from the three options given for each one (a, b or c).

Answers

Answers
1 c   2 b   3 a   4 c   5 c   6 b   7 c

3 Écrivez un conseil à Cyril.

Writing. Students write a paragraph giving Cyril advice on how he might live in a more healthy way.

4 Lisez le texte et trouvez les mots français.

Reading. Students read the text on cigarettes and smoking and find the French words for the five chemicals whose uses are described in English. The tip box reminds students of strategies to use in tackling new vocabulary.

Answers
1 acétone   2 méthanol   3 ammoniac   4 DDT
5 toluène

5 Pour chaque phrase, écrivez V (Vrai), F (Faux) ou ? (pas mentionné).

Reading. Students reread the text in exercise 4. They then read the five statements on the text and decide whether each is true or false or not mentioned in the text.

Answers
1 V   2 V   3 ?   4 F   5 ?

6 Écrivez une réponse au cri du cœur de Florence.

Writing. Students read the plea from Florence and write a response, suggesting advice she might give her friend to persuade him to give up smoking.

Module 9 Le monde en danger

[Student Book pages 166–181]

Unit	Main topics and objectives	Grammar
1 On devrait faire ça! (pp. 166–167)	Discussing world issues The conditional of modal verbs	Modal verbs in the conditional
2 Les problèmes locaux (pp. 168–169)	Talking about problems in your area Using more negatives	Negative expressions
3 L'environnement va mal! (pp. 170–171)	Discussing the environment The present and future tenses	Irregular present tense verbs The future tense
4 Avant et après (pp. 172–173)	Talking about environmental projects Using direct object pronouns in the perfect tense	Agreement in the perfect tense with **avoir** (direct object pronouns)
5 À la une (pp. 174–175)	Understanding news stories The passive	The passive
Contrôle oral: **Environmental problems** (pp. 176–177)	*Exam speaking practice* Talking about environmental problems Talking about what should be done Talking about future intentions	*Revision*
Contrôle écrit: **(AQA) A letter to a newspaper about the environment** (pp. 178–179)	*Exam writing practice* Writing about environmental problems	*Revision*
À toi (pp. 198–199)	Self-access reading and writing	

9 1 On devrait faire ça!

(Student Book pages 166–167)

Main topics and objectives
- Discussing world issues
- The conditional of modal verbs

Grammar
- Modal verbs in the conditional

Key language
World problems

Resources
CD4, track 30
Cahier d'exercices, page 84
Grammaire p. 224

Starter 1

Aim
To introduce vocabulary for discussing world issues. To use strategies to work out new vocabulary.

Write up the following in two columns, jumbling the order of the second column. Ask students to match the definitions in the first column with the correct labels in the second.

1 Il n'y a pas assez à manger.   la faim
2 Il y a beaucoup de pollution.   le réchauffement de la planète
3 Il manque des médicaments dans les pays en voie de développement.   le sida
4 Il n'y a pas assez d'argent.   la pauvreté
5 Les gens ne vivent pas en paix.   la guerre
6 Des personnes sont tuées partout dans le monde.   le terrorisme

1 Quel est le plus grand problème du monde, selon ces personnes? (1–6) Trouvez la bonne photo pour chaque personne.

Listening. Students listen to the radio interview in which six people give their opinion on what is the most significant problem in the world. They need to note the picture corresponding to the issue he/she talks about (from **a–f**).

Audioscript 30

– Bonsoir et bienvenue! J'ai avec moi six jeunes et je vais leur poser la question «Quel est le plus grand problème du monde?» Mathis, si je peux commencer avec toi. À ton avis, quel est le problème le plus grave du monde?
– Pour moi, c'est la faim. Il y a des milliers de gens qui meurent chaque jour de la faim. C'est un véritable scandale parce qu'il y a assez à manger dans le monde pour tout le monde. On devrait faire quelque chose.
– Merci, Mathis. Et toi, Éléa, tu es d'accord?
– Oui, mais je crois que le vrai problème, c'est la pauvreté. S'il n'y avait pas de pauvreté, si tout le monde avait du travail et de l'argent, il n'y aurait pas de faim. Donc, à mon avis, c'est la pauvreté qu'on devrait arrêter.
– D'accord. Écoutons maintenant Tariq. Tariq, quel est le plus grand problème, selon toi?
– Moi, je trouve qu'avant de sauver les gens, il faut sauver la planète! Le réchauffement de la planète, à cause de la pollution, c'est un grand problème qu'il faut résoudre parce que, sinon, la planète va mourir – et les gens aussi!
– Merci pour ton opinion. Blanche, que penses-tu? Faut-il sauver d'abord la planète?
– Bien sûr qu'il faut faire ça. Mais on devrait penser aussi aux gens qui souffrent et les aider. Par exemple, en Afrique, le sida tue plus de gens que la faim. Pour moi, le sida est le problème le plus grave et on pourrait faire quelque chose tout de suite, si on donnait des médicaments antisida aux pays en voie de développement.
– Merci, Blanche. Et Vincent, que penses-tu? Le plus grand problème, c'est la faim? La pauvreté? Le réchauffement de la planète? Le sida?
– Ce sont tous des problèmes importants. Mais ce qui m'inquiète, moi, c'est le terrorisme. Les terroristes ont déjà tué beaucoup de gens partout dans le monde et il faut les arrêter. À mon avis, il faut combattre le terrorisme avant tout.
– D'accord. Merci, Vincent. Et finalement, Jade, quel est ton avis?
– Pour moi, le plus grand malheur du monde, c'est la guerre. Oui, le terrorisme tue les gens mais la guerre tue encore plus! Je voudrais bien voir un monde où il n'y a plus de guerre et où tous les gens de la planète pourraient vivre en paix et en sécurité.
– Merci, Jade, et merci à tout le monde. Et vous, auditeurs et auditrices? Que pensez-vous? Envoyez-nous un e-mail ou un texto pour nous donner votre opinion! Au revoir et à bientôt!

Answers
1 d 2 b 3 f 4 a 5 e 6 c

Expo-langue: the conditional of modal verbs

Use this grammar box to cover the conditional of modal verbs before students do exercise 2. There is more information on p. 224 of the Student Book.

R Ask students to summarise how the conditional is formed, listing all the forms of **aider**.

9 Le monde en danger | 1 On devrait faire ça!

2 Trouvez la seconde partie de chaque phrase. Copiez la phrase complète et traduisez-la en anglais.

Reading. Students match the sentence halves, writing out each complete sentence and translating it into English.

Answers

1. Il y a assez à manger dans le monde, donc on pourrait arrêter la faim.
   There is enough to eat in the world, so we should be able to stop hunger.
2. Pour combattre le sida, nous devrions donner des médicaments aux pays en voie de développement.
   To combat AIDS, we should give medicine to developing countries.
3. Qu'est-ce que tu voudrais faire pour sauver la planète?
   What would you like to do to save the planet?
4. Le gouvernement devrait donner plus d'argent à l'Afrique et à l'Inde.
   The government should give more money to Africa and India.
5. Pour aider les gens pauvres, vous pourriez donner de l'argent aux bonnes causes.
   To help poor people, you could give money to good causes.
6. Un jour, je voudrais voir un monde sans pauvreté.
   One day I'd like to see a world without poverty.
7. Les pays riches du monde devraient arrêter le réchauffement de la planète.
   The rich countries of the world should stop global warming.
8. Nous pourrions organiser des activités pour collecter de l'argent.
   We could organise activities to collect money.

3 Écrivez une réponse aux questions. Utilisez ou adaptez les phrases de l'exercice 2.

Writing. Students write a response to the four questions listed, using or adapting the expressions from exercise 2.

Starter 2

Aim
To practise forming conditionals.

Write up the following and ask students to complete the grid. With a good class, you could consider leaving all parts of all verbs blank for students to fill in.

	devoir	pouvoir	vouloir
je			
tu	devrais		
il/elle/on			
nous		pourrions	
vous			
ils/elles			voudraient

4 À deux. Discutez avec votre partenaire. Changez les détails en bleu et complétez le dialogue ci-dessous.

Speaking. In pairs: students have a discussion on what they believe to be the most significant problems in the world. A framework, with the phrases to be changed highlighted, is supplied for support.

5 Qu'est-ce qu'il faut faire pour aider les gens des pays en voie de développement? Lisez les textes et les questions en dessous. Écrivez le bon prénom pour chaque question.

Reading. Students read the eight texts by young people, giving their opinions on what ought to be done to help people in developing countries. They then read the eight questions which follow and for each identify the correct writer.

Answers

1. Laure 2. Nadal 3. Omar 4. Yasmina 5. Nicolas
6. Sébastien 7. Élodie 8. Frédéric

Go to the Médecins Sans Frontières website. Ask students to summarise in English six facts on the problems of one particular location or problem.

Plenary

Ask students to identify in the texts in exercise 5 ten items of vocabulary to note down and learn for this topic. Which do they think are most useful to them and why?

Point out that it is always easier to learn and remember things you are interested in and that the speaking and writing parts of the exam give lots of opportunity to take advantage of this. Encourage students to develop a personal slant to their vocabulary lists – i.e. to think about which topics they are interested in writing and talking about and to use the Student Book and other resources to pull together information on these.

Remind students of the importance of noting, learning and reviewing vocabulary on an ongoing basis.

9 Le monde en danger / On devrait faire ça!

Cahier d'exercices, page 84

1

Answers

1 On pourrait organiser des activités au collège pour collecter de l'argent.
2 On pourrait donner de l'argent chaque mois aux bonnes causes comme Médecins sans Frontières.
3 Nous devrions réagir plus rapidement quand il y a un désastre ou une famine dans les pays pauvres.
4 On pourrait réduire le prix des médicaments essentiels aux pays en voie de développement.
5 On devrait acheter des produits issus du commerce équitable comme le chocolat et le café.
6 On devrait écrire au gouvernement pour le persuader de faire quelque chose.
7 Nous pourrions parrainer un enfant dans un pays pauvre, comme en Afrique ou en Inde.
8 Nous devrions faire quelque chose pour arrêter le réchauffement de la planète.

2

Answers

Pupil's own answers

3

Answers

Pupil's own answers

9 | 2 Les problèmes locaux

(Student Book pages 168–169)

Main topics and objectives
- Talking about problems in your area
- Using more negatives

Grammar
- Negative expressions

Key language

Ce qui est bien/nul, c'est …
On ne peut pas respirer à cause de la pollution.
Il n'y a qu'un bus par jour.
Il n'y a plus de cinéma.
Le club des jeunes est fermé.
Il n'y a ni poubelles ni centres de recyclage.
On jette des déchets par terre.
Les jeunes n'ont rien à faire.
On ne voit personne.
La police ne vient jamais.
Il n'y a aucun travail.
Beaucoup de gens sont au chômage.
le camion
la criminalité
la circulation
la zone piétonne
les distractions (f)
les embouteillages (m)
les heures d'affluence (f)
les transports en commun (m)
le quartier
la maison individuelle
la maison jumelle
l'HLM (habitation à loyer modéré) (f)
bruyant
dangereux
pollué
propre
rapide
sale
tranquille

Resources
CD4, tracks 31–32
Cahier d'exercices, page 85
Grammaire p. 216

Starter 1

Aim
To revise negative expressions.

Ask students working in pairs to come up with as many negative expressions in French as they can, giving them **ne … pas** as a model. They must also give an English translation of the expressions.

1 Quels sont les problèmes à Nulleville? Écoutez et mettez les phrases dans le bon ordre.

Listening. Students listen to a boy describing his home town of Nulleville and put the eight sentences (which appear as captions to pictures) in the order the topics are mentioned in the recording.

Audioscript 31

Bienvenue à Nulleville où j'habite! C'est vraiment horrible ici et il y a plein de problèmes. Par exemple, les jeunes n'ont rien à faire, donc ils s'ennuient pas mal. Avant, il y avait des distractions. Il y avait un club des jeunes et un cinéma. Mais le club des jeunes est fermé depuis un an et il n'y a plus de cinéma. Les transports en commun sont nuls aussi. Il n'y a qu'un seul bus par jour pour aller au centre-ville. Par conséquent, tout le monde y va en voiture, donc il y a trop de circulation et certains jours, on ne peut pas respirer à cause de la pollution. En revanche, le dimanche, c'est trop tranquille et on ne voit personne. Les gens qui habitent ici sont pauvres aussi parce qu'il n'y a aucun travail et beaucoup de gens sont au chômage. De plus, la ville est sale. Il n'y a ni poubelles ni centres de recyclage, donc on jette les déchets par terre. Mais le pire, c'est la criminalité. La nuit, il y a souvent des vols, mais la police ne vient jamais – ils s'en fichent, quoi. Moi, j'en ai assez! Je ne veux plus habiter ici.

Answers
d, b, a, c, e, g, h, f

Expo-langue: negatives

Use this grammar box to cover negative constructions. There is more information on p. 216 of the Student Book.

R In pairs: students take it in turn to prompt with a negative expression in English and to respond with the French version.

2 Trouvez les phrases qui vont avec celles de l'exercice 1, puis copiez les paires de phrases.

Reading. Students complete the eight descriptions of Nulleville using the texts in exercise 1.

Answers
1. Mais parfois, c'est trop tranquille. Par exemple, le dimanche, on ne voit personne.
2. Le pire, c'est la criminalité. La nuit, il y a souvent des vols, mais la police ne vient jamais.
3. Les transports en commun sont nuls: il n'y a qu'un bus par jour pour aller au centre-ville.
4. Ils s'ennuient ici parce que les jeunes n'ont rien à faire.
5. Il y a trop de circulation et certains jours, on ne peut pas respirer à cause de la pollution.
6. Avant, il y avait des distractions. Mais maintenant, le club des jeunes est fermé et il n'y a plus de cinéma.
7. La ville est sale aussi puisqu'il n'y a ni poubelles ni centres de recyclage, donc on jette les déchets par terre.
8. Les habitants sont pauvres car il n'y a aucun travail, donc beaucoup de gens sont au chômage.

9 Le monde en danger 2 Les problèmes locaux

3 Écrivez des phrases positives en adaptant les phrases des exercices 1 et 2.

Writing. Students imagine that investment has been found to make Nulleville a more desirable place to live. They write eight sentences describing the new positive aspects of the town, adapting the sentences in exercises 1 and 2. Point out that this is a good opportunity to use the negative expressions featured in the **Expo-langue** box.

Starter 2

Aim

To practise using language to describe local problems. To practise using negative expressions.

Write up the following jumbled sentences and ask students to put them in order.

1 n'ont faire jeunes rien à les
 (Les jeunes n'ont rien à faire.)
2 personne dimanche on le voit ne
 (Le dimanche on ne voit personne.)
3 de gens il n'y travail donc a aucun beaucoup sont chômage au
 (Il n'y a aucun travail donc beaucoup de gens sont au chômage.)
4 il poubelles recycle ni centres de ni n'y a
 (Il n'y a ni poubelles ni centres de recyclage.)
5 jour bus il a qu'un par n'y
 (Il n'y a qu'un bus par jour.)

4 Écoutez. Quel est le problème? Pour chaque personne, écrivez la bonne lettre. (1–6)

Listening. Students listen to six people describing the place they live in and identify the problem mentioned by each from the list given (a–f).

Audioscript 32

1 Le problème dans mon village, c'est qu'il n'y a aucune gare et très peu d'autobus, donc si on n'a pas de voiture ou si on ne conduit pas, il est très difficile de se déplacer.
2 Je ne sors jamais la nuit dans le quartier où j'habite. Il y a toujours une bande de jeunes au coin de la rue et il y a souvent des voitures volées ou du vandalisme, mais la police ne fait rien.
3 J'habite pas loin d'une grande usine de produits chimiques et l'air est très pollué. C'est mauvais pour la santé et ma sœur, qui est asthmatique, est souvent malade de ça.
4 C'est bien d'habiter à la campagne, mais comme on est loin de la ville, on ne collecte ni nos bouteilles vides ni nos vieux journaux, donc pour les recycler, on doit les transporter au centre nous-mêmes.
5 Ma maison se trouve au bord d'une grande route et le matin, il y a plein de voitures et de gros camions qui font beaucoup de bruit. C'est dangereux pour les enfants qui doivent aller à l'école à pied.
6 Il y a très peu pour les jeunes dans mon quartier. Il n'y a qu'un café où on peut jouer au baby-foot ou au flipper. La boîte où on allait danser n'est plus là.

Answers
1 c 2 f 3 e 4 b 5 a 6 d

5 À deux. Parlez de votre ville, de votre quartier ou de votre village. Adaptez les phrases en bleu et complétez le dialogue.

Speaking. In pairs: students talk about where they live (their town/area/village, as appropriate). A framework, with the phrases they need to change highlighted, is supplied for support.

6 Lisez l'article. Pour chaque phrase en dessous, écrivez P (Positive), N (Négative) ou P/N (Positive/Négative).

Reading. Students read the newspaper article in which three people describe where they live. They note whether the opinions voiced by each (on each of three topics mentioned, a–c) is positive (P), negative (N) or a mixture of both (P/N).

Answers
1 a P b N c N
2 a P b P c P/N
3 a P b P/N c N

7 Écrivez un paragraphe sur les avantages et les inconvénients de votre ville, de votre quartier ou de votre village.

Writing. Students write a paragraph on the advantages and disadvantages of their town, area or village.

➕ Display one or two students' texts, asking the class to comment on why you have chosen these as good answers.

Plenary

Put students into teams. Explain that each member of the team needs to say a sentence featuring one of the negative expressions in the unit. The same expression cannot be used twice, or the team is disqualified. A correct answer wins a point. Give students some time to discuss which order they will answer in and to think about their sentences. The team with the most points wins.

9 Le monde en danger — 2 Les problèmes locaux

Cahier d'exercices, page 85

1

Answers

Moi, j'habite une maison très moderne et confortable dans la banlieue. C'est bien parce qu'il y a beaucoup de choses à faire pour les jeunes; par exemple, il y a un club des jeunes, un cinéma et un centre sportif tout près. Quand on veut aller en ville, il y a un bus qui passe souvent. Je dois dire que les transports en commun sont super.
Ce qui est bien ici, c'est que l'air n'est pas pollué. Il y a deux ans, on a fait une zone piétonne, donc il n'y a plus de voitures ou de gros camions et il n'y a pas d'embouteillages. On peut y trouver un peu de tranquillité. Avant, c'était bruyant tout le temps, mais maintenant, c'est complètement calme. En plus, il y a des espaces verts où les enfants peuvent jouer en toute sécurité.
Le mieux, c'est qu'il n'y a pas beaucoup de chômage. Il y a du travail pour tout le monde, ce qui est bien pour la vie de famille.
Dans le quartier, il y a des poubelles et un centre de recyclage où on peut mettre les bouteilles, les journaux, les boîtes, etc. ce qui est très bon pour l'environnement. C'est super, Superville!

2

Answers

1 vieux **2** pas beaucoup à faire **3** très loin **4** nul
5 du bruit **6** bruyant **7** le pire **8** le chômage
9 mal **10** sale

3

Answers

Example
Moi, j'habite une maison très vieille et pas du tout confortable dans la banlieue. Ce n'est pas bien parce qu'il n'y a pas beaucoup de choses à faire pour les jeunes; par exemple, il n'y a pas de club des jeunes, de cinéma ou de centre sportif tout près. Quand on veut aller en ville, il n'y a jamais de bus. Je dois dire que les transports en commun sont nuls.
Ce qui est mal ici, c'est que l'air est très pollué. Il n'y a aucune zone piétonne, donc il y a beaucoup de voitures et de gros camions et il y a toujours des embouteillages. On ne peut jamais y trouver un peu de tranquillité. Avant, c'était calme tout le temps, mais maintenant, c'est toujours bruyant. En plus, il n'y a plus d'espaces verts où les enfants peuvent jouer en toute sécurité.
Le pire, c'est qu'il y a beaucoup de chômage. Il n'y a pas travail pour tout le monde, ce qui est mauvais pour la vie de famille.
Dans le quartier, il n'y a pas de poubelles ou de centre de recyclage où on peut mettre les bouteilles, les journaux, les boîtes, etc. ce qui est très mauvais pour l'environnement. C'est nul, Mauvaiseville!

9 3 L'environnement va mal!

(Student Book pages 170–171)

Main topics and objectives
- Discussing the environment
- The present and future tenses

Grammar
- Irregular present tense verbs
- The future tense

Key language
Il faut ...
éteindre la lumière
baisser le chauffage central
acheter des produits bios/verts
recycler
Il ne faut pas ...
gaspiller de l'énergie
laisser le robinet ouvert
utiliser trop d'emballages
détruire la couche d'ozone
empoisonner la terre
utiliser trop les voitures
le carton
le frigo
le gaz d'échappement
le journal
le recyclage
le sac en plastique/toile
le verre
la boîte

Resources
CD4, tracks 33–34
Cahier d'exercices, page 86
Grammaire p. 224

Starter 1

Aim
To revise regular verbs in the present tense.

Write up: **penser, attendre, choisir**. Tell students working in pairs to write out all the present tense forms of these verbs as quickly as they can. The pair to finish in the quickest time is the winner, though you will check their answers and add three seconds for each error.

1 Écoutez et lisez. Trouvez les deux bonnes images pour chaque personne qui parle. (1–4)

Listening. Students listen to four people giving their opinions on what is wrong with the environment and read the texts at the same time. For each speaker they identify the two relevant pictures.

Audioscript 33

– Pourquoi l'environnement va-t-il mal?
1 On gaspille l'énergie et l'eau. Par exemple, on n'éteint pas la lumière quand on quitte une pièce, on ouvre les fenêtres sans baisser le chauffage central et on laisse le robinet ouvert quand on se brosse les dents. Tout ça est mauvais pour l'environnement.
2 Nous jetons nos déchets dans de gros trous dans la terre et nous utilisons trop d'emballages. Par exemple, quand tu achètes des bonbons, ils sont emballés dans du plastique. Si tu achètes un frigo ou une télé, c'est encore pire: des masses d'emballage en plastique que tu ne peux pas recycler.
3 Les gens utilisent trop leurs voitures. Les voitures produisent des gaz qui causent de la pollution et qui contribuent au réchauffement de la terre. Cette pollution détruit aussi la couche d'ozone qui nous protège contre les rayons du soleil.
4 Si vous achetez des produits non-bio ou pas verts au supermarché, vous ne pensez pas à l'environnement. Les fruits et les légumes bios sont cultivés sans utiliser des produits chimiques qui empoisonnent la terre. Il y a aussi des produits verts, comme la lessive ou le liquide vaisselle, qui sont mieux pour l'environnement.

Answers
1 d, g **2** c, h **3** a, f **4** b, e

Expo-langue: irregular present tense verbs

Use this grammar box to cover **éteindre, ouvrir** and **produire**, which are irregular in the present tense.

2 Copiez et complétez le vocabulaire en utilisant les textes de l'exercice 1.

Reading. Students copy out and complete the nine vocabulary items with their translations, filling in the gaps in French or English as appropriate.

Answers
1 l'énergie **2** lumière **3** baisser, heating **4** robinet, leave **5** d'emballage, use **6** couche d'ozone, destroy **7** la terre **8** bios **9** produits

R Ask students comprehension questions in French on the texts in exercise 1.

3 Écrivez six règles pour la protection de l'environnement. Utilisez *il faut* ou *il ne faut pas*.

Writing. Students write six rules to help protect the environment using the expressions **il faut** and **il ne faut pas**. An example is given.

9 Le monde en danger — 3 L'environnement va mal!

Starter 2

Aim
To use grammar knowledge to work out how sentences fit together.

Write up the following gap-fill sentences, plus the answers in jumbled order (given in correct order for reference below).

1 Ils _____ le verre et les boîtes.
2 J'éteindrai la lumière quand je _____ la pièce.
3 Elle _____ le robinet quand elle se brosse les dents.
4 _____ le chauffage et _____ un pull!
5 Il _____ plus de produits bios.
6 Nous _____ d'utiliser des produits verts.

recycleront
quitterai
ferme
baissez
mettez
achètera
essayerons

4 On parle de ce qu'on fait pour protéger l'environnement. (1–4) Pour chaque phrase, écrivez «Marie», «Luc», «Zoé» ou «Thierry».

Listening. Students listen to four people talking about what they do to protect the environment and read the four speech bubbles. They identify the speaker – Marie, Luc, Zoé or Thierry – for each bubble.

Audioscript 34

– Marie, que fais-tu pour protéger l'environnement?
– Je suis surtout consciente de l'environnement quand je fais mes courses. Je regarde bien pour voir si c'est bio ou si c'est marqué comme bon pour l'environnement, par exemple, si le paquet ou la bouteille sont faits en carton ou en verre recyclé.
– Et toi, Luc, qu'est-ce que tu fais?
– Quand j'ai un voyage à faire, j'essaie de me déplacer en transports en commun. Par exemple, quand je vais en ville, je prends le bus, et quand je vais à Paris pour voir mon père, je prends le train. Et s'il s'agit d'un trajet plus court, comme aller au collège, j'y vais à pied ou à vélo.
– Zoé, tu fais quoi pour l'environnement?
– Je ne mets que très peu de déchets à la poubelle. Toutes mes bouteilles vides, mes vieux journaux et magazines, je les emporte au point de recyclage du quartier. Je recycle aussi autant d'emballages en carton que possible, par exemple, les paquets de céréales, les boîtes de pizzas, etc.
– Et finalement Thierry. Tu penses à l'environnement aussi?
– Ah oui, tout le temps! Je me douche au lieu de me baigner parce que ça consomme moins d'eau, j'éteins la lumière ou la télé quand je sors de la pièce et je mets un pull quand il fait froid au lieu de monter le chauffage central!

Answers
1 Thierry 2 Marie 3 Luc 4 Zoé

5 C'est au présent ou au futur? Pour chaque phrase, écrivez P ou F.

Reading. Students read the eight sentences and decide for each whether it refers to the present (**P**) or the future (**F**).

Answers
1 F 2 F 3 P 4 F 5 P 6 F 7 F 8 P

Expo-langue: the future tense

Use this grammar box to remind students that **aller** has an irregular stem in the future tense. For more examples of verbs with irregular future stems, see the verb tables on pp. 228–231.

The box also covers the use of the future tense in sentences with **quand** clauses, where a present tense is used in English.

➕ Ask students to make a list of ten verbs with irregular future stems.

6 Copiez les phrases de l'exercice 5 en les changeant du présent au futur ou du futur au présent.

Writing. Students write out the sentences in exercise 5, changing all the present tenses to future tenses and vice versa.

Answers
1 J'achète plus de produits bios.
2 Je recycle le verre et les boîtes.
3 J'éteindrai la lumière quand je quitterai la pièce.
4 Je ferme le robinet quand je me brosse les dents.
5 J'utiliserai les transports en commun.
6 Je baisse le chauffage et je mets un pull.
7 Je vais au collège à vélo.
8 J'essayerai d'utiliser des produits verts.

7 À deux. Qu'est-ce que vous faites pour l'environnement? Qu'est-ce que vous ferez plus tard?

Speaking. In pairs. Students discuss what they do for the environment and what they are going to do in the future, taking it in turn to ask the questions and to respond. A sample exchange is given.

9 Le monde en danger — 3 L'environnement va mal!

Plenary

Write up the following:

When I go shopping, I will buy some apples.

I will invite Luc to my party when I see him tomorrow.

Ask students to translate these into French and to summarise the rule for verbs after **quand** when you are referring to the future. Then get them to make up some examples of **quand** sentences like this.

Cahier d'exercices, page 86

1

Answers

veille: standby
suremballage: too much packaging
jetables: throw-away
piles: batteries
ampoules: bulbs

2

Answers

Pupil's own answers

3

Answers

Example:
J'éteindrai les lumières et les appareils électriques.
Je porterai un pull pour ne pas trop monter le chauffage.
Je prendrai une douche rapide.
Je n'utiliserai de l'eau chaude que quand ce sera vraiment nécessaire.
J'éviterai de gaspiller le papier.
Dans les magasins, je ferai attention aux produits que j'achèterai.
Je trierai mes déchets.
Je jetterai les piles, etc. séparément des autres déchets.
Pour les petits trajets, je me déplacerai le plus souvent à vélo ou à pied.
Pour partir en vacances, je prendrai le train.

9 4 Avant et après

(Student Book pages 172–173)

Main topics and objectives
- Talking about environmental projects
- Using direct object pronouns in the perfect tense

Grammar
- Agreement in the perfect tense with **avoir** (direct object pronouns)

Key language
Je me douche au lieu de prendre un bain.
Je partage la voiture avec trois autres.
J'ai recyclé mon portable.
On a installé des containers pour le verre.
On a construit un petit parc.
On a créé un espace vert/une zone piétonne.
On recyclera/utilisera/éteindra …
On ne gaspillera pas …

Resources
CD4, tracks 35–36
Cahier d'exercices, page 87
Grammaire p. 220

Starter 1

Aim
To revise language for discussing the environment.

Ask students working in pairs to write a list of six things they did that were good for the environment last week. They can make this up, if necessary.

1 Mettez l'histoire d'Écofille dans le bon ordre.

Reading. Students read the episodes of the story of Écofille, looking at the accompanying pictures, and put them in the correct order.

Answers
g, a, f, c, e, d, b, h

2 Écoutez et vérifiez.

Listening. Students listen to the recording to check their answers to exercise 1.

Audioscript 35

Tout d'abord, je me suis douchée au lieu de me baigner parce qu'avec une douche, on consomme moins d'eau qu'avec un bain. Puis, après avoir pris mon petit déjeuner, je me suis brossé les dents. J'ai fait ça sans laisser le robinet ouvert pour économiser de l'eau. Malheureusement, là où j'habite, les transports en commun sont nuls, donc je suis allée au collège en voiture. Mais je l'ai partagée avec trois autres. C'est mieux pour l'environnement s'il y a plusieurs personnes dans une voiture. Tout de suite après les cours, j'ai dû faire les courses pour ma mère. Bien sûr, je n'ai acheté que des produits bios ou verts. Au supermarché, je n'ai pas pris de sacs en plastique, mais j'ai utilisé des sacs en toile. J'ai fait ça parce que les sacs en plastique qu'on jette à la poubelle ne sont pas biodégradables. Après avoir fait les courses, je suis allée au magasin Oxfam parce que j'avais reçu un nouveau portable comme cadeau d'anniversaire de mes parents. Au lieu de jeter mon vieux portable à la poubelle, je l'ai recyclé en le donnant à Oxfam et il sera utilisé dans un pays en voie de développement.

Expo-langue: agreement in the perfect tense with *avoir*

Use this grammar box to remind students that when a direct object pronoun is used with **avoir** verbs in the perfect tense, the past participle must agree with this pronoun.

There is more information on p. 220 of the Student Book.

3 Écrivez les six choses qu'Écofille a faites pour l'environnement.

Writing. Students write six sentences about the things Écofille has done for the environment. The first is given as an example.

Answers
1 Elle s'est douchée au lieu de se baigner.
2 Elle s'est brossé les dents sans laisser le robinet ouvert.
3 Elle a partagé la voiture avec trois autres.
4 Elle n'a acheté que des produits bios ou verts.
5 Au supermarché, elle n'a pas pris de sacs en plastique.
6 Elle a recyclé son vieux portable.

➕ Ask students to use the same structures to come up with six different things Écofille did for the environment, e.g. Elle **est allée à la piscine à pied au lieu d'y aller en voiture.**

4 À deux. Qui a fait plus pour l'environnement la semaine dernière? Il faut exagérer!

Speaking. In pairs: students discuss what they did for the environment last week. The aim is to outdo their partner in environmental-friendliness, so emphasise that they should be inventive in their answers. A sample exchange is given.

207

9 Le monde en danger — 4 Avant et après

Starter 2

Aim

To practise using pronouns.

Write up the following and ask students working in pairs to translate them into French.

1 The car? I shared it.
2 The bags? I recycled them.
3 The boys? I saw them.
4 The shopping? I did it.
5 The Oxfam shop? I went there.
6 The vegetables? I bought some.

5 Quel était le problème environnemental avant? Qu'est-ce qu'on a fait pour changer la situation? Copiez et complétez la grille en français. (1–5)

Listening. Students copy out the grid. They listen to five people talking about environmental problems they suffered in the past and what happened to change the situation. Students fill in the details in the grid.

Audioscript 36

1 Dans la ville où j'habite, il y avait beaucoup trop de circulation, surtout des poids lourds, mais il y a trois ans, on a créé une zone piétonne au centre-ville, ce qui est beaucoup mieux pour l'environnement.
2 La rue où se trouve mon appartement était toujours très sale parce que tout le monde jetait des déchets par terre, mais l'année dernière, on a installé des poubelles et maintenant, c'est beaucoup plus propre.
3 Dans mon quartier, il n'y avait pas d'espace vert et les enfants jouaient dans la rue, ce qui était très dangereux. Donc les habitants ont écrit des lettres à l'administration locale et cette année on a construit un petit parc où les enfants peuvent jouer en sécurité.
4 Dans ma famille, on gaspillait beaucoup d'énergie. Quand on quittait une pièce, on n'éteignait pas la lumière et on laissait souvent la télé ou l'ordinateur en marche quand on ne les utilisait pas. Alors, j'ai laissé de petites notes partout dans la maison: «N'oublie pas d'éteindre la lumière», «N'oublie pas d'éteindre la télé». Maintenant, toute ma famille pense à économiser de l'énergie.
5 Au collège, on ne recyclait rien. Tout le monde jetait ses boîtes de coca vides, ses magazines, etc., à la poubelle. Mes copains et moi, nous sommes allés voir la directrice pour lui demander d'installer au collège des containers pour le verre, le plastique et le papier et elle a accepté de le faire. Maintenant, tous les élèves – et les profs aussi – recyclent beaucoup plus et on est vraiment un collège «vert»!

Answers

	problème	action
1	circulation	zone piétonne
2	rue sale	poubelles
3	pas d'espace vert (pour les enfants)	petit parc
4	gaspillait l'énergie	petites notes (pour ne pas oublier)
5	pas de recyclage	installer des containers

This covers the pronunciation of e, è and é.

6 Qu'est-ce qu'on a fait pour l'environnement dans votre ville/votre village/votre quartier? Interviewez votre partenaire. Utilisez les idées ci-dessous ou vos propres idées.

Speaking. Students interview a partner on what has been done for the environment in their town/village/area. They should take it in turn to interview and respond, using either the prompts supplied or their own ideas.

7 Écrivez une lettre en français à votre copine Sophie. Répondez à ces questions:

Writing. Students write a letter about their local environment to Sophie, a French friend, which should include answers to the questions listed.

⭐ Draw students' attention to the tip box, which highlights the need to look very carefully at the tenses used in questions like these and respond appropriately. This is a key exam skill.

Plenary

Ask students to summarise how direct object pronouns are used in the perfect tense, giving examples and spelling out the past participles.

Then write up the following words. Using what they know about accents, ask students to predict the pronunciation.

mémé, monégasque, Isère, mégère, trèfle, chicorée, chimpanzé, chaudière

9 Le monde en danger — 4 Avant et après

Cahier d'exercices, page 87

1

Answers

1 elle a pris un bain; elle n'a pas éteint la lumière et elle a monté le chauffage; elle est allée au collège en voiture; elle n'a fait aucun effort pour acheter des produits respectueux de l'environnement; elle a gaspillé du papier
2 elle se douchait; elle baissait le chauffage après sa douche; elle allait au collège à pied avec ses copains; elle utilisait les deux côtés
3 Pupil's own answers

2

Answers

Possible answers:
Tu fais beaucoup de choses pour l'environnement?
Non, je ne fais pas grand-chose pour l'environnement.
Qu'est-ce que tu faisais avant?
Je me douchais et je baissais le chauffage après ma douche. J'allais au collège à pied avec mes copains et je ne gaspillais pas le papier; j'utilisais les deux côtés.
Et hier, qu'est-ce que tu as fait?
Hier, j'ai pris un bain et j'ai monté le chauffage parce que j'avais froid. Je suis allée au collège en voiture. Quand j'ai fait les magasins, je n'ai fait aucun effort pour acheter des produits repectueux de l'environnement. J'ai gaspillé du papier quand j'ai fait mes devoirs.
Tu voudrais changer et faire des choses qui aideraient l'environnement?
Non, pas vraiment!
Et à l'avenir, qu'est-ce que tu feras?
Je continuerai à faire ce que je veux!

9 5 À la une

(Student Book pages 174–175)

Main topics and objectives
- Understanding news stories
- The passive

Grammar
- The passive

Key language
le désastre
le feu
l'ouragan (m)
la fuite
l'incendie (m)
l'inondation (f)
la sécheresse
la conservation
l'arbre (m)
la forêt
le paysage
la côte
la mer
le pétrole
la vie marine
un manque de pluie
depuis dix mois
sec/sèche
plusieurs
des centaines (f) de
les dégâts (m)
les espèces en voie d'extinction (f)
détruit(e) par
dévasté(e) par
inondé(e) par
menacé(e) de
tué(e) par

Resources
CD4, track 37
Cahier d'exercices, pages 88–89

Starter 1

Aim
To introduce vocabulary to describe news events.
To use strategies to work out new words.

Use exercise 1 as the Starter for this lesson.

1 Lisez les extraits et trouvez le gros titre correspondant à chacun.

Reading. Students read the five newspaper extracts (1–5) and match them to the appropriate headline (a–e).

⭐ Tell students to read the tip box before they start, as this gives support on tackling new vocabulary in the texts.

Answers
1 c 2 e 3 d 4 a 5 b

2 Trouvez l'équivalent en français.

Reading. Students reread the texts in exercise 1 and find the French for the twelve English expressions listed.

Answers
1 inondations graves
2 incendies de forêt
3 sécheresse
4 ouragan
5 une fuite de pétrole
6 marée haute
7 dégâts sérieux
8 centaines de/d'
9 d'une puissance incroyable
10 détruit(s) par le feu
11 a déjà tué
12 inondé par la mer

Expo-langue: the passive
Use this grammar box to introduce the passive.

3 Réécrivez ces phrases sans le passif.

Writing. Students rewrite the five sentences to avoid the passive.

Answers
1 Une fuite de pétrole a menacé la côte. 2 Le manque de pluie a détruit le paysage. 3 La mer a inondé le village. 4 L'eau a fait des dégâts. 5 L'ouragan a dévasté la ville.

Starter 2

Aim
To practise understanding the passive.

Write up the following, jumbling the order of the second column, and ask students to find the correct ending for each sentence.

1 La ville est détruite par	l'inondation.
2 Le paysage est	menacé par la sécheresse.
3 Des dégâts ont été	faits par l'ouragan.
4 Le village	sera dévasté par la mer.
5 Les oiseaux	seront tués par la fuite de pétrole.

4 Écoutez. On parle de quel désastre?

Listening. Students listen to four conversations about disasters and identify the topic of each from a–d.

Audioscript 37

1 – Les plages de la région sont noires et je ne sais plus combien d'oiseaux ont étés tués.
 – Oui, et on a trouvé des centaines de poissons morts dans la mer. La pêche sera gravement affectée par la pollution aussi.
 – Tu as raison. Puis le tourisme sera affecté. On ne pourra ni faire de la natation ni faire de la voile. C'est un désastre écologique et économique.

2 – J'avais très peur, tu sais. Tout le rez-de-chaussée était inondé et l'eau est montée jusqu'au premier étage.
 – Est-ce qu'il y a eu beaucoup de dégâts?
 – Ah oui, c'est la dévastation totale. Les meubles, les tapis
 – tout a été complètement détruit. Après tout ça, je n'ai plus envie d'habiter près de la mer. On va déménager.

9 Le monde en danger — 5 À la une

3 – Je n'ai jamais vu un temps comme ça. Quel vent! Plein d'arbres dans la forêt ont été détruits et pas mal de maisons aussi.
– Oui, le vent était incroyable. Il était si fort que la voiture de notre voisin s'est retournée et il l'a trouvée au milieu de son jardin!
– Et quelle pluie aussi! J'espère qu'il n'y aura plus de temps comme ça.

4 – As-tu vu les infos de vingt heures à la télé?
– Ah, oui! Quelle horreur! Notre belle forêt est dévastée! Beaucoup de gens ont dû quitter leurs maisons à cause du feu.
– J'ai vu la fumée de mon appartement. Le ciel était noir, comme si c'était la nuit et les flammes étaient énormes. Plusieurs sapeurs-pompiers ont été transportés à l'hôpital à cause de la fumée et de la chaleur.

Answers
1 c **2** a **3** d **4** b

5 Imaginez que vous êtes présentateur ou présentatrice du journal télévisé. Inventez un reportage sur un désastre dans votre région. Si possible, enregistrez-le en audio ou en vidéo.

Speaking. Students imagine they are a news presenter and make up a news report on a disaster in their region. If possible, give them the opportunity to record it on audio cassette or video.

6 Écrivez votre reportage, avec un gros titre aussi.

Writing. Students write a newspaper report of the disaster they covered in exercise 5, including a headline for it.

7 Copiez le texte et remplissez les blancs avec les mots en dessous.

Reading. Students copy the gap-fill text and fill in the gaps from the words provided.

Answers
1 animaux **2** menacés **3** ont **4** tables **5** forêt **6** détruit
7 Afrique **8** ans **9** plus **10** devenir

Ask students to research an endangered animal (or another environmental issue which interests them) on the French version of the World Wildlife Fund website. Tell them to gather information which they could use when preparing for the speaking part of the exam. Remind them that they should still concentrate on using the core structures in the Student Book, but being able to broaden a discussion by introducing additional detail like this will impress examiners.

Plenary

Ask students to imagine they are giving advice to students just about to start preparing for their GCSE in French. Can they come up with six tips on how to do well in the exam? Write up suggestions and encourage students to copy the list down and keep as a final checklist to help with revision.

Cahier d'exercices, page 88

1

Answers
Any 3 facts from the account.

2

Answers
touché(es) – affected
dénombre – count/noted
déplacé(s) – displaced
privé(es) – deprived
dizaines – tens
réfugié(s) – refugees
évacué(es) – evacuated
île(s) – islands
infiltré(es) – infiltrated
produits – products

3

Answers
morts – deaths
blessés – injured
détruites – destroyed
privées – deprived
plusieurs dizaines – several tens
grâce aux dons – thanks to the aid
inondées – flooded
récifs de corail – coral reefs
abîmés – ruined

4

Answers
ont été détruites
ont pu être reconstruites
ont été déplacées
ont été inondées
avaient été évacuées
ont été abîmés
ont été touchés
ont été infiltrées

Cahier d'exercices, Grammaire, page 89

1

Answers
1 down avait
2 down peut
3 down pouvait
4 down recyclez
5 down see **11 across**
10 down faut
12 down utilisera
15 down suis douché
17 down devrait
19 down jetait
20 down est entré
6 across est arrivée
7 across détruit
8 across recyclent
9 across ira
11 across pleuvait & **5 down** était
13 across achèterez
14 across éteins
16 across voudrais
18 across mettras
21 across utilisent
22 across pourrions

9 Contrôle oral: Environmental problems

(Student Book pages 176–177)

Topic revised
- Talking about environmental problems

Resources
CD5, tracks 31–33

Overview
Read through the yellow box on p.176 and remind students of how this section works. They will hear a speaking controlled assessment model conversation in three parts and do exercises focused on the language used in it. These exercises, along with the advice/activities on how to improve speaking performance in ResultsPlus, will help them prepare to take part in a conversation of their own on the topic.

1 You may be asked why you have chosen this photo. Prepare three possible ways of answering the question.

Students imagine they have chosen the photo of the flooding and come up with three reasons for their choice.

2 You will hear a model conversation between Rachel and her teacher, based on the photograph above. Listen to the first part of the conversation and note down answers to the questions.

Explain to the students that they will hear a sample of the kind of conversation they are expected to have in the speaking controlled assessment. They listen to the first part of the conversation and answer the questions.

Audioscript 31
– Pourquoi as-tu choisi cette photo?
– J'ai choisi cette photo parce que je m'intéresse beaucoup à l'environnement. Cette photo est une photo de notre village au mois de novembre l'année dernière. Le village a été inondé par la rivière et des centaines d'habitants ont dû quitter leur maison. Nous avons dû habiter chez mes grands-parents pendant deux mois. C'était terrible! À mon avis, le réchauffement de la planète est une des causes principales des changements du climat et de la destruction de l'environnement.
– Qu'est-ce qu'on pourrait faire pour combattre ce problème?
– Selon moi, il faut persuader les hommes et les femmes politiques de faire quelque chose en leur envoyant des lettres au sujet de l'environnement. Par exemple, je trouve que les gens utilisent trop leur voiture pour aller au travail et qu'on devrait construire plus de pistes cyclables pour les encourager à y aller en vélo.

Answers
1 She's very interested in the environment and this is a photo of her own village, which was affected by flooding, which she believes is caused by global warming.

2 *any one from each tense:*

Present
je m'intéresse
est
il faut
je trouve
utilisent

Perfect
J'ai choisi
a été inondé
ont dû
avons dû

Imperfect
C'était

Conditonal
on devrait

3 Listen to the question-and-answer section of Rachel's conversation and fill in the gaps.

Students now listen to the second part of Rachel's conversation and complete the gap-fill version of the transcript.

With a good class you could ask pupils to read the text and try to work out plausible answers first, then use the recording to check. Discuss whether alternative answers the students came up with could also be correct in the context.

Audioscript 32
– Et toi, qu'est-ce que tu fais pour l'environnement?
– Je vais toujours au collège à pied et je **recycle** le verre et les boîtes de conserve, mais je voudrais faire **encore plus** pour l'environnement.
– Qu'est-ce que tu feras plus tard alors?
– J'essayerai d'acheter des produits verts, je baisserai le chauffage et je **mettrai** un pull. À mon avis, on gaspille l'énergie, n'est-ce pas?
– Oui, je suis d'accord. Qu'est-ce que tu fais pour ne pas gaspiller l'énergie et l'eau?
– Je ferme le robinet quand je **me brosse** les dents et je me douche **au lieu de** prendre un bain. À l'avenir, je **vais essayer** d'éteindre la lumière quand je **quitterai** la pièce. C'est une bonne idée de mettre un petit panneau à côté du bouton **comme rappel**!

9 Le monde en danger — Contrôle oral: Environmental problems

– Il y a des problèmes écologiques dans ta ville?
– Moi, j'habite dans un petit village, **il n'y a qu'**un bus par jour pour aller en ville et il n'y a **pas de** gare. Par conséquent, tout le monde va au travail ou au collège en voiture.

Answers
Also shown in bold in the audioscript.
1 recycle   2 encore plus   3 mettrai   4 me brosse
5 au lieu de   6 vais essayer   7 quitterai
8 comme rappel   9 il n'y a qu'   10 pas de

4 Now listen to the final part of Rachel's conversation and answer the questions.

Students listen to the third and final part of Rachel's conversation and answer the questions on it. These questions focus on linguistic detail. You may need to play the recording more than once.

Audioscript 33

– Est-ce qu'il y a d'autres problèmes écologiques dans ta région?
– Dans mon village, un autre problème c'est qu'il n'y a ni poubelles ni centres de recyclage, donc on jette les déchets par terre. Il y a une rivière dans le jardin public près de chez moi qui pourrait être très pittoresque et une grande attraction en été pour ceux qui veulent faire un pique-nique sur les rives et une promenade en bateau. J'y suis allée avec ma famille le week-end dernier et j'ai été assez choquée par ce que j'ai vu. La rivière et les environs étaient très sales et pollués par des déchets et c'était vraiment dégoûtant!
– Qu'est-ce qu'on pourrait faire pour améliorer la situation?
– À mon avis, il faut installer plus de poubelles dans le parc et créer un centre de recyclage. Si on faisait ça, il serait plus facile pour les gens de recycler les déchets. On devrait aussi payer des gens pour nettoyer le parc. L'administration locale ne fait pas grand-chose en ce moment! Je vais écrire une lettre au journal pour expliquer les problèmes dans le parc et j'espère que ça pourra améliorer la situation. L'environnement, c'est la responsabilité de tous et tout le monde devrait contribuer à sa protection.

Answers
1 Est-ce qu'il y a d'autres problèmes écologiques dans ta région?
   Qu'est-ce qu'on pourrait faire pour améliorer la situation?
2 *any one in each answer*
   a ne … ni … ni, ne pas
   b pourrait être, pourrait faire, devrait payer, devrait contribuer
   c pourra améliorer
   d j'ai été, j'ai vu; je suis allée
   e pour améliorer, pour nettoyer, pour expliquer

ResultsPlus

The **ResultsPlus** section gives students the support they need to improve their speaking. The support is differentiated, allowing students to identify and work towards their target level (Grade C, Grade B/A, Grade A*). Encourage students to adopt the kind of approach taken in this section in all extended speaking activities.

Read through and discuss the **ResultsPlus** section together.

Also draw students' attention to the **Épate l'examinateur!** feature: this highlights language that students can include to particularly impress the examiner.

5 Now it's your turn! Choose a photograph showing an environmental issue and prepare a discussion about it.

Students participate in a discussion on an environment issue in the style of a controlled assessment task. They should use all the support supplied, here and elsewhere on the spread:

- the English questions in the yellow box on p. 176
- their answers to exercises 1–4
- Rachel's responses, adapted to talk about themselves
- the ResultsPlus advice on the language to include.

Each student takes part in the discussion as the person answering the questions. If they are working with a partner, they will take turns asking and answering.

If possible, record the discussions (or have the students record themselves). They can then swap recordings with a partner, listen to each other's version and offer comments on how it might be improved. A simple marking system is suggested (one/two/three stars for listed categories). Students should then identify two or three areas which they would like to improve next time they do an extended speaking task.

9 Contrôle écrit: A letter to a newspaper about the environment

(Student Book pages 178–179)

Topic revised
- Writing about environmental problems

1 Find the French equivalent of these phrases in the text and copy them out.

Students read the text, then identify and write out the French for the English phrases listed. Some vocabulary is glossed for support.

Answers
1. il y a quelques jours
2. j'ai été choqué par ce que j'ai vu
3. partout sur l'herbe
4. c'était dégoûtant
5. il faut qu'on fasse quelque chose
6. l'administration locale
7. on pourrait installer un panneau qui dirait
8. ne pas déranger les animaux et les oiseaux
9. on devrait nettoyer régulièrement le lac
10. deviendra un site pittoresque

2 Which phrases from exercise 1 are in …

Students identify all verbs in the imperfect/conditional/future in the phrases in exercise 1. They then identify other examples of these verb forms in the text.

Answers
1. imperfect – 4
2. conditional – 7, 9
3. future – 10

1. imperfect – il y avait, je voulais, le lac était, on créait
2. conditional – il serait
3. future – on ira, on ramassera, on recyclera, on jettera, on fera, fera l'administration locale, la pollution de l'eau continuera, il n'y aura plus, attirera

3 Find the four correct statements.

Students reread the text and identify which four of the eight statements in English about it are correct.

Answers
2, 5, 6, 7

4 You might be asked to write about environmental problems as a controlled assessment task. Use ResultsPlus to help you prepare.

Students read through the language support material supplied in preparation for doing their own extended writing task in exercise 5.

> **ResultsPlus**
>
> The **ResultsPlus** section gives students the support they need to improve their writing. The support is differentiated, allowing students to identify and work towards their target level (Grade C, Grade B/A, Grade A*). Encourage students to adopt the kind of approach taken in this section in all extended writing activities.
>
> Also draw students' attention to the **Épate l'examinateur!** feature: this highlights a structure that students can include to particularly impress the examiner.

5 Now write a letter to a French newspaper about an environmental problem or problems you have seen during a visit to France (it can be imaginary if you wish).

Students write their own text in the style of a controlled assessment task – a letter to a French newspaper about an environmental problem. As well as the ResultsPlus guidelines on the language to include, they should use all the support supplied here:

- the advice on sourcing ideas and language
- the sample structure for the text
- the list of features to check in their finished text.

Students could swap texts with a partner and check each other's work, offering suggestions for how it might be improved.

9 À toi

(Student Book pages 198–199)

- Self-access reading and writing

1 Lisez le texte. Puis mettez les phrases en anglais dans l'ordre du texte.

Reading. Students read the text on the environment. They then read ten statements in English and put them in the order these are mentioned in the text.

Answers
b, f, g, i, c, e, j, a, d, h

2 Écrivez une phrase pour chaque conseil de l'exercice 1 en utilisant *il faut, on devrait* ou *on pourrait*.

Writing. Students write a sentence summarising each of the five pieces of advice given in exercise 1. They should aim to include the expressions **il faut**, **on devrait** and **on pourrait**.

3 Créez un poster pour protéger l'environnement. Donnez au moins cinq conseils (avec des images) qui ne sont pas dans le texte de l'exercice 1.

Writing. Students create a poster showing what should be done to protect the environment. They should include at least five pieces of advice (including pictures) which are not covered in the text in exercise 1.

Draw students' attention to the tip box, which points out that it is the **vous** form which should be used here.

4 Copiez le texte dans le bon ordre.

Reading. Students reassemble the lines of Claire's text, copying it out in the correct order.

Answers
*Je m'appelle Claire. Dans ma ville, il y avait une rivière qui /
était pleine de déchets. Il n'y avait plus de poissons à cause de /
la pollution et c'était trop sale pour les oiseaux. Donc, mes /
copains et moi, nous y sommes allés pour la nettoyer. On /
a trouvé dans l'eau plein de bouteilles et de boîtes qu'on a /
recyclées, un chariot de supermarché (qu'on a rendu au magasin)
– et un /
vieux vélo (que mon frère a réparé et qu'il a vendu!). On a planté /
des arbres aussi, pour combattre la pollution. Maintenant, /
la rivière est propre et on peut aller à la pêche. Un jour, j'ai même vu /
une petite grenouille plonger dans l'eau. Je suis fière de /
ce que nous avons fait pour notre ville et pour l'environnement.*

5 Imaginez que vous êtes Claire. Répondez aux questions en français.

Reading. Students imagine that they are Claire (from exercise 4) and answer the questions in French from her perspective.

Answers
1 La rivière était pleine de déchets.
2 Il n'y avait pas de poissons à cause de la pollution.
3 Mes copains et moi, nous y sommes allés pour la nettoyer.
4 Nous avons/On a recyclé les bouteilles et les boîtes.
5 Mon frère a réparé le vieux vélo.
6 Nous avons/On a planté des arbres pour combattre la pollution.
7 Je sais que l'eau est propre maintenant parce que j'ai vu une petite grenouille plonger dans l'eau.
8 Je suis fière de ce que nous avons fait pour notre ville et pour l'environnement.

6 Regardez les images et écrivez un paragraphe sur ce que vous avez fait pour l'environnement. Adaptez le texte de l'exercice 4.

Writing. Students write a paragraph on what they did for the environment, using the picture prompts supplied and adapting the text in exercise 4.

Mémo grammaire [Student Book pages 200-227]

The present tense of regular verbs

1 1 je 2 elle 3 il 4 nous 5 tu 6 vous 7 elles 8 ils 9 ils

2 1 habite 2 habitons 3 habitent 4 habite 5 habitez 6 habite 7 finissons 8 finis 9 finissent 10 finit 11 finissez 12 finit 13 attend 14 attends 15 attendons 16 attendent 17 attends 18 attendent 19 vous couchez 20 me couche 21 se couche 22 nous couchons 23 te couches 24 se couchent

1 I live with my parents. / I live at my parents' house.
2 We live in a big block of flats.
3 My grandparents live in the country.
4 My boyfriend lives beside the sea.
5 Where do you live?
6 We have always lived there.
7 We usually finish at 5 p.m.
8 On Mondays, I finish at 3 p.m.
9 Lessons finish at 3.30 p.m.
10 The judo lesson finishes at 8 p.m.
11 What time do you finish?
12 On Fridays, we finish at 4 p.m.
13 He is waiting for me in front of the cinema.
14 I'm waiting for the bus.
15 We have been waiting for half an hour.
16 Our friends are waiting for us at the pizzeria.
17 How long have you been waiting (for)?
18 They have been waiting for me for a quarter of an hour.
19 What time do you go to bed?
20 I usually go to bed about 9.30 p.m.
21 My brother goes to bed later.
22 On holiday, we go to bed later.
23 On Saturdays, you don't go to bed early.
24 My friends never go to bed early.

3 1 Elles se disputent pour la salle de bains.
They argue over the bathroom.
2 Tu te moques toujours de moi.
You always make fun of me.
3 Vous vous occupez de votre petit frère?
Are you looking after your little brother?
4 Je ne m'entends pas bien avec elle.
I don't get on well with her.
5 On s'endort à 10h00.
We fall asleep at 10 a.m.
6 Il ne se réveille pas de bonne heure.
He doesn't wake up on time.
7 Nous nous couchons plus tard.
We go to bed later.
8 Ils s'amusent bien.
They have fun/a good time.

The present tense of irregular verbs

1 1 avoir 2 être 3 faire 4 être 5 avoir 6 aller 7 aller + être 8 avoir

2 1 ont 2 a; est 3 sommes 4 suis 5 fait 6 es; fais 7 a 8 va
1 Nathan and his sister have blond hair.
2 His sister has blue eyes and she is taller.
3 We are both chatty.
4 I'm more shy.
5 Nathan does stupid things in class.
6 You're clever, but you don't do your homework.
7 She never has her things.
8 On Wednesdays, he often has detention.

3 1 dort 2 mangeons 3 prenez 4 boivent 5 lève 6 part 7 espère 8 appelez

4 1 fais 2 sont 3 vont 4 font 5 font 6 sommes 7 allons 8 va 9 faisons 10 fais 11 ai 12 faites 13 As 14 Es

Dear Julie
I get bored on Sundays, I don't do anything. My boyfriend Nathan and his parents are sporty, they go to the countryside and go cycling. They go mountain-biking. My parents and I aren't sporty. On Saturdays, we go into town, and in the evening, we go to the cinema if there's a good film on, but on Sundays, we don't do anything in particular.
I don't go cycling because I don't have a bike. And you? What do you do at the weekend? Do you have a bike? Are you sporty?
See you later
Maryse

5 1 peux 2 dois 3 sais 4 voulons 5 pouvons 6 veux 7 veulent 8 peuvent 9 doivent

The near future tense

1 1 Je <u>vais jouer</u> au foot.
I am going to play football.
2 On <u>va prendre</u> le bus.
We are going to take the bus.
3 Tu <u>vas faire</u> de la natation? / <u>Vas</u>-tu <u>faire</u> de la natation?
Are you going to go swimming?
4 Vous <u>allez regarder</u> le match.
You are going to watch the match.
5 Nous <u>allons aller</u> au centre de sports.
We are going to go to the sports centre.
6 Elle <u>va prendre</u> part à une compétition.
She is going to take part in a competition.
7 Thomas <u>va faire</u> une heure de musculation.
Thomas is going to do an hour of weight-training.
8 Ils <u>vont être</u> dans la première équipe.
They are going to be in the first team.

Mémo grammaire

2 Suggested answers
1 va aller 2 allez prendre 3 va prendre
4 allez faire 5 vais faire 6 va jouer
7 allons manger 8 vont rester 9 vas faire
10 vais regarder

3 Mes parents et moi, on **va garder** la forme. On **va être** très actifs et tous les jours, on **va aller** au centre de sports. Moi, je **vais jouer** au volley ou au tennis et en plus, je **vais faire** de la natation cinq fois par semaine. Je **vais prendre** part à des compétitions, donc je **vais manger** des choses saines. Mes parents **vont faire** beaucoup de cyclisme et ils **vont aller** au centre de sports pour s'entraîner. Ils **vont passer** deux heures dans la salle de gym, puis ils **vont nager** dans la piscine. Mon frère Nathan, lui, **ne va pas aller** au centre de sports. Il **va rester** à la maison et il **va regarder** le sport à la télé. De plus, il **va manger** des hamburger et des frites et il **va boire** du coca. Quelle horreur! Et toi? Qu'est-ce que tu **vas faire** pour garder la forme?

Asking questions

1
1 Est-ce que vous travaillez comme infirmière?
2 Est-ce que vous aimez votre travail?
3 Est-ce que le salaire est bon?
4 Est-ce que les horaires sont longs?
5 Est-ce que c'est stressant comme métier?
6 Travaillez-vous souvent la nuit?
7 Aimez-vous le contact avec les gens?
8 Votre patronne est-elle sympa?
9 A-t-elle beaucoup de responsabilités?
10 Écoute-t-elle les problèmes des infirmières?

2 1 d 2 i 3 f 4 e 5 h 6 a 7 c 8 j 9 g
10 b
1 What job do you do?
2 Where do you work? In Paris?
3 How many hours per week do you work?
4 How long have you been doing this job?
5 How do you go to work? By car?
6 Why do you like this job?
7 What are the advantages and disadvantages of your job?
8 When do you start work?
9 What do you do after work?
10 When do you go on holiday? In July?

Adjectives/Possessive adjectives

1 1 grand 2 petite 3 sportive 4 paresseux
5 organisés 6 gentille 7 sympas
8 intelligent

2
1 Le grand chat noir chasse la petite souris blanche.
The big black cat chases the little white mouse.
2 Mon copain a les cheveux blonds et les yeux bleus.
My boyfriend has blond hair and blue eyes.
3 Son grand frère Gilles est paresseux.
His/Her big brother Gilles is lazy.
4 Sa petite sœur porte une robe rose et un joli chapeau bleu.
His/Her little sister is wearing a pink dress and a pretty blue hat.
5 Le soleil brille dans un ciel bleu avec des petits nuages blancs.
The sun is shining in a blue sky with little white clouds.
6 J'habite une vieille maison dans un joli petit village.
I live in an old house in a pretty little village.
7 Dans le grand jardin, il y a beaucoup de belles fleurs orange et bleu clair.
In the big garden, there are lots of beautiful orange and light-blue flowers.
8 Dans la vieille ville, il y avait des petites rues étroites et des sites historiques.
In the old town, there were small narrow streets and historic sites.

3
1 J'ai un petit chien noir.
2 Je porte un jean bleu et une chemise blanche.
3 Ma copine porte des sandales blanches, une robe rouge et un gilet bleu.
4 Les jeunes filles aiment danser.
5 C'est un bel hôtel.
6 Lou habite une jolie maison.
7 Notre nouvel appartement est en nouvelle banlieue.
8 Le vieux prof est toujours de mauvaise humeur.

4
1 Mon frère est grand et paresseux, mais sympa.
2 Il porte un vieux jean bleu et un nouveaux sweat rouge.
3 Ma sœur est petite, bavarde et drôle.
4 Elle porte une jolie robe vert clair à fleurs blanches.
5 Elle a les yeux gris vert et les cheveux blonds frisés.
6 Notre mère a les yeux marron et les cheveux raides.
7 Leurs parents sont généreux et sympas.
8 Son frère a une nouvelle voiture rouge.

The perfect tense with *avoir*

1
1 Samedi dernier, **j'ai acheté** deux CD.
2 Le soir, on **a écouté** de la musique dans ma chambre.
3 Vous **avez joué** au foot dans le parc dimanche?
4 Non, nous **avons fini** nos devoirs.
5 Mon frère **a vendu** des livres sur eBay.
6 Qu'est-ce que tu **as fait** hier?
7 J'**ai pris** des photos avec mon portable.
8 Mes parents **ont vu** un film d'horreur au cinéma.
9 Lucy n'aime pas la limonade. Elle **a bu** du coca.

Mémo grammaire

10 Dimanche matin, je **n'ai pas lu** le journal, mais j'ai écrit des e-mails.

2 Samedi dernier, **j'ai pris** le bus et j'ai **retrouvé** mon copain Damien en ville. D'abord, on a **fait** les magasins. Damien **a acheté** un CD et moi, **j'ai** choisi un livre de Harry Potter. Ensuite, nous **avons** mangé une pizza et nous **avons** bavardé. On **a bu** du coca aussi. L'après-midi, je n'ai **pas écouté** de musique, **j'ai** joué sur l'ordinateur avec ma sœur. Elle **a gagné**! Le soir, mes parents **ont** regardé un film à la télé, mais moi, j'ai **lu** mon livre. **J'ai** fini le livre à une heure du matin! Et toi, qu'est-ce que tu **as fait**?

3 Suggested answer
Samedi dernier, j'ai joué au foot dans le parc avec mon copain, David. Ensuite, on a / nous avons mangé un sandwich au café. J'ai bu un coca et David a bu un jus d'orange. L'après-midi, on a / nous avons pris le bus pour aller au cinéma. On a / Nous avons vu un film d'action. L'après-midi, j'ai fait les magasins. J'ai acheté un tee-shirt et un DVD. Le soir, mes parents ont écouté de la musique et ils ont joué aux cartes, mais moi, j'ai regardé mon DVD. Dimanche matin, je n'ai pas nagé / fait de la natation. J'ai répondu à mes e-mails et j'ai lu un magazine de sports. L'après-midi, j'ai bavardé avec ma copine Lisa au téléphone, puis j'ai fini mes devoirs. Et toi / vous? Est-ce que tu as / vous avez regardé la télé? Ou as-tu / avez-vous fait du sport?

The perfect tense with *être*

1 1 Julie est **restée** à la maison pour regarder le sport à la télé.
2 Mes copains sont **allés** au match.
3 Le score était 2–0 et nous sommes **sortis** vainqueurs.
4 «Tu es **rentrée** du match à quelle heure, Louise?»
«Je suis **rentrée** à dix heures et je me suis **couchée** tout de suite.»
5 Les skateurs sont **montés** et **descendus** à une vitesse incroyable.
6 Nous nous sommes **amusé(e)s** au match de tennis.
7 La joueuse de tennis Amélie Mauresmo est **née** en 1979.
8 Mon frère n'est pas **venu** à la Coupe du Monde.
9 Un des coureurs est **tombé** de son vélo.
10 Les deux équipes sont **entrées** dans le stade.

2 1 es allée 2 suis allée 3 est venue 4 Êtes-vous parties 5 me suis levée 6 est parti
7 êtes-vous arrivées / vous êtes arrivées
8 sommes arrivées 9 est entrées 10 ne sont pas allés 11 sont restés 12 est sortis
13 suis rentrée 14 ne t'es pas couchée
15 me suis couchée

3 Samedi, je **suis allé** au match de foot. Je me **suis levé** vers sept heures, **j'ai pris** le bus et je **suis descendu** à l'arrêt de bus du stade. Je **suis arrivé** vers deux heures et j'ai **retrouvé** ma copine, Claire. On **a acheté** les billets et on **est entrés** dans le stade. Nous **avons attendu** trente minutes avant le début du match. On **a bu** du coca et Claire **a mangé** un hot-dog, mais moi, je n'**ai rien mangé**. Claire **a pris** des photos avec son portable. Enfin, les joueurs **sont sortis** du tunnel et le match **a commencé**! Notre équipe **a marqué** un but, mais un de nos meilleurs joueurs **est tombé** et il **est parti** en ambulance. Quelle horreur! Mais on **a marqué** un deuxième but et on **a gagné** le match! Le match **a fini** vers 16h30 et nous **sommes sortis** du stade. Je **suis rentré** chez moi très content. Mes parents, eux, **sont restés** à la maison et ils **ont regardé** le match à la télé. Ils nous **ont vus** parmi les autres supporters du stade! Je me **suis couché** de bonne heure. **J'ai lu** un peu, puis **j'ai dormi**.

The imperfect tense

1 1 étais 2 habitait 3 prenais 4 levait
5 mangeait 6 quittait 7 arrivait 8 aimais
9 était 10 avait 11 restais 12 regardais
13 jouais 14 sortais 15 habitaient 16 était
Suggested translation:
When I was little, we lived in the countryside. To get to school, I used to take the school bus/coach with my brother. We used to get up at half-past six, eat a croissant and leave the house at seven o'clock. The bus/coach arrived at school at eight o'clock. I didn't like living in the countryside, because it was boring. There was nothing to do. In the evenings and at the weekends, I stayed at home. I used to watch TV, or play football in the garden with my brother. I didn't go out with my friends, because they lived in town. It was rubbish!

2 1 Je me levais à sept heures.
2 Je prenais le petit déjeuner.
3 J'allais à l'école à pied.
4 Ma mère travaillait dans un bureau.
5 Mon père était ingénieur.
6 Nous habitions dans un appartement/un immeuble.
7 Je sortais (souvent) avec mes copains.
8 On faisait les magasins/des courses/du shopping.
9 On allait au cinéma.
10 C'était chouette/génial/bien (etc.).

3 1 habitais 2 avait 3 jouions 4 adorais
5 allait 6 faisait 7 lisaient 8 nagions
9 étais 10 a changé 11 a perdu
12 a déménagé 13 est partis 14 était
15 avait pas 16 habitaient 17 a trouvé
18 est retournés

Mémo grammaire

Modal verbs and *il faut*

1 1 Tu veux aller en ville samedi matin?
Do you want to go into town on Saturday morning?
2 Désolé, mais je ne peux pas.
Sorry, but I can't.
3 On doit aller voir ma grand-mère.
We have to go and see my grandmother.
4 Dimanche, ils doivent rester à la maison.
On Sunday, they have to stay at home.
5 Voulez-vous jouer au bowling demain soir?
Do you want to go bowling tomorrow evening?
6 Nous devons rentrer avant 22 heures.
We have to be home before ten o'clock.
7 Nous ne pouvons pas venir à la fête.
We can't come to the party.
8 Mes parents veulent partir pour le week-end.
My parents want to go away for the weekend.
9 Il faut éteindre son portable.
You have to switch your mobile off.
10 Il faut bien se tenir en classe.
You have to behave (well) in class.

2 1 (Est-ce que) Tu veux / Veux-tu aller au cinéma demain?
2 Désolé, je ne peux pas. Je dois ranger ma chambre.
3 Hakim ne peut pas venir à la fête ce soir.
4 Il doit sortir avec ses parents.
5 On ne peut pas / Nous ne pouvons pas aller au concert samedi soir.
6 Mes copains / copines veulent jouer au foot dimanche matin.
7 (Est-ce que) Vous voulez / Voulez-vous regarder un DVD cet après-midi?
8 Il faut écouter le/ton professeur.
9 Il ne faut pas parler en classe.
10 Faut-il / Est-ce qu'il faut porter un uniforme en France?

3 Salut, Mathilde!
Merci pour l'invitation à ta fête. Je suis désolée, mais je ne **peux** pas venir parce que je dois **rester** à la maison. Je **dois** faire mes devoirs, parce que j'ai reçu de mauvaises notes. Mes parents disent que je dois **bosser** pour mes exams, en juillet. De plus, le week-end prochain, ils **veulent** partir en Bretagne et mon frère et moi **devons** aussi y aller. Donc, on ne **peut** pas aller au concert non plus. Ce n'est pas juste! D'accord, il faut **travailler** pour avoir de bonnes notes, mais il faut **s'amuser** aussi. Alors, qu'est-ce que tu fais demain? Mes parents **doivent** aller voir ma grand-mère, donc on peut **jouer** au basket si tu **veux**. Ça te dit?

Negatives

1 1 Je ne joue pas au tennis.
2 Tu n'as pas de stylo.
3 Marc ne me comprend pas.
4 Louise ne fait rien.
5 Les filles ne font ni leurs devoirs ni le ménage.
6 Nous ne nous disputons jamais.
7 Les garçons n'ont rien mangé.
8 Elle n'a aucun job.
9 Personne n'est venu.
10 Je n'ai vu personne.

2 1 ne … jamais
2 ne … plus
3 ne … personne
4 ne … pas
5 ne … rien
6 ne … que
7 ne … aucun
8 ne … ni … ni

3 1 Tu n'as pas fait tes devoirs.
You haven't done your homework.
2 Je n'ai pas encore rencontré son copain.
I haven't met his/her (boy)friend yet.
3 Tu ne l'as jamais vu.
You've never seen him/it.
4 Je ne sais rien.
I know nothing. / I don't know anything.
5 Tu n'y vas pas.
You don't go there.
6 Luc ne fume plus.
Luc doesn't smoke any more.
7 Elle n'a qu'un copain.
She only has one friend.
8 Elle ne joue ni au tennis ni au hockey.
She doesn't play tennis or hockey.

4 1 Nous n'avons rien mangé.
2 Il ne s'entend plus avec son père.
3 Nous n'avons jamais vu la Tour Eiffel.
4 Ils ne m'ont pas remercié.
5 Elle n'a rien acheté.
6 Nous n'y sommes pas allé(e)s hier.
7 Ce n'était pas fermé.
8 Il n'a qu'un frère.

5 Suggested answer
Tu es négative! Tu n'as pas encore fait tes devoirs. Tu ne m'écoutes jamais. Tu ne parles à personne. Tu n'aides pas à la maison. Tu ne ranges ni ta chambre ni la salle de bains. Tu ne fais rien à la maison. Tu ne manges que des burgers et des frites. Tu n'as aucun sens des responsabilités. Si tu continues comme ça, tu ne pourras plus sortir le samedi soir!

Comparatives and superlatives

1 1 Juliet est moins petite que Hugo.
2 Camille est aussi intelligente que Yannick.
3 Maryse et Mélinda sont plus bavardes que Sarah.
4 Julie est moins paresseuse que Louis.

Mémo grammaire

 5 Yannick est aussi sympa que Karim.
 6 Mon frère est plus grand que moi.

2 1 Nicolas est **bon** en maths.
 2 Mélinda est **aussi bonne que** Nicolas.
 3 Sophie est **meilleure que** Nicolas.
 4 Amélie est **la meilleure (des filles) de la classe**.
 5 Delphine est **la pire de la classe / des filles**.
 6 Karim est **aussi mauvais que** Théo.

3 1 plus petite que   2 le plus grand et le plus nouveau   3 mieux qu'   4 aussi grand que
 5 le plus fréquenté   6 les pires du

Adverbs

1 1 finalement (*finally*)   2 généralement (*generally*)   3 heureusement (*happily/fortunately*)   4 malheureusement (*unfortunately*)   5 normalement (*normally*)
 6 sainement (*healthily*)   7 seulement (*only*)
 8 doucement (*gently*)

2 Notre chat, Max, a disparu. D'habitude (*Usually*), il rentre chaque soir, toujours (*always*) vers six heures. Ce soir, soudain (*suddenly*) j'ai entendu un bruit. Ce n'était probablement (*probably*) rien, mais vite (*quickly*), je me suis précipité à la fenêtre pour mieux (*better*) voir. Rien. Très (*Very*) doucement (gently), j'ai ouvert la porte et j'ai été énormément (*enormously/hugely*) surpris de voir Max avec trois petits chatons. Évidemment (*Evidently/Obviously*), Max n'est plus Max mais Maxine.

3 1 D'habitude   2 dangereusement
 3 lentement/doucement   4 trop vite
 5 Malheureusement   6 Heureusement
 7 gravement

Object pronouns

1 1 Les séries? Je <u>les</u> trouve ennuyeuses.
 2 La télé? Elle <u>la</u> regarde tous les soirs.
 3 Au cinéma? On <u>y</u> va souvent.
 4 Des frites? Ils n'<u>en</u> mangent jamais.
 5 Je t'aime. Tu <u>m'</u>aimes?
 6 Ses parents <u>lui</u> donnent dix euros par semaine.
 7 Mes copains? Je <u>leur</u> ai parlé hier.
 8 Justine <u>nous</u> a invités à une fête.

2 1 le   2 les   3 t'   4 la   5 m'   6 nous   7 lui
 8 leur   9 y   10 en
 1 I don't like Thomas. I find him arrogant.
 2 'Do you often watch the news?' 'Yes, I watch it every evening.'
 3 Are you free on Saturday? I'm inviting you to my party. (You're invited to my party.)
 4 'What do you think of my shirt?' 'I think it's pretty.'

 5 I finish work in ten minutes. Will you wait for me?
 6 We spoke to Julie. She called us yesterday.
 7 Marie is happy. Her parents give her money for her birthday.
 8 'Are you going to write to your parents?' 'No, I'm going to send them a text.'
 9 We're going to the concert this evening. Do you want to go/come with us?
 10 I love chicken, but my brother doesn't eat it, because he's a vegetarian.

3 1 je **la** regarde
 2 Je **les** trouve marrantes.
 3 J'**y** vais de temps en temps
 4 Je regarde souvent des films mais je préfère **les** regarder en DVD.
 5 Quelle est la dernière fois que vous **y** êtes allé?
 6 J'**y** suis allé la semaine dernière
 7 Je l'ai invité**e** parce qu'elle adore ça, comme moi.
 8 Je **lui** ai téléphoné
 9 Elle **leur** a offert un voyage en Australie.
 10 J'adore les fruits et j'**en** mange beaucoup.
 11 je n'**en** mange jamais

Verbs followed by an infinitive

1 1 travailler   2 jouer   3 fumer   4 manger
 5 finir   6 jouer   7 écouter   8 aller
 1 Nathan doesn't like working / to work.
 2 His/Her brother hates playing football.
 3 He stopped / has stopped smoking.
 4 Amélie is hungry, she wants to eat.
 5 We must / have to finish our homework.
 6 He tries / is trying to play the guitar.
 7 We want to listen to a CD.
 8 We can't go (there) on Sunday.

2 1 J'aime jouer au foot.
 2 Théo n'aime pas faire du vélo.
 3 Louise préfère manger une pizza.
 4 Je veux boire un coca.
 5 Il ne peut pas sortir ce soir.
 6 Manon veut aller au cinéma.
 7 D'abord elle doit faire ses devoirs.
 8 J'ai décidé de lui envoyer un texto.

3 1 d'; à   2 de   3 de   4 à   5 à   6 de   7 de   8 à
 1 I dream of learning to ski.
 2 I've decided to earn some money.
 3 I've tried to find a job.
 4 I've managed to find one in a café.
 5 My (boy)friend invited me (to go) out.
 6 I've forgotten / I forgot to answer (him).
 7 He refuses to go out with me.
 8 He invited / has invited my friend to go out with him.

4 1 Le samedi après-midi, j'adore aller au centre commercial.
 2 Mon copain préfère jouer au foot.
 3 Qu'est-ce que vous aimez faire?

Mémo grammaire

4 Nous avons décidé d'aller à EuroDisney l'année prochaine.
5 Nous avons rêvé d'y aller sans nos parents!
6 Ma copine veut y aller avec nous. / Ma copine veut nous accompagner.
7 Elle a arrêté de fumer pour économiser de l'argent.
8 Nous voulons prendre l'Eurostar pour aller à Paris.

Relative pronouns

1 1 qui 2 qui 3 que 4 que 5 qui 6 qui
1 My friend (who is) called Rémy is 15 (years old).
2 He has a brother who is a hairdresser.
3 What is the film that you want to see?
4 The film that I saw was subtitled in English.
5 The man (who is) wearing a suit is the boss.
6 The girl (who is) called Lou is my (boy) friend's little/younger sister.

2 1 qui 2 où 3 dont 4 que 5 qui 6 dont
1 The boy (who is) called Damien is in my class.
2 The firm where I did my work experience is near our house.
3 The colleague whose name I've forgotten is really nice.
4 The problem that I (have) found the worst is discrimination.

3 1 la ville où j'habite 2 les gens que je connais
3 la première fois que je t'/vous ai vu(e)(s)
4 l'endroit où nous nous sommes rencontrés
5 les gens qui étaient là 6 le SMS que je t'ai envoyé 7 le travail/le poste/le job dont tu m'as / vous m'avez parlé 8 la fille qui m'embête

Future and conditional

1 1 F Next year, we'll go to Paris.
2 C We could go on a long trip/journey.
3 F We'll see!
4 C Would you like something to drink?
5 F When you arrive, we'll have dinner.
6 F Hurry up! You'll never finish!
7 F If it's nice, we'll go to the beach.
8 C I'd like to see this film.

2 1 Je voudrais aller à la maison / chez moi.
2 Quand il aura fini ses devoirs, nous regarderons un DVD.
3 Il arrivera en retard.
4 S'il fait beau, ils joueront au foot.
5 Nous préférerions manger au restaurant.
6 Demain, il neigera.
7 J'aimerais aller en ville cet après-midi.
8 L'année prochaine, nous irons / on ira à EuroDisney.

3 1 quitterai 2 irai 3 devrais 4 voudrais
5 verrai 6 irai 7 ferai 8 aimerais
9 chercherai 10 devrais 11 travaillerai
12 laverai 13 débarrasserai 14 pourrais

The pluperfect

1 1 c 2 h 3 d 4 e 5 a 6 g 7 f 8 b
1 I had always wanted to go to Nice, but my parents decided to go to Brittany.
2 We had taken the car and we arrived late.
3 We had left early, but there was a lot of traffic.
4 Luckily, we had brought sandwiches.
5 My sister had gone on holiday with her boyfriend.
6 My parents had rented a flat by the sea.
7 One day, we had already gone out in a boat when it started to rain.
8 I had left my mobile in the flat.

2 Suggested answer
1 étais allé(e) en France 2 était partis tôt le matin 3 était resté 4 avaient loué un gîte
5 étions sortis faire une promenade 6 m'étais trempé(e) 7 était allés en France 8 avais oublié mon portable

Demonstrative adjectives and pronouns

1 1 cette (*this shirt*) 2 ces (*those gloves*)
3 ce (*that tracksuit*) 4 ces (*these trainers*)
5 ce (*that boy*) 6 cette (*this baker's*)
7 ces (*these bananas*) 8 cet (*that egg*)

2 1 cette 2 Laquelle 3 celle 4 ce 5 ces
6 Lesquelles 7 ci 8 celles 9 là 10 Lequel
11 celui